21 世纪警官高等教育系列教材

刑事科学技术实验指导

主　编　罗亚平

副主编　冯卫疆　杨　蕾

（公安机关　内部发行）

中国人民公安大学出版社

·北　京·

刑事科学技术实验指导
XINGSHI KEXUE JISHU SHIYAN ZHIDAO

主编 罗亚平

出版发行：中国人民公安大学出版社
地　　址：北京市西城区木樨地南里
邮政编码：100038
印　　刷：北京市泰锐印刷有限责任公司

版　　次：2003 年 2 月第 1 版
印　　次：2017 年 8 月第 7 次
印　　张：11.5
开　　本：787 毫米×1092 毫米　1/16
字　　数：300 千字

ISBN 978 - 7 - 81087 - 221 - 8/D · 206
定　　价：40.00 元　（公安机关　内部发行）

前　言

在如火如荼的高等教育改革中，教学改革是核心，而教学内容和课程体系改革又是难点。作为教学内容改革的组成部分，教材内容的整合与更新的重要性不言而喻。

公安大学现行本科专业公安业务教材基本上是 20 世纪 90 年代初编写的。这些教材在确立公安学科的地位，培养合格人才以及指导公安工作实践等方面曾发挥过重要作用。然而，形势的发展使得这些教材必须修订或重新编写。其一，在 1999 年 6 月召开的第三次全国教育工作会议上，党中央和国务院作出了《关于深化教育改革全面推进素质教育的决定》。1999 年 11 月，第二次全国公安教育工作会议就深化公安教育改革、全面实施素质教育作出了新的部署。我们的教材建设必须在此基础上重新定位。其二，我校许多课程的教材涉及到法律问题，而近十年来，我国颁布和修订的法律比较多，教材的编写和修订必须与新的法律相一致。其三，我国正处于计划经济向市场经济转型时期，社会生活变化迅猛，公安机关面临的斗争形势非常严峻，而我们的理论却跟不上形势发展，有些理论严重滞后公安工作实际，无法指导公安工作实践，必须予以修正。鉴于此，公安大学党委适时作出决定，编写这套"21 世纪警官高等教育系列教材"。

此次教材的编写与修订，将贯彻以下指导思想：从注重知识传授向重视能力培养转化；既充分反映当前公安工作和队伍建设的实际，贴近警务实践，又要具有前瞻性、预见性；从实践中来，又高于实践，形成比较科学、完整的体系，做到理论性、科学性与较强的针对性、实用性的统一。

本套教材将注重"高水平"与"适用性"的有机结合，突出编写质量和社会效益。首先，编写工作将以我校在全国公安系统具有影响的学科带头人领衔，邀请各级公安部门业务领导、专家和骨干参加，形成实力强大的编写阵容。其次，在教材编写过程中，将注意吸收改革开放以来我国公安理论研究的最新学术成果，关注国际学术发展最新动向，使教材内容站在 21 世纪初的学术前沿。再次，针对本科教学和新时期本科学生的特点，将学术性、新颖性、可读性有机结合起来，注意运用比较生动的案例、简明流畅的语言阐释理论。最后，按照"编审分离"原则，聘请学术造诣高、实践经验丰富的学者、专家审稿，严把教材编写质量关。

我们期望并相信，经过编写者、审稿者、出版者的共同努力，这套 21 世纪公安业务新教材将以其质量高和特色鲜明而成为新世纪奉献给读者们的精品。

中国人民公安大学

教材编审委员会

2001 年 12 月

编 者 的 话

　　刑事科学技术是一门集自然科学与法学于一体的综合性学科，同时也是一门实践性很强的学科。该学科与当代科技的发展密切相关。随着我国法制建设的不断加强与完善，刑事科学技术不仅在刑事案件的侦破方面作用越来越大，而且在解决民事纠纷、经济纠纷以及行政诉讼案件中的重要性也日渐突出。

　　刑事科学技术学科是由刑事图像技术、痕迹检验、文件检验、毒物毒品检验、微量物证检验以及法医学等多门分支学科组成。其中，每一门分支学科都有其特定的研究对象、研究方法，都构成其严谨的学科体系。

　　《刑事科学技术实验指导》一书，是针对中国人民公安大学侦查专业、治安专业本科生学习编写的。目的是配合上述专业学生的刑事科学技术实验教学。该书是在总结多年实验教学的基础之上，根据教学对象的培养目标，结合各学科的实验内容编写而成。

　　《刑事科学技术实验指导》一书共分五章，编写分工如下：

　　第一章：冯卫疆、关立、冷允潮、高树辉。

　　第二章：杨蕾、史海青、郭威、罗亚平、马荣梁、聂挺。

　　第三章：黄建同、马继刚、陈振乾、冯祖祎、姜红。

　　第四章：苗翠英、刘克林。

　　第五章：董红军、张惠芹、赵兴春。

　　全书由罗亚平统稿，最后经公安部物证鉴定中心专家权养科、王明直、胡春华审定。

　　本书在编写过程中，参阅了大量国内外相关资料，吸收和引用了许多专家的研究成果和文献资料，在此表示衷心的感谢。此外，该书在编写过程中得到了公安部物证鉴定中心马新和、刘伟平等专家的大力支持与帮助，在此也一并表示谢意。

　　由于编者经验不足，水平有限，书中错误和不当之处在所难免，敬请读者批评指正。

编　　者

2003 年 1 月

目　　录

第一章　刑事图像技术

第一节　摄影技术基础

实验一　照相机操作与使用

一、实验目的

1．了解、熟悉照相机的基本结构。

2．掌握照相机的操作及相机附件的使用。

二、实验原理

（一）成像规律

1．当物体在透镜前无限远时，成像位置则在透镜后焦点上，这时焦点和像点重合。

2．当物体在透镜前二倍焦距以外时，成像位置在透镜后焦点以外二倍焦距内，结成比原物缩小的倒立实像。

（二）光圈与快门相互配合的原理

$H = E \times t$　　式中：H = 曝光量　E = 照度　t = 曝光时间

三、实验内容

1．以海鸥 DF－300X 照相机为例，了解相机的机构名称、部件位置，学会正确的操作。

2．以佳能 EOS－1000FN 照相机为例，了解现代照相机的功能及操作。

四、实验器材

海鸥 DF－300X 照相机,佳能 EOS－1000FN 照相机,三角架,雅奇 828 闪光灯,快门线,135 型胶卷等。

五、实验方法与步骤

（一）熟悉海鸥 DF－300X 照相机

海鸥 DF－300X 照相机结构（见图 1－1－1、图 1－1－2、图 1－1－3）。

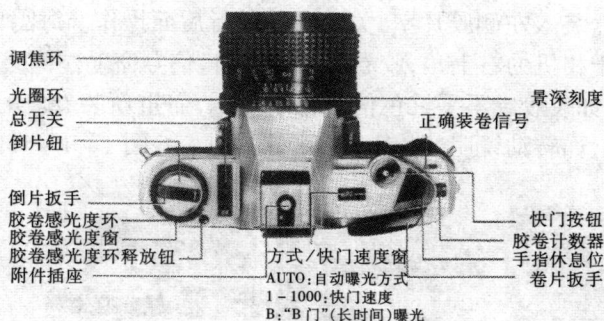

图 1－1－1　海鸥 DF－300X 型照相机俯视图

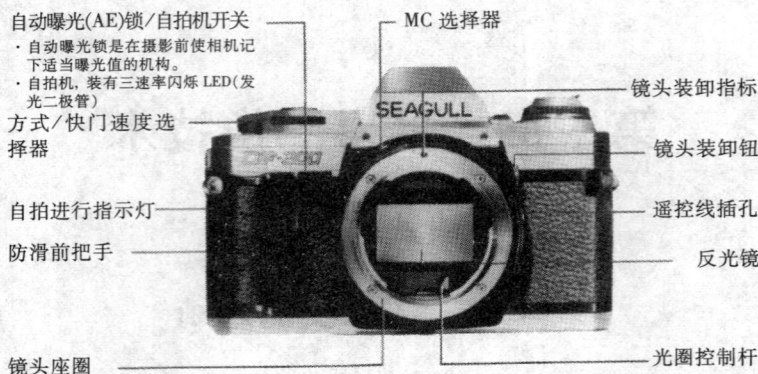

图 1-1-2　海鸥 DF-300X 照相机正面图

自动曝光(AE)锁/自拍机开关
· 自动曝光锁是在摄影前使相机记下适当曝光值的机构。
· 自拍机，装有三速率闪烁 LED(发光二极管)
方式/快门速度选择器
自拍进行指示灯
防滑前把手
镜头座圈

MC 选择器
镜头装卸指标
镜头装卸钮
遥控线插孔
反光镜
光圈控制杆

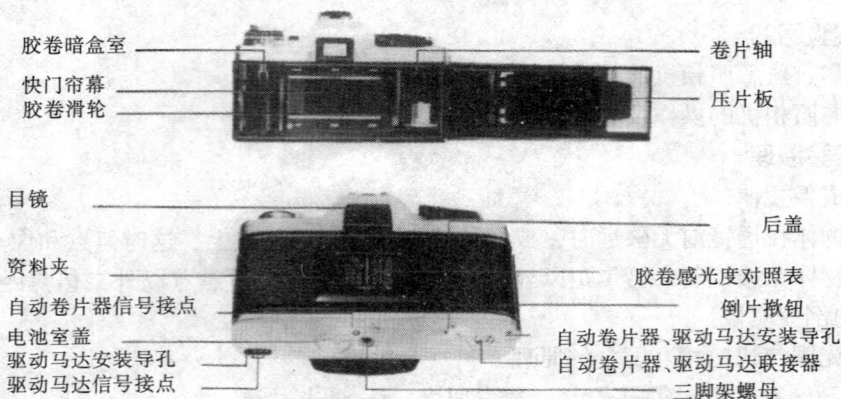

胶卷暗盒室
快门帘幕
胶卷滑轮

卷片轴
压片板

目镜
资料夹
自动卷片器信号接点
电池室盖
驱动马达安装导孔
驱动马达信号接点

后盖
胶卷感光度对照表
倒片揿钮
自动卷片器、驱动马达安装导孔
自动卷片器、驱动马达联接器
三脚架螺母

图 1-1-3　海鸥 DF-300X 照相机背面图

　　海鸥 DF-300 照相机是电子控制式单镜头反光照相机。拍摄方式为光圈优先（AUTO）、手动曝光（LED 双重显示）、及 "B" 门方式。操作如下：

　　1. 装胶片。

　　提拉相机左侧倒片钮,相机后盖自动弹开,将暗盒芯轴突出部向下,放入胶卷仓。胶片片头插入承片轴的缝隙中,并使片头的齿孔嵌入输片齿孔上,使胶卷平整,将后盖盖上。卷片扳手分一次或多次上紧。要特别注意倒片钮是否逆时针转动,不转动表示胶卷未上好,需重新装片。胶卷上好后需空拍两张,当计数器显示"1"时,即可开始拍摄。装片方法也可倒过来,先将胶片片头插入承片轴缝隙中,使片头齿孔嵌入钩片齿上,通过卷片扳手使片头缠绕在承片轴芯一周左右,然后将暗盒装入左侧胶片室,关上后盖进行后面操作。海鸥 DF-300X 相机设有正确装胶卷信号窗,位于相机的右上角,胶卷安装正确时,信号窗上左侧会出现红色信号,并随着拍摄逐步向右移动。如装胶卷不妥红色信号将不显示,需重新装卷。另外还可以注意相机左侧的倒片钮是否转动,如转动说明装片正确(见图 1-1-4、图 1-1-5、图 1-1-6)。

图 1-1-4　安装胶片（1）

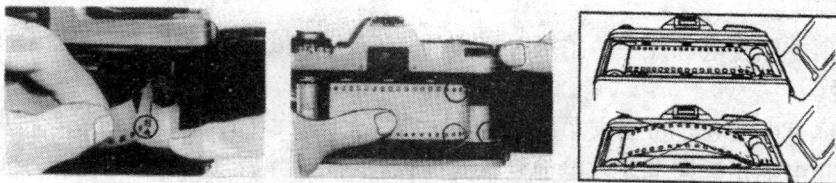

图 1-1-5　安装胶片 (2)

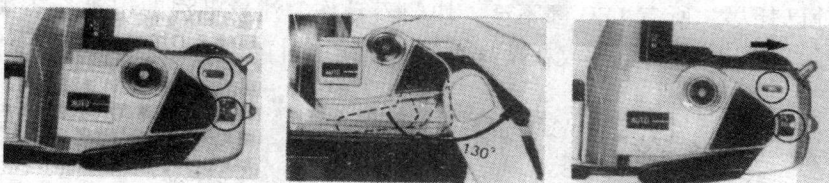

图 1-1-6　安装胶片 (3)

2．倒片。

当计数器显示为 36 时，证明拍摄完毕，可进行倒片工作（当卷片扳手过片感到吃力或不到位时，不能完全依据计数器是否显示"36"，因为有时由于散装片长度不足 36 张或其他原因，最后一张未必是"36"，这时暗盒内的胶卷已拍完，切不可再用力扳动卷片扳手，以免拉断或将胶片从暗盒拉出而无法倒片）。此时应按下相机底部的倒片钮（可以始终用手按住），再将倒片扳手顺时针（箭头方向）转动，使已拍摄的胶卷徐徐倒入暗盒中，当感觉倒片手柄不吃力时，再转动一圈，即可打开后盖，取出暗盒待冲洗。注意装卸胶卷时，不要用手指或暗盒戳碰帘幕，以免损坏帘幕快门（见图 1-1-7）。

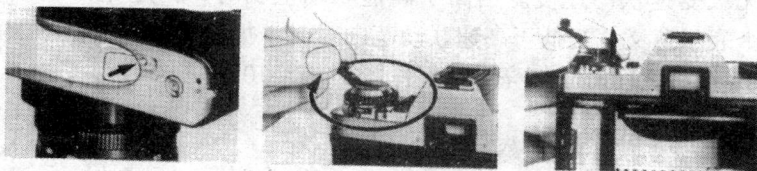

图 1-1-7　倒片示意图

3．镜头的装卸。

海鸥 DF-300 相机为卡口式镜头，可进行装卸。具体方法是将镜头上红点对准机身上红点，轻轻套入机身，确信镜头平整后顺时针方向转动，直到听到轻微"喀"的锁紧声即锁定。卸镜头时，用左手拇指推动镜头锁定钮，右手握紧镜头逆时针方向转动，当镜头松动时，小心将镜头卸下即可。注意装卸动作要轻，不可用力碰撞，防止镜头或机身脱手摔坏（见图 1-1-8）。

装镜头　　　　　　　　卸镜头

图 1-1-8　装卸镜头示意图

4. 电源开关。

在相机顶左侧有电源开关,拍摄时打开开关 ON。拍摄完毕后将开关关至 OFF。

5. 电池。

相机底部有电池仓,可用硬币或相似替代物逆时针旋转打开电池仓盖,将两枚 1.55 伏的氧化银钮扣电池正极向上装入电池仓盖套筒内,再把电池仓盖装回电池仓,顺时针拧紧即可使用。当电池不足时,取景器内 LED(A 或 M)闪烁不定,警告电池将用完,需更新电池。如果电池已耗尽,所有 LED 都不亮,快门不动作。注意低温时电池会丧失供电能力,所以在寒冷季节使用时应将电池放在贴身衣袋内,拍摄时再装上(见图 1-1-9)。

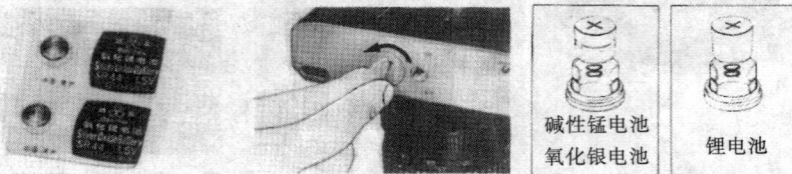

碱性锰电池 氧化银电池 锂电池

图 1-1-9 电池安装

6. 取景器。

在海鸥 DF-300X 相机取景器右侧,是拍摄方式指示灯,为发光二极管指示灯 LED。最上面为 M,表示手动方式。下面为 A(Auto),即光圈优先模式。使用如下:

(1)光圈优先模式:当拨动方式/快门速度选择器至 Auto 时,A 灯亮,设定光圈后,半程按下快门,可看到相应的速度指示灯亮。如果两个指示灯亮,则表示相机自动设定在这二档快门速度之间的无级变速快门速度。当高于高速联动范围时,△灯亮,并以每秒 4 次闪烁。▽灯亮时有两个表示意义:当低于高速联动范围时,▽每秒 4 次闪烁警示。再一个是当曝光指示的速度在 1~4 秒之间时▽灯亮警示(见图 1-1-10)。

自动曝光方式的拍摄方法

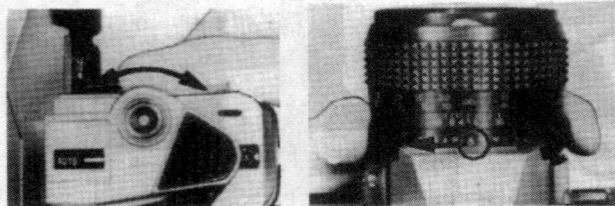

将方式/快门速度选择器设于"自动"(AUTO)的位置。

将光圈设定在您所需要的数值。

图 1-1-10

(2)手动模式:当方式/快门速度选择器设定于手动范围时,取景器内 M 灯亮。把速度盘调至所需"1"至"1000"(1s~1/1000s)之间的任何一个所需锁定位置,手动设定的快门速度值在取景器内每秒 4 次闪烁。拍摄按相机曝光表指示的快门值时,只要调节光圈或快门速度使闪烁的指示灯和一直亮着的灯重合在同一速度值。方法有二,一是把快门速度选择器设定在所需锁定位置上,然后旋转光圈环,将指示灯调至所定速度闪烁外,没有其他的灯闪烁为止。再一个是先设定光圈,然后将快门速度选择器旋转至闪烁灯和一直亮着的灯重合在一起。如有两个灯同时亮,可稍调一下光圈,使只有一个指示灯亮(见图 1-1-11)。

手动曝光方式
基本设定法

取景器内的显示：

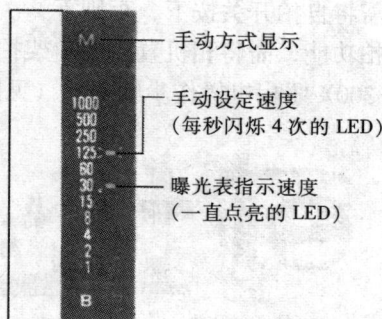

M —— 手动方式显示

手动设定速度
（每秒闪烁 4 次的 LED）

曝光表指示速度
（一直点亮的 LED）

把方式／快门速度选择器设定到从"1"（1
秒）到"1000"（¹∕₁₀₀₀ 秒）中的任一所需的
锁定位置

图 1 - 1 - 11

7．自动曝光 AE 锁的使用。

用自动方式拍摄时，如果被摄主体与背景明暗差别很大，由于海鸥 DF - 300X 相机采用的是中央重点平均测光模式，被摄主体受到背景亮度影响，使主体得不到正确曝光。这时可将相机接近被摄主体，半程按下快门测光，然后按下相机 AE 锁钮，此时被摄主体曝光值已被锁定，然后回到原位置构图进行拍摄，使被摄主体得到准确曝光。需注意的是，如果要调节光圈等其他数值，需在按下 AE 锁之前完成。变焦镜头也应在 AE 锁按下之前完成变焦（见图 1 - 1 - 12）。

8．B 门的使用。

将方式／快门速度盘设定于"B"门，快门按下后快门打开，直到松开快门后，光圈关闭。使可获得 1 秒以上的曝光时间。使用"B"门应使用三角架来稳定相机，还应使用快门线以免机身震动。使用自动及手动方式时（包括 B 门），应注意以下几点：

（1）手动及"B"门方法时，不能使用 AE 锁。

（2）使用变焦距镜头时应先变焦再按 AE 锁。

（3）使用 B 门时应盖上目镜（装在背带上），以防光线从目镜射入。

（4）B 门时不能使用自拍机。

9．自拍机的使用（见图 1 - 1 - 13）。

图 1 - 1 - 12　AE 锁使用

图 1 - 1 - 13　自拍机的使用

（1）将快门置于"B"门之外的所需档位。

（2）将照相机的自拍机开关向上拨。

（3）按动快门，这时自拍机自行指示灯进行闪烁倒记时，顺序为前 8 秒为每秒 2 次闪烁，第 9 秒钟每秒闪烁 8 次，最后一秒为连续闪烁，快门随即释放。自拍机使用需注意以下几点：

①自拍启动后，如需停止自拍，可将自拍开关向下推，或将总开关推至 off 的位置，自拍机即停止工作。

②自拍后需将自拍开关按下，否则下一次拍摄仍为自拍顺序。

③使用自拍功能，需将相机置于三角架拍摄。

海鸥 DF－300X 照相机操作步骤概要（见图 1－1－14）。

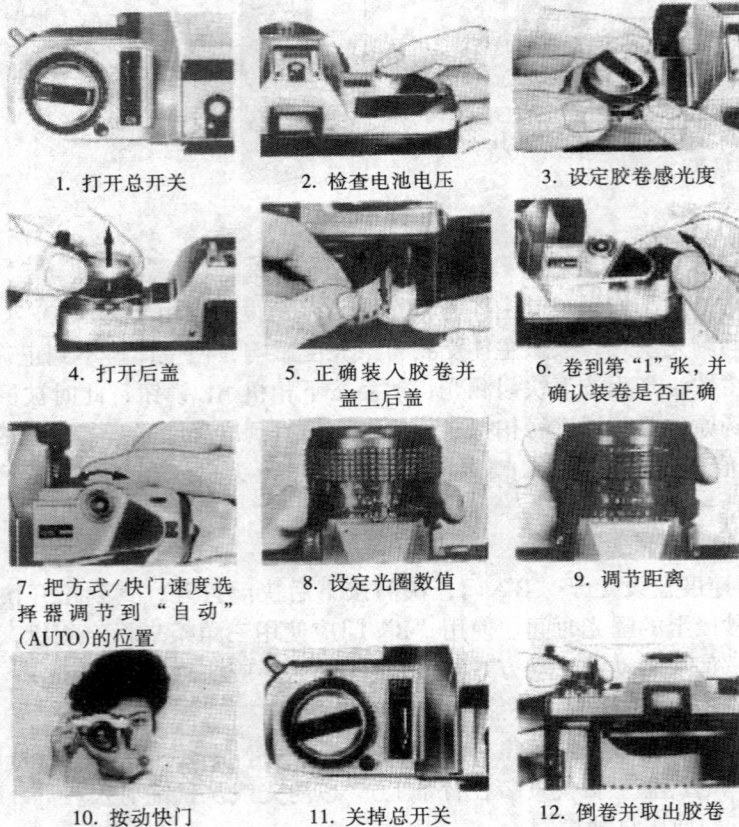

1. 打开总开关	2. 检查电池电压	3. 设定胶卷感光度
4. 打开后盖	5. 正确装入胶卷并盖上后盖	6. 卷到第"1"张，并确认装卷是否正确
7. 把方式/快门速度选择器调节到"自动"（AUTO）的位置	8. 设定光圈数值	9. 调节距离
10. 按动快门	11. 关掉总开关	12. 倒卷并取出胶卷

图 1－1－14　操作概要（自动曝光方式）

（二）佳能 EOS－1000FN 型照相机

EOS 是佳能舒适、快速、自动聚焦的总称（Electro Optical System）。下面为 EOS－1000FN 相机结构图（见图 1－1－15、1－1－16）。

1．电源。

此相机电源用一枚 6V2CR5 锂电池。锂电池具有电压高、能量密度高、放电性能稳定、正常工作温度范围广、存放性能好等优点。

2．装片。

现代相机有两种装片方式，一种是将胶卷片头搭至承片轴上，关上后盖胶片就会自动走至第一张。另一种方式是相机采用自动预先卷片功能系统，当胶片装入相机暗盒仓并盖上后盖，胶片就会自动全部走到卷片筒，也就是说拍摄将从胶卷第 36 张开始拍，一卷拍完后将正好全部退回暗盒。这种方式的好处是，每拍摄一张胶片，就退进暗盒一张，即使拍摄中误开相机后盖，已拍摄的胶片也不会报废。

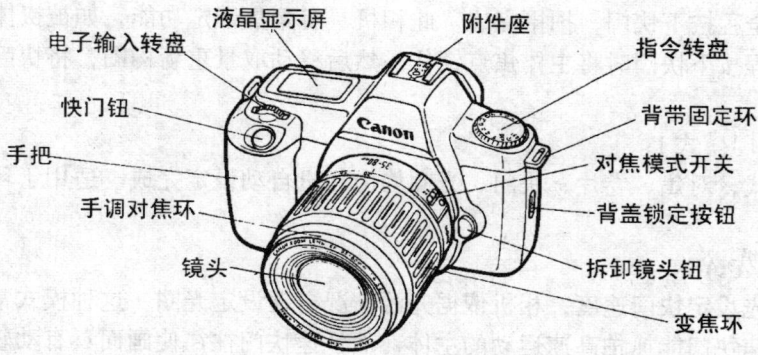

图 1 - 1 - 15 EOS - 1000 相机正面图

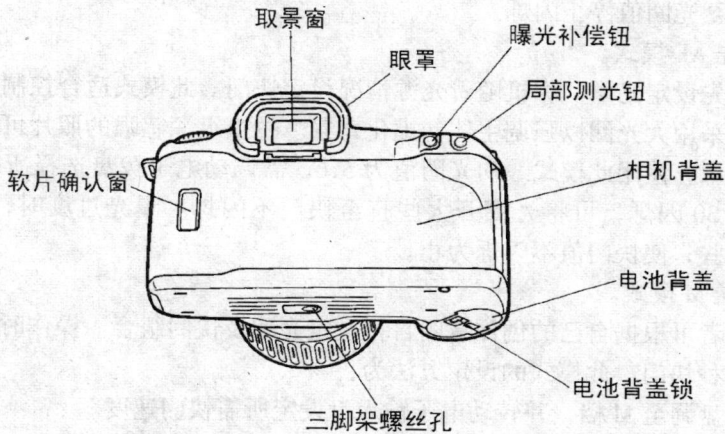

图 1 - 1 - 16 EOS - 1000 相机背面图

3. 胶片感光度。

将由相机依据胶卷盒上的 DX 编码自动识别确定。如胶片感光度与暗盒 DX 编码不符，需手动设定。方法是将指令盘设定在"ISO"位置，调动电子输入盘至所需感光度出现在液晶显示屏上，该资料就被锁定。

4. 对焦。

此相机为 AF（自动对焦）及 M（手动对焦）两种对焦模式。在 AF 档我们半程按下快门，焦点即被锁定，再将快门按到底，快门释放，拍摄即完成。当被摄体对焦准确时，取景器内绿色 AF 记号亮起，同时相机发出"哗哗"声，证明聚焦准确。在以下情况时，O 记号闪烁，说明无法聚焦，需转为手动调焦：

（1）低反差主体朦胧不清时。

（2）主体为黑暗时。

（3）主体有栅栏或其他物体遮挡。

（4）主体有强反光，如雪景、金属物等。

（5）主体不在聚焦框内。

5. 绿色矩形模式。

将指令设定至口位置，对焦时，将被摄主体置于（［　　］）内然后轻按快门进行自动聚焦及测光，再全程按下快门，拍摄完成。此相机具有聚焦锁定功能，如被摄体不在构图中心的话，我们半程按下快门时将主体焦点锁住，然后移动取景重新构图，将快门按压到底，全部拍摄完成。

6．程序快门模式 P。

用此种模式，对焦、卷片、快门、光圈均由相机自动设定完成。适用于环境光较好的条件拍摄。

7．快门优先 AE。

此模式为先设定快门速度，相机依据光源情况自动设定光圈，这种模式常用于动态主体拍摄。比如高速快门能抓拍高速运动的主体，而低速快门往往使画面具有动感美。此模式最初快门均为 1/125 秒，需拨动电子输入盘选择所需快门。另外，当曝光不足时，最大光圈值闪烁，需将快门速度调慢一些，直到光圈值不闪烁。曝光过度时，最小光圈值闪烁，将快门速度调快些，直至光圈值停止闪烁。

8．光圈优先 AE 模式。

这种模式为先设定光圈。相机随着光源情况设定快门。此模式适合控制景深的拍摄。例如拍摄人像，可采用大光圈以强调主体，虚化背景。拍摄纵深感强的照片可采用小光圈，以强调其大景深效果。使用此模式最初光圈值为 5.6，需调动电子拨盘选择所需光圈值。曝光不足时，快门值 30 闪烁，可将光圈开大些直至快门不闪烁。曝光过度时，快门值 1000 闪烁，将光圈缩小些，使快门值不闪烁为止。

9．手动曝光 M 模式。

此模式拍摄者可根据自己的创作意图自行设定光圈及快门组合。操作时最初显示屏数值为 f5.6 及 1/125 秒快门。此模式的设定方法为：

（1）将指令盘调至 M 档，并转动电子输入盘设定所需快门速度。

（2）按下曝光补偿钮的同时，转动电子输入盘设定所需光圈。

（3）半程按下快门，所需设定的资料将出现在液晶显示屏上，确认所需曝光组合后即可拍摄。如曝光不足或曝光过度时，液晶显示屏上将出现△＋2 或△－2 符号闪烁，需重新调整曝光组合。

10．DEP 景深 AE 模式。

此模式可使拍摄画面的前景及后景均清晰。相机依据光源情况自动调整设定光圈及速度组合。方法为：

（1）将指令盘拨至"DEP"位置。

（2）通过取景器将拍摄主体前点聚焦半程按下快门，此时"DEPl"灯亮，即可移开手指。

（3）重复上述动作，并对拍摄主体后点聚焦并半程按下快门，使"DEP2"灯亮，移开手指。

（4）重新构图并半程按下快门，出现自动曝光值灯亮时，即可全程按下快门拍摄。

11．人像拍摄功能模式。

此模式以大光圈及近距评估测光拍摄人像。

12．风景拍摄功能模式。

此模式以尽可能小的光圈来突出风景的景深效果。

13．近距拍摄功能模式。

此模式以最近距离拍摄使景物在相机内呈现最大尺寸。

14．运动拍摄功能模式。

此模式相机以较快的快门速度及连续自动对焦快速抓取运动体。另外此相机还具有局部测光、曝光补偿及重复曝光等功能。

15．局部测光。

局部测光指相机取景器中，仅测取中央部分的 9.5% 的范围，局部测光适用于舞台摄影或被摄主体与背景有着较大反差的景物。操作如下：

（1）进行构图和对焦。

（2）按下一半快门，并将区域测光记号对准被测主体，并按下局部测光钮。这时局部测光信号"＊"出现在取景器的左下角。

（3）移开局部测光按钮，进行拍摄。

（4）如局部测光后需重新构图，可继续按住相机快门钮，并重新构图，构图完成后即可将快门按压到底进行拍摄。

16．曝光补偿。

此模式通常用于高调（故意曝光过度）或低调（故意曝光不足）摄影。曝光补偿范围为 ±2 级之间。每次以 1/2 级增减。操作如下：

（1）在按曝光补偿钮的同时，旋转电子输入盘至所需补值显示在液晶显示盘上即可拍摄。

（2）需取消该模式时，可重复上述程序，将曝光补偿回零。或将模式转至其他程序。

（3）手动控制模式时，其测光值已经是自动补偿。

六、实验注意事项

1．照相器材是精密仪器，必须在老师的指导下按照操作要求使用。在没有了解其性能、各部件的特点和作用及操作要求前，不得随意扳动，以防损坏机件。

2．操作时，如遇机件故障，不得擅自拆卸或硬扳，应及时向老师报告，由指导老师处理。

3．要爱护镜头及各部件，如镜头有污染，应报告指导老师处理。

4．实习期间，相机要妥善保管。如有相机丢失或损坏，要按规定赔偿。

5．实习课结束，将相机及各实验器材完好、及时地交还。

七、实验报告

按实验报告的规格要求，简要说明本次实验的目的，结合实验谈谈自己对相机使用的体会。

八、附录：照相机的简单鉴别

1．镜头的鉴别。

察看镜头的外观质量：打开后盖，将快门放在"B"门，光圈开到最大一档，在明亮的背景下仔细观察镜头是否有划痕、尘埃、杂质、霉斑、指纹、水泡、气泡、脱胶等现象。另外还要观察镜头表面和边缘是否有崩裂，增透膜是否有脱胶等现象。如有以上情况是不合格的。成像质量也可检查，可进行直观检查，方法是：将光圈开到最大，快门速度放到"B"门，打开相机后盖，成像轨上放上毛玻璃（磨砂面向里放），镜头对准远距离目标，对焦成像，仔细观察画面中心和边缘是否清晰。用同样方法再检查中、近距离的目标成像情况。要求用肉眼观察画面中心和边缘清晰，另外还可将相机装上胶卷实拍，对照片进行冲洗观察。还可拍摄鉴别率板，在读数显微镜下对底片进行判读，能够分辨清楚的那一组条纹就是镜头的实际拍摄解像力。

2．快门的鉴别。

我们所用的相机为焦平面帘幕快门。在释放快门时，声音清脆、有力，在 1/30 秒以下各个慢速档释放时，从听觉上速度有明显的差别，前一档应为后一档速度的两倍。也可进行实拍检查，对某一目标使用同一光圈和速度依次组合，进行拍摄，按规定条件进行冲洗，然后观察每张底片的密度，密度依次减半，说明快门速度时间间隔是好的。此方法也可检查光圈好坏。不同的是将快门速度固定而依次改变光圈系数进行胶片密度观察。对"B"门释放时，手抬起后，"B"门应马上关闭，不允许有较长的滞后时间，否则是慢门机慢速档阻链参加了快门关闭动作。

3．测距与调焦机构的鉴别。

检查方法是将照相机的光圈开到最大，开启"B"门，在照相机底片轨上放置一块磨砂玻璃，注意磨砂面向镜头方向，然后取 50 米、3 米、1 米三个不同的实测目标，分别进行调焦对距，直到磨砂玻璃上的景物影像最清晰，此时看距离刻度标所对应的距离标尺上的数值与实际距离是否一致。一致为好，不一致说明测距装置有一定误差。

4．机身的鉴别。

机身应有良好的防漏光装置，可采用实拍的方法，根据底片判断机身是否漏光。另外机身外观应清洁、美观、大方。外表的漆层要光滑、均匀、牢固。电镀件不应有剥落的现象。现在新型的塑料机身外壳不能有气泡、疵点。

实验二　摄影光源与测光方法

一、实验目的
结合教学所学光的基本原理，了解各种光源，掌握各种测光、用光方法。

二、实验原理
1．光的传播规律。

光的直线传播；光的反射；光的折射。

2．距离平方反比定律。

三、实验内容
了解各种光源，能够在不同的光线条件下运用不同的测光方法，达到正确的曝光。并学会使用闪光灯。

四、实验器材
海鸥 DF - 300 照相机。

五、实验方法与步骤
（一）二人一组

（二）摄影光源

1．自然光源及测光表。

自然光源指日光、月光、星光、天光及自然发光物体。作为摄影光源主要指日光。观察光线效果时，可准备一个玩具人，用一个手电，移动手电的光在玩具的脸及头部移动，观察光线变化所产生的不同效果。

（1）正面光：指迎面照向被摄者的光线。

（2）侧光：会产生"斧劈光"效果，对建筑物及风光拍摄效果往往不错。拍摄人物可用反光板来消除阴影。

（3）逆光：逆光与正面光相反，是摄影中运用最为普遍的手法之一。运用得当，能产生极为生动的效果。其中测光准确是关键。如对周围亮度测光，被摄者将产生剪影般效果。如按明亮阳光测光，将测光读数再开大一到二档光圈拍摄，明亮背景将失去一些细节，而被摄者的暗部则会增加层次。

（4）顶光：顶光是最不常用的摄影光源，如在此时拍摄，解决的办法是利用反光板消除被摄者的阴影，再一个是避开直射的顶光拍摄。

2．人造光源。

人造光源也叫人工光源，主要指各种灯光，如钨丝灯、日光灯、水银灯、碘钨灯、闪光灯等。利用人造光源可营造多种光线效果，如主光、辅助光、轮廓光、背景光、眼神光、发光、效果光等等。

（1）电子闪光灯。

（2）闪光灯的工作原理（见图1－1－17）。

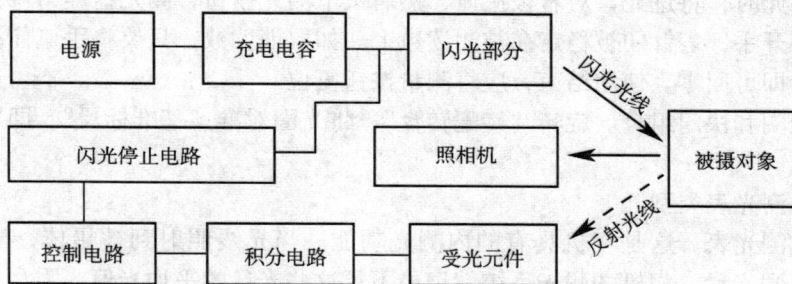

图1－1－17　闪光灯工作原理图

如图所示，将直流电逆变为交流电，经过滤波整流电路，得到150V左右的直流电，整流后的直流电分别加到闪光灯管的两端和高压电路，在按动相机快门后，高压电路的输出端，便获得一万伏左右的高压触发脉冲，闪光灯管受到高压的激发，使闪光管内氙气电离，产生弧光放电，即完成一次闪光过程。

（3）闪光灯基本性能（以雅奇828型闪光灯为例）。闪光指数：28。色温：5800K。闪光时间1/1000s。充电时间7s～10s。闪光有效视场："W"挡69°，适用焦距31mm～38mm广角镜头。"S"挡53°，适用焦距40mm～55mm标准镜头。"T"挡38°，适用焦距63mm以上的长焦距镜头。

（4）闪光灯的操作和与相机的配合。打开闪光灯的电池仓，将电池按电池仓标明的正负极装入4节5号电池，关上电池仓盖。再将电池开关推至ON位置，便可听到"吱吱"的充电声，电充足时充电显示灯亮，按动试闪钮，就会闪光，表示闪光灯工作正常。然后将电源关闭，把闪光灯热靴座插入相机热靴，再打开电源，无法同步的可安上连闪线。为试验闪光与快门是否同步，拍照前可先打开相机后盖，将光圈开至最大，对着深色景物闪光，在按快门的同时，从后盖处观察，如果在快门打开时看到白色光亮，即表示闪光与快门同步。实拍时，将相机快门设于同步档"X"或同步快门（1/60s以下）。然后确定光圈值，即根据拍摄距离和胶片感光度，调定计算表，找出相应的光圈值，即可进行拍摄。

（5）闪光指数。闪光指数等于光圈系数乘以闪光灯至拍摄物的距离，即 GN = F × S。GN是闪光摄影时指示的正确曝光数据，由胶片感光度和闪光灯的照射距离及光圈的F系数三者综合表示的。电子闪光灯的闪光指数一般都是以 ISO100 的感光度作标准计算。但这仅为参考数据，如遇特殊情况，如周围环境较暗，或夜间在外拍摄，应将闪光灯在正常曝光的基础上再开大一档光圈。

3．测光表的基本功能。

测光表是采用表内测光元件接受被测体的平均光值，然后将光能转换为电能，通过表盘读值显示，其数值为光圈系数和快门速度，并显示出感光量相同的组合值。可根据拍摄意图进行选择。

（1）海鸥 CL－A 型测光表的使用。

①装上电池。然后向箭头方向拨动电池标定开关，使电表指针在红色标记上即可使用。

②确定感光片速度。旋转感光度调节旋钮，使感光度标志对准所使用胶片感光度。

③确定标尺换档手柄位置，向上为暗级，向下为亮级，使用时先以亮级测光，当测量亮度值低于 500 烛光/米时，应改用暗级标尺，使用暗级时，应避免强光，以防损坏表头。

④进行测光时，将进光口对着被摄体，然后按下测光按钮，测光盘即出现被测读数，表针稳定之后松开手，表针便被稳定在被测读数上。如取消读数，只要将手遮住测光口再按下测光钮，指针即可回零。使用结束，应将测量按钮复位。

⑤确定光圈和快门组合。旋转"旋配转盘"，将光圈对准"基准标尺"，即可获得曝光组合数值。

（2）其他测光表类型。

①反射式测光表。这是相机具有的内测光功能。当光线照射到被摄体，被摄体明暗不同，反射回不同光量，相机的测光系统就记录下了这些光量的平均光值。需注意的是：这种平均光值有时会有误差，比如在雪地里，白雪增加了反射光，测光表得到的数值就会少于实际曝光量。同样深色物体吸收了大部分光线，反射光量较少，测光表测出的曝光量就比所需的曝光多。

②入射式测光表。如前面介绍的海鸥 CL－A 型测光表就是一种入射式测光表，通常入射式表采用一只乳白色柔光罩盖在测光窗上以接受各个方向的光线。

③点测光表。点测光表的测光角度非常窄，能测出被摄体中极小部位的准确曝光值，其测光角度通常只有 1 度。非常适合特写拍摄的测光。

④现代相机的测光精度。现代相机具有高精度的 AE（自动测光）系统，这种精度得益于相机内的 CPU（微型计算机中央处理装置）。以 EOS－1000FN 型相机为例，采用了简化的区域评估测光，每个区域分别进行数字运算，实现了与 6 区域评估测光相同的性能。评估测光就是把影像分割成几个部分进行测光，根据比较，评估各自的测光结果进行推定，使测光更加精确。EOS 型相机还具有局部测光和点测光功能。局部测光只对取景器的特定部分进行测光，因为和相机 AE 锁定配合，运用熟练，能得到 100% 的适中曝光。点测光是对取景画面的 2.3% 进行测光，在逆光的舞台等明暗反差强烈的场景能精确测光。

（3）测光表的几种测光方法。

①相机同位测光法。相机同位测光法是在照相机的位置上测量被摄景物各部分的平均亮度。测光的方向、角度和相机大致相同，如遇亮度很大的背景如天空、水面，应改变测光表的角度和方向。

②近距离测光方法。这种测光是将测光表靠近被摄体测量准确的亮度。要特别注意避免测光表或被摄者阴影干扰测光表。还应保持适当的测光距离，一般在 20 公分左右为宜。

③代测法。这种方法应用于被摄体距离远或不便靠近时，可选择同类物体作为替代物测量光值。也称同类比较法。要注意代测的光线强度、方向、反射率都与被摄者尽量一致。

④亮度等级的测量法。这种测光方法应用于被摄者或景物明暗反差很大的情况下，分别对最亮和最暗部分测光，将两个数据相乘再开方得到的平均数值。

（4）测光表读数的应用。当被摄体的反光率明显大于或小于 18% 时，按测光表的读数曝光，就不能够准确地记录被摄体。一般讲，测光表把一切测光对象都当作具有平均反光率的，正如在海滩或雪景拍摄，由于周围环境的反射光量比平均光量多得多，测光表的平均测值只测得较少曝光量，导致了拍摄曝光不足。梯级曝光量能弥补平均测光的不足，但胶片的浪费也可想而知了。而且在动作的拍摄上也难以实现梯级曝光。我们可以采用灵活准确的方法达到正确的曝光。

①按被摄体中最重要的部位的反射光测光，如人物可按肤色的测光读数进行曝光。

②拍摄风景可按平均测光的读数曝光。

③采用与被摄体受光条件相同的其他位置的入射光读数曝光。

④按 18% 灰板的反射读数曝光。

按以上方法测光时，应注意以下几点：

①当测光读数受到大面积的暗环境影响时，需在上述测光基础上再缩小 1/2 至 1 档光圈。

②当测光表读数受到较大面积亮环境的影响时，需在上述测光基础上再开大 1/2 至 1 档光圈。

③当测光读数为针对被摄体的重点时，上述方法均适用。

（5）估计曝光。准确的估计曝光，可避免对测光装置的依赖，而且可在无测光装置或测光装置失灵时作出正确的估计曝光。估计曝光最常用的是依据曝光参考表，这个表是针对片速和典型的光线条件而推荐的曝光组合（见表 1 - 1 - 1、表 1 - 1 - 2）。

表 1 - 1 - 1 曝光参考表

拍 摄 题 材	拍 摄 条 件	光圈	快门
近景人物、一般建筑	春、秋季，晴天，上午 8 时至下午 4 时	11	1/60s
阴影中的人或物	同上	8	1/60s
室内	白墙、一面窗、窗外无高大建筑物或树木遮挡	2.8	1/30s
室内	白墙、多面窗、窗外无高大建筑物或树木遮挡、光线明亮	4	1/30s
夜间室内灯光	250W 灯两盏、距离三尺	2	1/20s
夜间明亮日光灯	距离三尺	2	1/15s
工地灯光	距离 20m ~ 30m	8	2s ~ 8s

续表

拍 摄 题 材	拍 摄 条 件	光圈	快门
节日彩灯及马路霓虹灯光	距离 15 米 ~ 30 米	8	1s ~ 6s
晴天的月亮	天空晴朗、无云	5.6	1s ~ 4s
月景	满月明朗月光	4	1min ~ 1min 30s
路灯照射下的建筑物	离建筑物 10 米左右、灯光较密	8	2min ~ 4min
节日夜空焰火	焰火开花一刹那	8	1/5s ~ 1/25s
节日夜空焰火	焰火全过程，或拍下数次焰火	11	B门
汽车灯光	城市马路上汽车所用灯光	8	1/10s ~ 1s
电焊光	距离 5 米	8	1s ~ 4s
探照灯光柱	节日打出的探照灯光	5.6	4s ~ 10s
闪电	连同地面景物	5.6	B门
舞台演出	一般光亮	2.8	1/30s
舞台演出	舞台灯光全亮	4	1/30s

备注①使用 ISO100/21°胶卷
②不加滤光镜

表 1 - 1 - 2　拍摄月亮曝光参考数据

照相机类型	镜头焦距（毫米）	胶片感光度	曝光组合
135	135	ISO100/21°	f/5.6 ~ 8、1/60s
135	200	ISO100/21°	f/8、1/60s
135	500	ISO100/21°	f/16、1/60s
135	1000	ISO100/21°	f/22、1/125s
120	150	ISO100/21°	f/5.6 ~ 8、1/60s
120	250	ISO100/21°	f/8、1/60s
120	500	ISO100/21°	f/16、1/60s

实验三　拍摄技术基础

一、实验目的

1. 通过实习掌握照相机的操作要领。

2．初步掌握拍照技术的步骤和一般方法。

3．加深领会正确曝光在摄影中的重要作用。

4．理解景深的形成及影响因素，学会有效地控制景深。

二、实验原理

光的传播、照度定律、互易律、透镜成像规律、景深的原理等。

三、实验内容

1．对同一景物，在自然光不同强度的情况下分别曝光。

2．对同一景物，分别拍照其正面、侧面、斜侧面或分别进行远、中、近景和特写拍照。

3．以同一人半身人像为对象，分别进行顺光、前侧光、侧光、侧逆光、逆光拍照。

4．对同一被摄物，曝光量相同，分别用不同的曝光组合进行拍照。

5．日出或日落时刻、城市夜景拍照。

6．室内自然光、闪光灯及灯光照相。

四、实验器材

1．海鸥 DF - 300 型照相机。

2．三脚架、快门线、闪光灯、新闻灯等。

3．ISO100 全色胶卷。

五、实验方法与步骤

二人为一组。每人对每一实验内容都要拍照。具体步骤如下：

（一）作好拍照前的准备工作

1．空拍（不装胶卷）练习，熟悉并掌握所用相机各部件的性能和特点。

2．检查三脚架、闪光灯、新闻灯等器材的性能，并掌握正确的使用方法。

3．在背光处，严格按照要求装好胶卷，并确信已装上。

（二）根据实验内容确定拍照对象、环境和拍照程序

（三）取景、调焦、配光和曝光

1．不同光照条件下的拍摄。

拍摄对象可选择校园风光、城市风光等，在不同自然光条件下拍摄。可参考下表练习曝光。

天气情况	强烈日光	薄云	厚云	阴天
光　圈	F16	Fll	F8	F5.6

注意：适用的时间，日出后二小时至日落前二小时。适用季节，春秋季晴天。夏季缩小一档光圈、冬季增大一档光圈。适用条件，快门速度 1/125s，胶卷感光度 ISO100°。还要注意光线照明方向和景物的反光对曝光的影响。

2．不同角度、距离条件下对物的拍摄。

正面取景时，照相机镜头就对着被拍摄正面的中心位置。画面要给人以稳定和庄重之感；侧面取景，相机镜头的光轴要与被摄物正面轴线成90°角。它着眼于被摄物侧面的特点和轮廓；斜侧面取景，相机镜头应对着正面与侧面之间，利用被摄体正、侧面的特征和前后汇聚的线条，着眼于其立体效果和空间透视感（见图 1 - 1 - 18）。

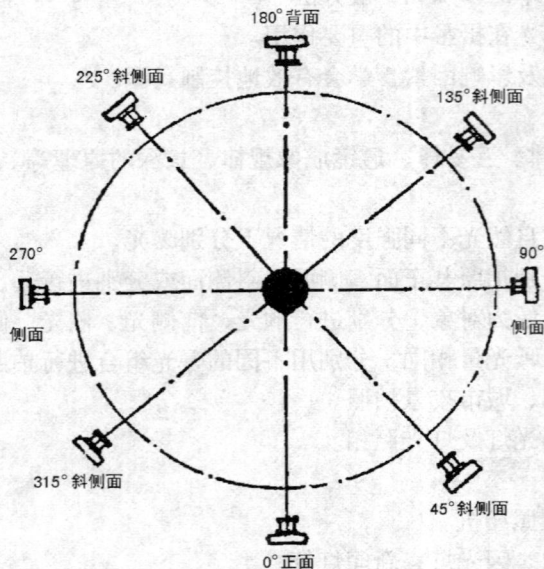

图 1 - 1 - 18　拍摄方向变化的情况

　　画面的配光可根据当时自然光照明的方向而定。调焦点在被摄物体上。曝光可采用同一曝光组合。

　　远景的取景，首先应注重环境气氛。然后注意表现远景的空间深度和透视感；中景的取景，应注意人与人、人与物或物与物之间的关系，表现其具体情节；近景和特写的取景，则应强调被拍对象的局部特征，表现其质感或神态。

　　这些画面的配光，可采用前侧光。调焦应根据拍摄要求分别进行。曝光要求正确。当使用变焦镜头时，更应注意曝光的选择。

　　3．不同角度条件下对人的拍摄。

　　画面的取景均采取正面近景（见图 1 - 1 - 19）。

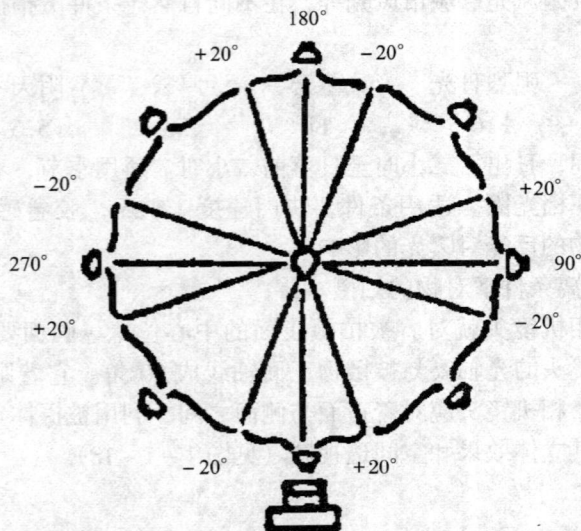

图 1 - 1 - 19　水平面内灯光位置图

顺光位置（正面光 0°±20°）；前斜测光位置（顺侧光 20°~70°）、（290°~340°）；侧光位置（侧光 90°±20°，270°±20°）；后斜侧光位置（轮廓光 10°~160°）、（200°~250°）；逆光位置（背光 80°±20°）；

顺光的画面，影调平谈，反差小，立体效果和空间透视感比较差。因此，顺光照相，要注意选择与被拍物体有较大反差的背景，以突出主体和增强画面的表现力。

侧光下的景物，反差较大，立体感强，色调丰富。侧光照相，着重于景物的立体效果。是拍摄风光、建筑物的最佳光线，通常在拍摄人像时用的较少。

逆光下的景物，会出现明显的轮廓线条，可把景物与景物、主体与背景明显地区分开来。逆光照相可把表现景物的空间深度，使二维空间的照片展示出强烈的三维空间效果。

曝光按照顺光、侧光、逆光依次增加一档曝光量。调焦以人物为准。

4．不同光圈条件下拍摄。

取景时注意选择有前景、主体和背景的多层纵深景物为拍摄对象，均采取中景画面效果。可用前侧光。调焦以被摄主体为准。曝光量不变，分别采用 F2、F5.6、F16 和相应的快门进行曝光。

5．日出、日落时刻城市夜景的拍摄。

日出、日落时刻或城市夜景照相，由于光线比较复杂且难于控制，曝光很难掌握。因而，要取得曝光准确的日出与日落照片，采用±1 档的梯级曝光法是明智之举。确定基准曝光量的测光要注意不能对着太阳，而应测量不含太阳的天空。也就是测量太阳正好处于画面之外的天空部分。同样城市夜景曝光也可采用梯级曝光法。由于光线较弱，一般将相机固定在三脚架上，采用长时间曝光或多次曝光的方法。

日出与日落照片的取景则随表现意图和现场条件而定。低角度拍摄可使画面充满灿烂的云霞而令人感叹，以微波荡漾的水面为前景的日出与日落画面能使人心旷神怡；以观看日出的人物剪影为前景又能给人身临其境之感。

6．室内自然光、闪光灯及灯光条件拍摄。

拍照前要了解室内光线照相的特点：室内自然光照明方向基本是固定的，亮度随室外自然光的变化而变化；室内景物的构成对明暗反差影响很大，室内环境的大小、物体的反光能力等对亮度也有影响。

室内自然光照相：室内自然光比较复杂，取景配光时要细心研究，合理、充分利用现场光线。室内自然光大致有四个光位，即顺光、逆光、侧光和顶光（有天窗）。室内顺光其效果是景物或人物没有立体感，背景一片浓黑，室内逆光除可以获得逆光剪影照片外，很难表现景物的层次和质感，室内顶光能产生逆光效果，要作为表现景物的轮廓光，室内侧光是最常用的一种光线。它能使室内景物造型效果最佳。

具体拍照时，一般将相机固定在三脚架上，使用快门线。晴天情况，曝光量一般在 F2－4 光圈、1/15s－1/30s 左右。室内灯光照相：室内灯光曝光量估计主要取决于三个因素：一是光源的强度（功率大小、光源多少）；二是照射距离；三是被摄体的受光角度。当被摄体正面受光、距离光源 2m 时，对 ISO100 胶卷可以参照下表调整曝光量（见表 1－1－3）。

人造光源可以根据造型需要调整位置和角度。

室内闪光灯照相：室内闪光灯照相用途非常广泛，闪光灯照相前，必须明确：

表1－1－3　灯光拍摄参考表

光源功率	25W	40W	100W	200W	500W	1000W
光圈	F1.4	F2	F2.8	F4	F5.6	F8
快门速度	（片速 ISO100）1/2s					

第一，闪光灯与照相机必须正确连接，以保证快门与闪光的同步。

第二，注意所用相机快门的类型：如果是镜间快门，其速度任意选择；如果是焦平面快门，其速度就只能在该相机所标示的同步速度以下进行选择．也就是在满足同步速度情况下，可根据需要与条件，在同步速度以下各档任意选择。

第三，明确所用闪光灯闪光指数及其性能。

闪光灯配光可分别采用单灯正面闪光、单灯侧面闪光和单灯反射闪光三种方法。照明方式不同，影像效果也有差异。当然曝光选择也不同。前两种方法可采用相同的曝光量，光圈系数＝闪光指数÷拍摄距离，后一种方法要把曝光量增大到4倍左右。闪光灯照相要达到较好的效果，曝光量通常在理论曝光的基础上再增加一档。

（四）负片冲洗与制作：拍摄后的胶卷，妥善保存，留待下次实验冲洗

六、注意事项

1．因为有室外拍照，注意爱护和保管好实验器材，以防损坏、丢失。

2．本实验内容较多，且比较复杂，要做好实验前的一切准备，防止到时候手忙脚乱，造成拍摄失误。

3．严格按照操作规程实验，做好记录，以防实验失败。

七、实验报告

实验完毕后，个人简单总结本次实验的经验教训，将实验报告、照片制作后一并完成。

实验四　黑白显影液、定影液的配制

一、实验目的

1．认识常用显影液、定影液配方中各种药剂的形态、性质及作用。

2．熟悉 D－76、D－72 常用显影液配方和 F－5 酸性坚膜定影液配方。

3．掌握配制显影液、定影液的方法。

二、实验内容

1．配制 D－76 显影液、D－72 显影液各 1000 毫升装瓶保存。

2．配制 F－5 酸性坚膜定影液 1000 毫升装瓶保存。

三、实验要求

1．严格按配方中要求的条件和配制顺序配制，并要做到每种药充分溶解后，再加下一种药。

2．明确了解各药剂在药液中的作用。

3．总结区别显影液与定影液的方法。

4．将配制好的药液存放好，以备冲卷。

四、实验器材

托盘天平、配方中需要的各种药剂、量杯、竹夹子或玻璃棍、牛角勺、温度计、棕色药瓶2个。

五、实验方法与步骤

（一）二人一组

（二）配制准备

1．清洁容器、量杯、工作台等。

2．准备好45℃～52℃的蒸馏水。

3．按顺序准备好配方的药品。

D－76显影液配方：

温　水	750ml	45℃～52℃
米吐尔	2g	
无水亚硫酸钠	100g	
对苯二酚	5g	
硼　砂	2g	
加水至	1000ml	

D－72显影液配方：

温水	750ml	45℃～52℃
米吐尔	3g	
无水亚硫酸钠	45g	
对苯二酚	12g	
无水碳酸钠	68g	
溴化钾	2g	
加水至	1000ml	
稀释比例	1:2　使用	

F－5酸性坚膜定影液

温水	600ml	45℃～52℃
硫代硫酸钠	240g	
无水亚硫酸钠	15g	
醋酸（28%）	48ml	
硼酸	7.5g	
甲矾	15g	
加水至	1000ml	

（三）称量药品

1．先校准天平，认清砝码。

2．按配方依次称量，称量要准确。

（四）溶解药品

溶解药品操作过程（见图1－1－20）。

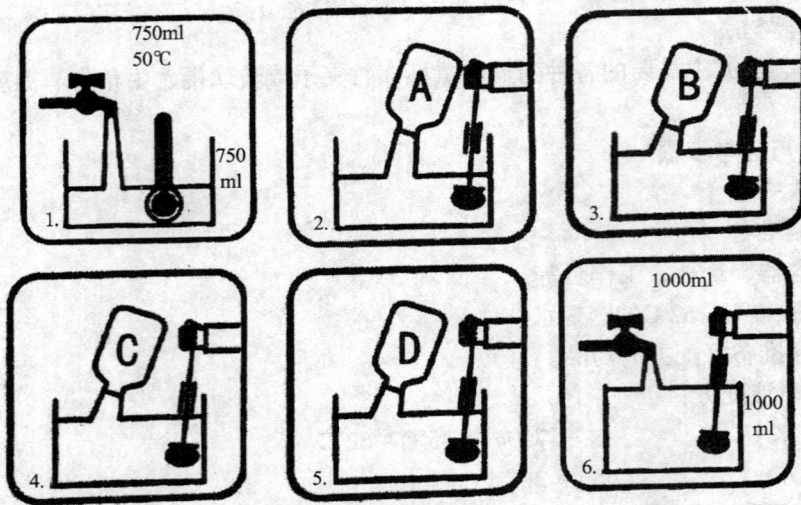

图 1 - 1 - 20 溶解药品操作过程

1. 在容器里倒进 50℃ 左右的的蒸馏水 750ml。
2. 往容器温水里加入米吐尔（A），同时搅拌至完全溶解。
3. 加入无水亚硫酸钠（B），并搅拌直至完全溶解。
4. 加入对苯二酚（C），再搅拌直至完全溶解。
5. 加入硼砂（D），然后搅拌直至完全溶解。
6. 加水至 1000ml，进行搅拌，待至停止。

（五）装瓶保存

1. 将配好的 D - 76 显影液徐徐倒进备好的棕色药瓶中。
2. 贴上标签，注明药液名称及配制日期。

D - 72 显影液配制过程同 D - 76 配制过程，只是药方不同。F - 5 酸性坚膜定影液配制过程也同显影液配制过程，但所用器材、容器不能与配制显影液的器材、容器混用。

六、实验注意事项

1. 配药用水的水质越纯越好。因为硬水中含杂质多，容易使药液性质发生变化。最好采用蒸馏水。

2. 温度，水的温度对药品溶解及药性关系极大，从溶解角度讲，温度越高溶解越快；从药性角度讲，温度越高，药液越易氧化，所以水温宜选在 45℃ ~ 52℃ 之间。

3. 药品纯度应在试剂一级以上。

4. 所有器皿要清洗干净。主要是防止杂质或其他成分掺入配药过程，影响药液质量。

5. 配制显影液和定影液时使用的器具要分开，不能混用。原因是显影液与定影液相混有药性中和作用，使药液性能降低。

七、实验报告内容

实验报告在课后完成，内容包括实验目的、原理、实验过程、实验结果的观察、分析、讨论。

实验五 黑白胶片的冲洗技术

黑白胶片的冲洗技术是指曝光后的黑白胶片，经过显影、停显、定影、水洗、干燥、保存等若干工序，把胶片记录的潜影变成可见影像过程的技术。一张好的照片，只有通过完美的冲洗技术，才能得以显现并长期保存，所以这是照相技术中的关键一环。

一、实验目的

1. 掌握黑白胶片的冲洗技术、方法，冲洗出合格的黑白胶片。
2. 学会分析黑白胶片的冲洗质量。

二、实验内容

1. 利用显影罐显影法冲洗负片。
2. 利用浅盘显影法冲洗负片。

三、实验要求

1. 用自己配的药水冲洗黑白胶卷。
2. 严格按操作规程操作。
3. 学会鉴别曝光正常的底片。

四、实验设备与器材

1. 暗房条件。

暗房要全黑，不漏光；有黑暗条件下使用的计时表；可供操作的工作台。

2. 罐显影法使用设备。

显影罐、显影液、停影液、定影液、清水；温度计；容器、抹布、毛巾等。

3. 浅盘显影法使用设备。

显影盘、停影盘、定影盘、清水盘；显影液、停影液、定影液、清水；温度计；容器、抹布、毛巾等。

五、实验方法与步骤

（一）冲卷前准备

准备好显影罐或显影盘；将各种器材按方便位置摆好；采用盘显影法冲卷时，要做到在全黑条件下能确认放置各种药液盘的摆放位置。

（二）冲洗过程

1. 显影罐显影法冲洗过程。

（1）缠卷。缠卷要在全黑条件下进行。先将暗盒中的胶片，缠到显影罐中的胶带轴上，然后再把胶带轴放进显影罐中，盖好盖（具体过程见图1-1-21）。

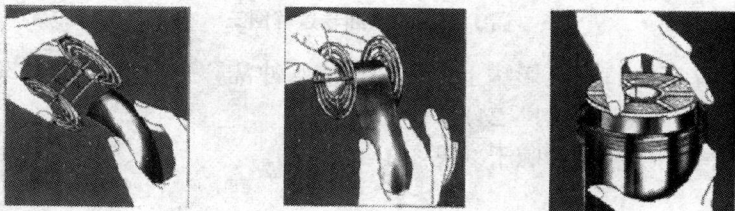

图1-1-21　缠卷过程示意图

第一步，将胶卷一头送进胶卷轴中心，固定住。

第二步，将轴逆时针转动，胶卷顺势延胶片轴轨层层缠好卷。

第三步，将缠好的胶卷轴放进显影罐中，盖好盖。

（2）冲卷。可在明室条件下进行。就是对显影罐中的胶卷进行显影、停影、定影，最终出现影像的过程：

第1　测量显影液温度，决定显影时间。

第2　把显影液注入显影罐中，同时显影计时开始。晃动，第一分钟上下匀速晃动，第二分钟以后是每分钟晃动10s，直到显影时间完成后，倒出药液（见图1－1－22）。

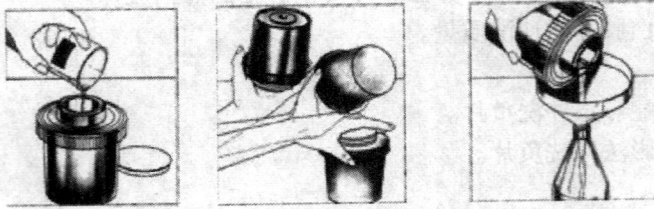

图1－1－22　冲卷过程图一

第3　把停影液注入显影罐中，晃动一分钟后，倒出药液（见图1－1－23）。

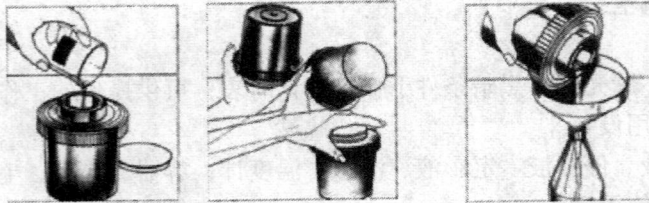

图1－1－23　冲卷过程图二

第4　把定影液注入显影罐中，同时定影计时开始。晃动，第一分钟上下换晃动，第二分钟以后是每分钟晃动10s，定影时间完成后，倒出药液（见图1－1－24）。

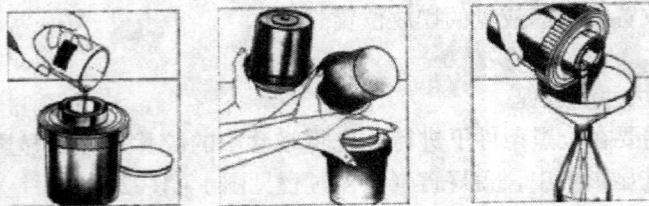

图1－1－24　冲卷过程图三

第5　定影完毕后，打开显影罐上盖，进行清水冲洗，一般流水应冲30min。盆洗也应在半小时内换水6次（见图1－1－24）。

第6　水洗完毕后，将胶片晾干（见图1－1－25）。

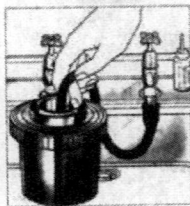

图1－1－24　清水冲洗

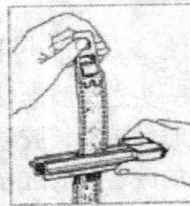

图1－1－25　晾干胶卷

2．盆显影法冲洗过程。

（1）在暗室里，将显影液、停影液、定影液、清水各 400ml～500ml，按顺序分别放进四个盘子里，做到全黑条件下能区别。

（2）水洗、卷片。即在全黑条件下，将胶片放进清水中做卷片动作（见图 1-1-26）。

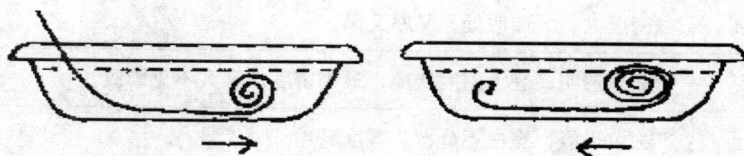

图 1-1-26　盆显影法示意图

（3）显影、卷片。首先显影计时 10min，同时将一边片头送进显影液中，并一点点卷片，卷到一头后，再从另一头往回卷，这样反复卷片 10min，将胶片从药液中捞出。

（4）停显、卷片。停影计时 1min，同时将胶片送进停影液中，卷片一遍，将胶片从药液中捞出。

（5）定影、卷片。定影计时 10min，同时将胶片送进定影液中，双手来回卷片，到 10min 后将胶片从药液中捞出。

（6）水洗。在明室进行。用流动水清洗 30min，盆洗则半小时换水 6 次。

（7）晾干。胶片要挂在阴凉无尘处。

3．底片鉴定。

用透射光观察底片。密度差是底片影像中银粒的最大密度和最小密度之间的差数。底片密度大致分为四类：

（1）反差大的底片：密度大部分的密度较厚，密度小部分的密度较薄，两部分相差较大。

（2）反差适中的底片：密度大部分的密度较厚，密度小部分也有一定厚度；或大密度部分的密度适中，小密度部分密度较薄。

（3）反差小的底片：密度大部分的密度薄厚适中，密度小部分也有一定厚度；或密度大部分的密度较薄，密度小部分密度也较薄。

（4）反差很小的底片：大密度部分的密度较薄，小密度部分几乎没有密度。

底片反差的大小，对于以后印放照片时选用相纸有参考意义。

4．罐显影法与盆显影法比较。

罐显影法：优点是设备先进，底片显影均匀，底片不易磨损，显影可在明室进行。缺点：缠卷需要技术，缠不好，底片会有粘连。

盆显影法：优点是显影条件简便，易操作，显影方便。缺点：显影过程必须在全黑条件下进行；显影不易均匀，胶片两头的部位易显影偏厚；底片易划伤。

表 1 - 1 - 4　冲洗后底片的特征表

曝光	显影	底 片 特 征
正确	正确	影纹清楚，明暗层次分明，强光部分不十分黑，阴暗部分有影纹，无明显灰雾
过度	正确	最大密度不见影纹，最小密度灰雾很大
过度	过度	密度大，无透明处，又厚又黑
不足	不足	底片透明，最大密度淡薄，最小密度灰雾大不见影纹
过度	不足	深色平淡，黑白不分，灰雾度高
不足	正确	底片全部透明，影纹线条都清晰
不足	过度	底片的明暗差别最大，灰雾度大，没有影纹

六、实验注意事项

1. 药液的温度、显影时间、搅动次数要严格按照配方的要求进行操作。
2. 盆显影法卷片时注意不要磨损底片。
3. 新旧药液不能混用。
4. 正确选用安全灯。

七、对实验报告的要求

从曝光、显影、密度、反差等方面分析每张底片，写出结论。

底片的有些弊病在前面已经讨论过了，有些还没有涉及到。这里将罗列出一些常见的问题以及可能产生的原因和防止或补救方法（见表 1 - 1 - 5）。

表 1 - 1 - 5　底片的常见问题

序号	问题	可能产生的原因	防止或补救方法
1	反差低并且没有阴影区域的细节	胶片曝光不足，或许显影也不足	选用高反差相纸印制；下次按正确时间曝光和显影
2	反差低但有足够的阴影区域细节	胶片曝光正常，但显影不足	选用高反差相纸印制；下次显影要延长一些时间
3	反差低并且阴影区域太厚，高光区域太薄	胶片曝光过度，并且显影不足	选用高反差相纸印制，下次按正确时间曝光和显影
4	反差高，没有阴影区细节并且高光区太厚	胶片曝光不足，但显影过度	选用低反差相纸印制照片，下次按正确时间曝光和显影
5	反差高，阴影区细节表现正常，但高光区域太厚	胶片曝光正常，但显影过度	选用低反差相纸印制照片，下次按正确时间显影

序号	问题	可能产生的原因	防止或补救方法
6	整个影像模糊	曝光时照相机发生移动或调焦不准确	没有直接补救的方法。下次要握稳照相机，拍照时可以用高速胶片或选用较高的快门速度，或使用三脚架，并且调焦要更仔细
7	部分影像清晰，部分影象模糊	缺乏足够的景深；或调焦不准确，或胶片在照相机里没有放置平	没有直接补救的办法。下次可以选用较小的光圈以获得更大景深，认真进行调焦，送到修理店去检查照相机后盖
8	由于照相机内胶片没有完全卷过引起的底片部分画面重叠	照相机卷片机构未工作	没有直接的补救办法。在拍照前，要卷紧照相机内的收片轴，修理卷片机构
9	底片上有针孔（微小的透明小点）	停显液浓度太高；或拍照前照相机里的胶片上有灰尘	没有直接的补救办法。以后要用稀释程度高些的停显液；吹去照相机机身里的灰尘
10	冲洗后底片有时变色	胶片定影或水洗不充分	试着重新定影和漂洗底片，以后要用新鲜溶液进行彻底的定影和水洗
11	底片上有黑色月牙形痕迹	绕进卷片盘时胶片发生弯折	没有直接的补救方法。以后装片要认真：对照片进行点色修饰
12	整卷底片的边缘都比中间厚	显影时搅动过度	没有直接的补救方法。减少搅动时间或强度；制作照片时对边缘进行局部加光
13	底片透明边缘上出现黑色条痕由于照相机、胶片暗盒或显影罐漏光造成的黑色条痕	定影前胶片漏光；要么是照相机后盖打开了，或往卷片盘上装胶片时室内不够黑，要么是胶片暗盒、照相机或显影罐上有漏光缝隙	没有直接的补救办法。以后分装散装胶片时要使用新暗盒；确保在全黑条件下装卸胶片；检查照相机和显影罐上是否有漏光的缝隙
14	模糊的乳黄色底片或冲洗后底片上出现棕褐色斑痕	底片定影时间不够长或定影液药力已不足或定影液被污染	重新定影并且漂洗；要坚持使用新鲜定影液按正确时间进行定影

续表

序号	问题	可能产生的原因	防止或补救方法
15	画面部分曝光、部分空白。由于闪光灯与照相机快门不同步造成的部分曝光的底片	闪光灯未与快门速度同步	没有直接的补救办法。以后用闪光灯时要选择正确的快门速度（使用焦点平面快门时通常为1/60s或更慢的速度），或修理快门使其与闪光灯同步
16	整个胶片包括边缘的数字和产品的识别标记都是透明的	胶片在显影前，先经定影处理了	没有直接补救的办法。以后务必不要混淆各种药液，要按显影、停显和定影的顺序冲洗胶片
17	胶片除边缘的数字和产品识别标志外完全透明	胶片未曝光，它没有装好，没有通过照相机，但正常进行了显影	没有直接的补救办法。以后一定要正确安装好胶片；检修照相机卷片机构

这些"原因"都是假设胶片是在平均照明条件下拍摄的。高反差光线会增加底片的反差，而低反差光线又会降低底片的反差。

实验六　黑白照片制作

照片制作，就是把胶片得到的负片，通过印放技术在相纸上得到和视觉一致的正像过程。这里分别介绍印像和放大两种最基本的制作方法。

一、实验目的

1. 熟悉照片印放的工作过程。
2. 掌握印放照片的基本方法。
3. 学会根据底片密度选配相纸。

二、实验原理

1. 印放原理。

利用印放设备使印相纸、放大纸类感光材料接受负片影像透射光的亮度分布形成潜影，再经过一系列暗房化学处理过程，将潜影变成可见影像并固定在感光相纸上。

2. 相纸的选配。

选配相纸主要考虑以下几点：片基类型；薄厚；色调；表面结构；反差。

相纸按反差大小又可划分为1~5号。1号为低反差；2号为中等反差；3号为略高反差；4号为高反差；5号为极高反差。

还有一种可变反差相纸，是通过调节滤色镜，在0~5号的范围内每半号调节反差。

各种不同型号的相纸是可以调节、纠正曝光量的，如曝光偏少底片偏透明，可用高反差相纸纠正曝光量；曝光过度底片偏厚的，可用低反差相纸来纠正曝光。

相纸的裁切。较常用的整盒相纸是10in×12in规格，裁切见图1-1-27。

| 8寸 | 5寸 |
| 8寸 | 5寸 |

| 7寸 | 7寸 |
| 7寸 | 5寸 |

| 6寸 | 6寸 |
| 6寸 | 6寸 | 6寸 |

5寸	5寸	5寸
		5寸
5寸	5寸	5寸
		5寸

4寸	4寸	4寸	4寸
4寸	4寸	4寸
4寸	4寸	4寸

3寸 16张　　　　2寸 24张　　　　1寸 56张

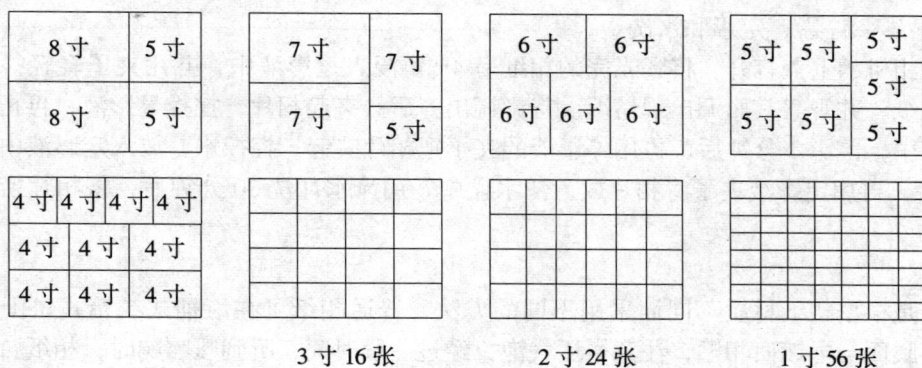

图 1 - 1 - 27　相纸裁切图

三、实验要求

1. 按操作规程使用放大机设备。

2. 放大照片时，应使用一至两项暗房特技。

3. 注意保持放大机台和显影台的清洁。

四、实验内容

对拍摄实验中所得底片进行印放。

五、实验器材

印相机、放大机、曝光定时器、观片器、气球、各种药液及装药液的盘子4个、水洗照片用的盆、各号印相纸和放大纸（因条件而宜）、切纸刀、量杯、夹子（从药液中夹相片用的）4个、温度计、毛巾、红色安全灯。

六、实验方法与步骤

（一）印相操作技术

1. 熟悉印相机定时器上的按钮功能。

印相机有曝光箱与定时开关两部分。曝光箱里有红灯、白灯，可交替开关。红灯是安全灯，是供操作时用的，白灯是曝光用的，定时器是控制白灯曝光时间长短用的。

2. 确定曝光时间。

一张底片应用多长时间曝光，是通过做曝光试条的方法得到的。它的具体方法是：先选好相纸，然后在曝光箱处于红灯时，将底片药膜面朝上置于曝光箱上面的透明玻璃上，再将相应的相纸，药膜面朝下与底片紧紧迭放在一起，压下印相机的上盖，使底片与相纸压实，分别用 1s、2s、3s 对相纸进行三个时间段的三次曝光，然后将曝光的相纸显影，根据显影的效果，选择影调出现最好的时间段，作为确定的曝光时间，定时钮调到确定的曝光时间。

3. 印相与曝光。

曝光时间确定后，先用黑纸做一与底片大小一致的取景框，用胶纸将其固定在透明玻璃上，使除要曝光的地方透光，其余地方均不透光；

将底片置于取景框下，对正。底片药膜面朝上，再将印相纸药膜面朝下地覆盖在底片和取景框上；

压下印相机上盖的前半部，同时把底片、取景框、相纸三层一并压住；

再压下印相机上盖的后半部，把底片、取景框、相纸全部压实；

按定时开关钮，进行曝光。待曝光完毕后，取出相纸，进入冲洗工序。

4. 显影、停影、定影和水洗。

将印相机的上盖打开，将曝光完的相纸呈 45°角浸入显影液中，并用夹子轻轻抖动显影液里的相纸，并观察其影调出现情况。待影调出齐后；夹起相片，控控显影液，再把相片丢入停影液中，停影 1 分钟后，再用停影液的夹子把相片夹起，控控水，放入定影液中，定影 10 分钟后，再用定影液夹子将相片放入清水盆中，用流水冲洗 30 分钟后，将相片捞出，准备烘干。

5. 烘干。

烘干是根据相纸材质不同而采用不同的方法，普通相纸可在滚桶式或箱式烘干机上烘片，将药膜面与电镀面相贴，注意擀压气泡，经过一段时间，听到嘎嘎响时，相纸自动干燥并与电镀板分离，即烘干完毕。涂塑纸用彩色相纸烘干机烘干，或用电吹风把照片吹干。

6. 裁剪。

根据表达需要，对烘干后的相片的四边进行裁剪，使其主题更突出，画面更完美，照片更整齐。

(二) 放大操作技术

1. 熟悉放大机各部分的名称及作用（见图 1－1－28）。

放大机是暗房内最重要的设备，其作用是把底片影像放大到相纸上。

光源部分由灯泡、聚光镜、镜头组成，灯光会透过底片把影像投射在下面的尺板上；镜头用来成像并可以调节光圈、控制景深；调焦钮是每次改变影像的大小都要调节的装置，保持影像清晰；台板的上面可以把尺板、印相夹、相纸放在上面；红滤镜能移到镜头下面，然后再放置相纸，相纸才不会曝光；高度调节钮，能把放大机的机头上下升降，从而改变放大尺寸；底片夹是用来放置底片，并保持底片水平的装置。

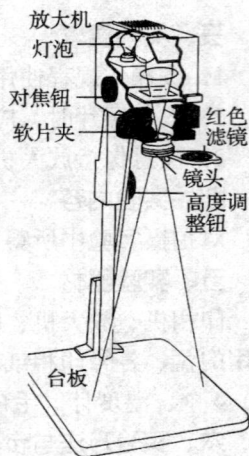

图 1－1－28　放大机示意图

（标注：放大机灯泡、对焦钮、软片夹、红色滤镜、镜头高度调整钮、台板）

2. 熟悉和运用曝光定时器的各个旋钮。

定时器是一种与放大机连接并控制放大机灯泡的亮灭时间长短的专用仪器。有电源总开关，曝光时间档、调焦定时选择开关，处于调焦状态时，放大机灯泡是亮的状态，可上片夹、调焦、设置曝光时间、确定尺板大小等，处于定时状态，放大机灯泡是不亮的状态，可在尺板下压放相纸；曝光键是调焦定时选择开关处于定时状态后，使用此键放大机灯泡就按事先设置的曝光时间开亮和关闭，实现定时曝光。

3. 放大过程。

(1) 调配药水。配制显影液、停影液、定影液，并摆放好（见图 1－1－29）。

(2) 安装底片。取出放大机上的底片夹，用镜头纸轻轻擦拭，使之无尘。将需放大的底片药膜面朝下夹入片夹，然后再将片夹插入放大机中的插口中（见图 1－1－30）。

(3) 调节影像大小、调焦（见图 1－1－31）。将定时器上的选择开关拨到调焦位置，使放大机灯泡处于亮的状况，可看到欲放影像，再把镜头光圈开至最大，使之处于最大亮度；旋转放大机的升降钮，使放大机头按预先计划的放大尺寸上移或下移调节好欲放影像的大小，然后转动调焦钮使皮腔伸缩，进行底片影像调焦，直到确认影像清晰后，再收缩二档光圈（正常密度情况）（见图 1－1－32）。

(4) 确定曝光时间。确定曝光时间，是通过做曝光试条的方法得到的。曝光试条是通过等级曝光对感光相纸进行感光，从而确定印、放照片时所需要准确曝光时间的一种方法。具体操作步骤：首先按放大操作步骤将底片放入底片夹，调焦，确定光圈，相纸放入尺板下；其次根据底片密度确定曝光等级，如果底片密度大，曝光等级要大，反之，曝光等级小。例如，根据底片密度大小等级曝光时间设定为3s；第三，把整个影像分为若干段进行曝光，这里以三段曝光为例：先用遮挡纸板遮挡2/3的影像，只对露出1/3的影像进行第一次曝光；然后再把遮挡纸板向后移1/3，对露出2/3的影像进行第二次曝光，最后不用遮挡，对整个相纸进行第三次曝光。形成一张有3s、6s、9s三阶段曝光的影像。最后对曝光的相纸进行显影、停显和定影，然后在白灯或自然光下观察试样效果，从中选择出影调合适的曝光时间作为放大时采用的曝光时间。

⑤相纸曝光。时间设置档拨在确定的曝光时间后，将选择开关处在定时位置，在尺板下放好相纸，按定时开关曝光，曝光完毕后，从尺板下取出相纸，进行显影工序（见图1-1-33）。

⑥显影、停影、定影、水洗。迅速将曝光的相纸斜着送入显影液中，然后用夹子夹住相纸一角，在显影液里轻轻抖动并观察其影调出现情况，待影调出齐后，将相纸从药液中夹出，稍微控控水，送进停影液中，停影1min后，再用夹子将相片夹出，控控水并送入定影液中，定影10min后，再将相片夹出，送入清水中清洗半小时（见图1-1-34、1-1-35、1-1-36、1-1-37）。

⑦烘干。烘干是根据相纸材质不同而采用不同的方法，普通相纸可在滚桶式或箱式烘干机上烘片，将药膜面与电镀面相贴，注意擀压气泡，待听到嘎嘎响时，相纸自动干燥并与电镀板分离，即烘干完毕。涂塑纸用彩色相纸烘干机烘干，或用电吹风把照片吹干（见图1-1-38）。

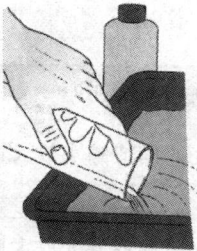

图1-1-29　配制药液　　　　图1-1-30　安装底片　　　　图1-1-31　调节影像

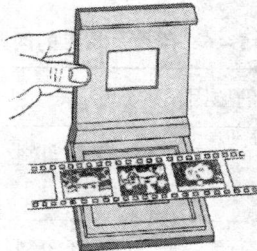

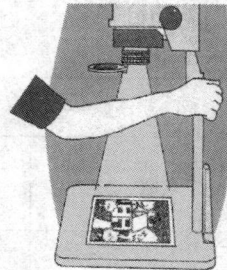

图1-1-32　调整光圈　　　　图1-1-33　相纸曝光　　　　图1-1-34　显影

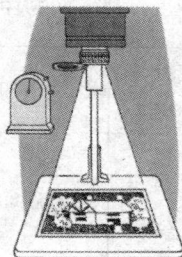

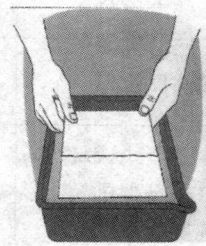

  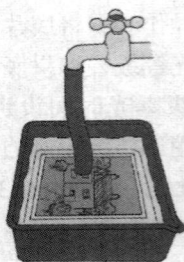 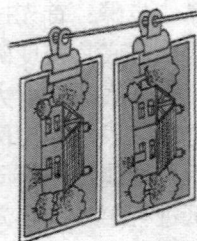

图 1-1-35 停影　　　图 1-1-36 定影　　　图 1-1-37 水洗　　　图 1-1-38 晾干

⑧裁剪。根据表达需要，对烘干后的相片的四边进行裁剪，使主题更突出，画面更完美，照片更整齐。

七、注意事项

1. 放大时，相纸应放进抽屉或不漏光的地方。

2. 底片和机器要清洁，以免灰尘影响成像。

3. 拿相纸的手要干燥、清洁，不能沾有药液，有条件的应戴手套。

4. 显影、停影、定影时使用的夹子要分别专用，不能混用。

5. 照片水洗应用流动水，若使用盆水半小时应换水五次。

6. 烘干温度不宜太高，以免把药膜面烤坏。

八、对实验报告要求

把印放好的照片贴在实验报告上，写明照片主题名称，并从曝光显影、影调、反差等技术方面进行总结（见表 1-1-6）。

表 1-1-6　照片上常见的问题

序号	问 题	可能产生的原因	防止或补救方法
1	照片太暗	曝光太多	重新印制，减少曝光时间或缩小放大镜头的光圈
2	照片太亮	曝光不足	重新印制，增加曝光时间或开大放大镜头的光圈
3	照片反差低	相纸相对底片来讲太"软"	重新印制，选用高反差相纸
4	照片反差高	相纸相对底片来讲太"硬"	重新印制，选用低反差相纸
5	阴影区域影像斑驳（花斑似的），没有纯黑色调	照片曝光过度并且显影时间太短	重新印制，减少曝光并增加显影时间
6	照片缺陷：黑色细线条	显影前或显影时划伤了相纸	用新相纸重新印制

序号	问　　题	可能产生的原因	防止或补救方法
7	照片上缺陷：颜色不对头的花斑	定影不充分	使用新鲜药液按正常时间定影，重新印制
8	照片上缺陷：棕红、红色斑点	水中有铁锈	使用前过滤水，重新印制
9	照片上缺陷：棕紫色斑痕	显影液失效	用新鲜显影液重新印制
10	照片上缺陷：手指印	显影前用湿的或油污的手接触相纸	重新印制；使用夹子并且只接触相纸的边缘或用手拿相纸时要确保手是干燥的
11	照片上的缺陷：干燥后出现黄色斑痕	照片的漂洗时间不够	重新印制后进行充分漂洗，漂洗前使用定影消除液
12	照片上的缺陷：白边或影像上出现大块灰、黑色斑痕	相纸在放大曝光前已经漏光；形成灰雾	用新的、未曝光的相纸重新印制
13	整幅相片影像模糊	放大机的焦距未调准或拍摄时影像焦距就未调准	检查放大机的焦点并重新印制
14	所有照片的同一区域局部影像模糊	放大机不垂直	调整放大机并重新洗印
15	不同的照片其不清晰的部位各不相同	底片夹里的底片不平或压纸尺板里的相纸不平	重新印制，一定要使底片和相纸都压平
16	干燥时照片弯曲	空气潮湿；定影液中坚膜剂太多	重新水洗干燥

第二节　物证摄影及现场摄影

实验一　原物大/直接扩大照相技术

一、实验目的
1. 掌握原物大、直接扩大照相的操作方式及技巧。
2. 熟练应用近摄装置。
二、实验内容
1. 使用近摄接圈反映原大物证：单枚指纹、字迹等。

2. 使用近摄接圈扩大物证：微量物证、细小痕迹。

三、实验要求

1. 每人一套实验器材。

2. 按课时完成实验。

3. 认真完成实验报告。

四、实验器材

1. 海鸥 DF – 300 照相机	一台
2. DF 近摄接圈	一套
3. 近摄镜 1 号、2 号、3 号各	一个
4. 翻拍架（或三脚架）	一个
5. 135 黑白 21°全色片	一卷
6. 快门线	一条

五、实验步骤

（一）拍照前准备

认真阅读实验讲义，检查原物大/直接扩大摄影的器材是否齐备，然后根据指导教师布置的实验内容书写拍照计划。在实验教师的指导下，有组织地进行拍摄。

（二）具体拍照

1. 拍摄玻璃上的汗液指纹、白纸上的书写字迹。

（1）选择近摄接圈。近摄接圈长度必须以所使用照相机的镜头焦距为准，如镜头焦距为 50mm，选用的近摄接圈全长也应为 50mm。

（2）装近摄接圈。近摄接圈加在镜头与机身之间，使用时，先将所需的辅助圈与前主圈、后主圈结合起来，然后取下照相机镜头，把后主圈外沿上的红点对准照相机机身上装镜头标志的红点，将后主圈卡口装入机身卡口，当两个卡口相吻合后，将近摄接圈按顺时针方向转动，直到听到"咔哒"声，近摄接圈即与机体连接好了；再将镜头外沿红点对准前主圈外沿红点，将镜头卡口装入前主圈卡口，当两个卡口相吻合后，按顺时针方向转动镜头，当听到轻微的"咔哒"声时，镜头即与近摄接圈连接好了，此时，就将近摄接圈装在了镜头和机身之间。

（3）固定照相机。将准备完备的照相机固定在翻拍架上。要求使镜头平面与物体平面水平。

（4）调焦。加了近摄接圈后，光圈自动收缩，为使调焦清晰，先将光圈开到最大，调试完毕后，再将光圈调到需要的 F 系数上，使用小光圈，以增加景深，使影像清晰。另外，因为加了近摄接圈的缘故，照相机镜头上的调焦装置只能起到微调的作用，想使影像清晰，要将对焦点对准"∞"，然后用升降照相机的方法调焦。

（5）曝光。将曝光量增加四倍。例如，如果没有加用近摄接圈时的曝光组合为 f8，1/100s，加了与镜头焦距相同值的近摄接圈后，可以是曝光时间不变，光圈开到 f4，或者光圈不变，将曝光时间增至 1/25s。

（6）拍照时应使用快门线。

2. 对电线断头特征进行直接扩大照相。

（1）电线断头特征属于微量颗粒和细小痕迹，所以适合用直接扩大照相。

（2）根据要扩大的倍数，在原物大的基础上进一步加长近摄接圈的长度。

（3）扩大倍数及曝光数据公式：扩大倍数 = 近摄接圈底数/焦距

$$增加曝光时间 = （扩大倍数 + 1）^2 × 原曝光时间$$

用聚光灯从侧面配光。拍摄时应使用快门线。

六、实验注意事项

1．拍照前要分析痕迹物证的特征，然后决定是适合用原物大照相还是适合用直接扩大照相。

2．使用直接扩大照相，要根据痕迹物证的特征确定放大倍数。

3．增加反差，要合理配光。

实验二 翻拍和脱影照相技术

一、实验目的

1．学会翻拍技术，掌握几种脱影方法。

2．根据不同客体确定最佳的拍照方案。

二、实验内容

1．翻拍平面彩色照片、黑白照片和邮票。

2．利用几种脱影方法对立体小物品进行拍照。

三、实验要求

1．每人一套实验器材。

2．八个课时完成实验（包括负片的冲洗和正片的印放）。

3．认真书写实验报告。

4．翻拍室进行实验。

四、实验器材

1．翻拍架   一台

2．脱影灯箱（反射式或透射式） 一个

3．脱影架或透明玻璃架   一个

4．135 黑白 21°全色胶卷   一卷

五、实验步骤

（一）散射的柔和光脱影

1．在自然光阴影处拍照物体。

2．利用柔光罩进行脱影。

（1）用白纸或描图纸制作一个圆锥形的罩，罩顶开口尺寸应以能套住照相机的镜头为准，罩底开口尺寸应能罩住一般常见痕迹物证为准。

（2）将被拍物证置于翻拍架上，调整柔和光，然后安装柔和光罩，将照明灯打开，从照相机的取景器中观察被拍物有无投影，调整方法之一：调整光照距离和角度；调整方法之二：加厚柔光罩。

（3）曝光时使用测光表，以此为基础，在不变动光圈的前提下，进行系列曝光，即各增减一档速度进行拍照，确保能得到正确曝光的底片。

（二）脱影架脱影（见图 1 - 2 - 1）

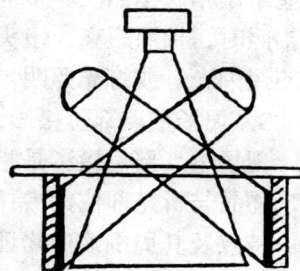

图 1 - 2 - 1 脱影架脱影示意图

1．以透明玻璃为载物面设计脱影装置，并固定照相机和被拍摄物品。

2．均匀配光，脱影架四周的四只光源亮度要相同，既能消除被拍物体的投影，又要体现被拍客体的质感。

3．按测光表数值进行曝光。

（三）脱影灯箱脱影

1．选择脱影灯箱。

2．控制照明亮度，使照明亮度与脱影灯箱的亮度比在 1:2～1:3 之间。脱影灯箱的亮度不能超过照明灯的亮度。

3．按测光表数值进行曝光。

六、实验注意事项

1．拍照时注意既要消除被拍物体的投影，又要体现被拍客体的质感。

2．为保证获得正确曝光的照片，在测光的基础上进行系列曝光。

3．注意光比分配。

实验三 模拟现场照相技术

一、实验目的

1．明确现场方位摄影、现场概貌摄影、现场重点部位摄影和现场细目摄影的内容。

2．掌握拍照现场方位摄影、现场概貌摄影、现场重点部位摄影和现场细目摄影的基本方法。

二、实验内容

1．现场方位摄影。

现场方位摄影是现场摄影的四个内容之一。现场方位摄影是以整个现场和现场周围环境为拍照对象，反映犯罪现场所处的位置及其与周围事物关系的专门摄影。拍照现场的方位时取景范围要大，拍照点要高，要尽量显示出现场与周围环境的关系，以及一些永久性的特殊标志。拍照时，应把现场安排在画面视觉中心，以中远景表现，现场方位摄影应尽量用一个镜头反映被拍景物。受拍照距离和镜头视场限制时，可采用回转连续拍照法或直线连续拍照法拍照。拍照现场方位主要使用自然光。

2．现场概貌摄影。

现场概貌摄影是现场摄影的四个内容之一。现场概貌摄影是以整个现场或现场中心地段为拍照内容，反映现场的全貌以及现场内各部分关系的专门摄影。拍照现场概貌应以反映现场的整体状态及其特点位置为重点。尽量避免重要场景、物证互相遮挡、重叠。概貌摄影一般应采用相向拍照法、多向拍照法进行拍照，也可拍照连接片。运用相向拍照法、多向拍照法拍照时，拍照距离、镜头俯仰角度、用光要保持一致。室内现场光照不匀或亮度不足时，应使用闪光灯或灯光照明。室外现场摄影主要使用自然光。

3．现场重点部位摄影。

现场重点部位摄影是指记录现场上的重要部位或地段的状况、特点以及与犯罪有关痕迹、物品与所在部位的专门摄影。拍照现场重点部位时，应以清楚反映现场重点部位的状况、特点及其周围痕迹物证的关系为重点，确定拍照距离和角度。

4．现场细目摄影。

现场细目摄影是指记录现场上所发现的与犯罪有关的细小局部状况和各种痕迹、物品，以反映其形状、大小、特征等的专门摄影。拍照用于检验鉴定的细目照片要进行比例摄影。

比例摄影是指在拍照中将比例尺与被拍客体一同拍入画面的专门摄影技术。

5．现场突发事件和现场意外情况摄影。

是指拍摄现场勘查过程中突然发生的与案件有关的事情或事件，如犯罪嫌疑人驾车逃跑、被害人苏醒后的失常举动、现场起火、水淹等一系列事件。

三、实验要求

1．每人一套照相器材。

2．九个课时完成实验。

3．制作出现场照片案卷。

4．书写实验报告。

四、实验器材

器材	数量
1．海鸥 DF－300 照相机	一组一台
2．DF 近摄接圈	一组一套
3．电子闪光灯	每组一个
4．测光表	每组一个
5．135 黑白 21°全色片	每人一卷
6．三脚架	每组一个
7．快门线	每组一条
8．印相纸和放大纸	若干
9．厘米比例尺	若干
10．照片卡纸	每人一套

五、实验步骤

（一）现场摄影方法

1．单向拍照法。

指从单一方向、用镜头对被拍物进行拍照的方法。

2．回转连续拍照法。

回转连续拍照法是指固定拍照机位，水平或垂直方向转动镜头，将被拍客体分段连续拍照成若干画面的拍照方法。

3．直线连续拍照法。

指相机焦平面平行、等距，沿着被拍物直线移动并将其分段连续拍照成若干画面的拍照方法。

4．相向拍照法。

指以相对的两个方向、相等的距离对被拍物进行拍照的方法。

5．多向拍照法。

指从几个不同方向，以相等的距离对被拍物进行拍照的方法。

（二）具体步骤

1．现场方位摄影。

（1）单向拍照法反映现场方位。

选择较高的拍照点。一般略高于中心现场所在的建筑物，扩大景物成像的纵深范围。

①注意构图的重点。除了将现场所在位置尽可能地安排在画面中心外，还应在画面的明

显位置现出现场所在方位的原始标志，若标志不明显可另拍照特写照片。

②曝光组合应考虑景深。一般光圈以 11 或 16 为宜。

（2）回转连续拍照法反映现场方位（见图 1－2－2）。

①使用标准镜头，以减少变形。

②拍照点选择在正对现场中心的地点为准。

③将相机固定在三脚架上，相机的主光轴一定要与地面平行。

④正对现场拍照第一张照片。

⑤根据标准镜头的视角大约在 50°左右这一特性，以镜头主光轴为法线，将相机向左回转约 20°拍照第二张照片，以保证两张照片衔接处一定量的重叠。

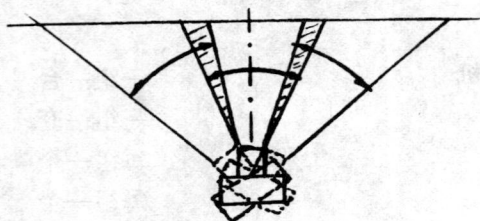

图 1－2－2　回转连续拍摄法示意图

⑥以镜头主光轴为法线，将相机向右回转约 40°，拍照第三张照片。

⑦曝光组合考虑景深，一般光圈为 11。

⑧拍照时，最好使用快门线。

⑨二次回转三张照片的曝光组合一致。

⑩调焦时，宜采用超焦距离原理以达到所需景深。三张照片的调焦点应在同一物距上。

（3）直线连续拍照法反映现场方位（见图 1－2－3）。

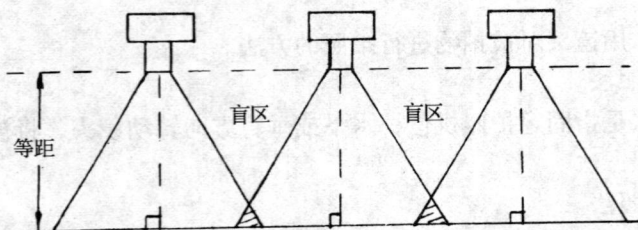

图 1－2－3　直线分段连续拍摄法示意图

①使用标准镜头，以减少变形。

②选择拍照点。

第一点选择。正对被拍物并能看到要拍照现场的全部范围且是被拍物的中心位置。

第二点选择。与被拍物距离同第一点。在记住第一张照片左边缘景物的同时，向左移动，在取景器中，相机右边缘与第一张照片左边缘略有重叠为标准。

第三点选择。与被拍物距离同第一点。在记住第一张照片右边缘景物的同时，向右移动，在取景器中，相机左边缘与第一张照片的右边缘略有重叠即可。

2. 现场概貌摄影。

（1）可使用广角镜头反映现场概貌。

①选择拍照点。如果是室外现场一般选择较高的地方；如果是室内现场一般选择能反映出现场出入口的较高地方，例如室内某墙角。

②取景构图。以把现场全部拍入并充满取景器为标准。

（2）相向拍照法反映现场概貌（见图1－2－4）。

①使用标准镜头。

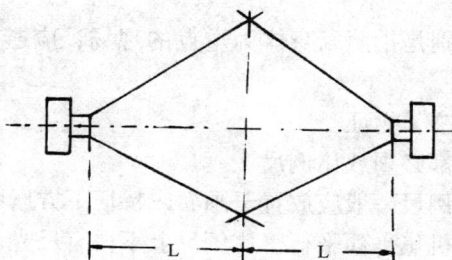

图1－2－4 相向拍摄法示意图

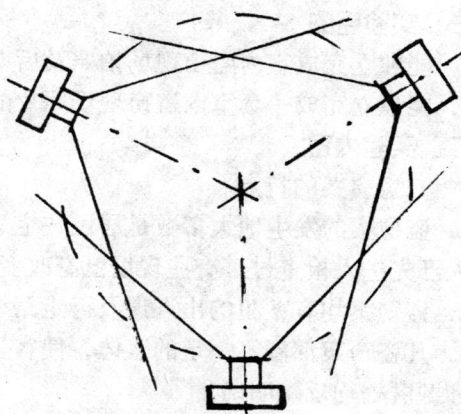

②选择相向拍照点。如果为室内现场，可从门及其对应位置相向拍照，或从两个对应的墙角位置相向拍照。如果为室外现场，以最大限度地反映现场范围并能充满取景器为准，但如果是有尸体的现场，则应避免从尸体的头、脚两个方向进行相向拍照。

③相向的两次拍照，相机的高度应保持一致，拍照物距也应保持一致，但两拍照点与拍照中点不一定在同一直线上。

④相向的两次拍照，曝光量要一致。照片上影调一致。需要考虑到顺、逆光造成的景物明暗，以达到底片上景物的亮度一致为目的。

（3）多向拍照法反映现场概貌（见图1－2－5、1－2－6）。

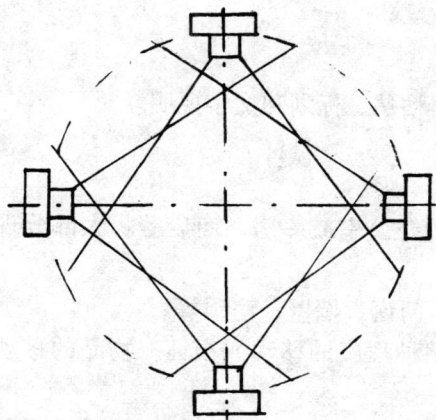

图1－2－5 四向拍摄法示意图   图1－2－6 三向拍摄法示意图

①使用标准镜头。

②选定四个拍照点。如果是室内现场，可从房间的四面墙的中点定为拍照点；也可从房间的四个墙角定为拍照点。如果是室外现场，可以划定的方形范围为依据，从四个方向拍照。

③四次拍照的相机高度应保持一致。

④四次拍照的距离，原则上每组相向的距离应保持一致。

3．现场重点部位摄影。

（1）单向拍照法反映现场重点部位。

①使用标准镜头。

②注意取景范围。一般多采用近景的表现手法。在反映现场重点部位的同时，还应反映出周围痕迹物证间的关系。

③注意拍照点的选择。特别是拍照以身体为重点的现场，应避免从头或脚的方向选择，而是从其手的两侧方向选择。

（2）比例摄影反映现场痕迹、物证。

①现场痕迹物证在拍照时都必须放比例尺。

②比例尺的放置要求：比例尺一般应放置于画面或特征下方居中部位，与被拍物的主要特征在同一水平面上，并与相机焦平面平行。比例尺上不得有反光。

要根据被拍物体颜色和使用的感光片种类选择比例尺种类。深色物体选用黑底白刻度的比例尺，浅色物体选用白底黑刻度的比例尺；全色、盲色负片应选用黑白比例尺，彩色负片应选用彩色比例尺；使用透射光拍照透明体应使用透明比例尺。

要根据被拍物体长度来选择比例尺长度。小于 50mm 物体比例尺长度不小于 30mm；50mm～150mm 物体，比例尺长度不小于物体长度 50mm；150mm～500mm 物体，比例长度不小于物体长度 50%。

③拍照物证时要注意背景的选择，尽量与物证颜色形成鲜明反差。

注意取景构图。既要将痕迹物证全面地表现，即充满画面，又要注意克服"切头去尾"的毛病。同时，还应保持被拍物中心与相机主光轴垂直。

实验四　室内盗窃现场摄影

一、实验目的
1．能独立完成室内盗窃现场拍照及后期制作。
2．能独立完成一套室内盗窃现场照片的编排、粘贴、标划和文字说明。

二、实验内容
（一）盗窃案的特点

1．盗窃案的发生地大多数是居民住宅、单位的办公室或库房、商店等。大部分现场的当事人已先进入检查过，有些现场已有改变。

2．盗窃案均有案犯的出入道及行走路线，如：门窗、墙壁、房顶等。

3．凡盗窃案都侵害一定的客体，使客体受到某种程度的移动或损坏。物品的移动及移动处和藏匿处均反映明确。

4．盗窃案的现场都遗留下各种不同的痕迹物证，如：工具撬压痕迹、照明工具、案犯遗留和作案工具、衣物、手套、指纹及足迹等。

（二）盗窃案现场摄影步骤

到达现场后，首先要通过当事人对现场有一个大概的了解，弄清楚哪些地方是原始现场，哪些地方是被当事人动过的。然后制定出拍照计划，此现场需要拍哪些内容，先拍什么，后拍什么，现场大约拍照多少个画面，拍照点都选择在什么地方。在此基础上按照现场摄影的四个内容拍照盗窃案现场。

（三）盗窃案现场摄影内容与要求

1．盗窃案现场方位摄影。

盗窃现场方位照片要表明盗窃现场所处的地点和位置，反映现场与周围环境的联系。

2．盗窃案现场概貌照片。

盗窃案现场概貌照片要充分反映现场的翻动情况，被侵害客体与周围环境的关系。

3．盗窃案现场重点部位摄影。

被破坏和被偷盗的金库、桌、柜的位置，以及案犯进出路线；内盗和外盗所表现的特有特点等。使用标准镜头，采用闪光灯拍照。

4．盗窃案现场细目摄影。

对具有证据作用的各种痕迹物证的拍照，如：撬压工具、撬压痕迹、指纹、足迹等。拍照时使用标准镜头进行比例摄影。对物证要进行脱影摄影。

三、实验器材

1．照相机、三脚架、快门线、28mm～135mm 变焦镜头、闪光灯、近摄接圈或皮腔、翻拍架。

2．比例尺、黑白全色胶片（GB21°）、黑白放大纸。

四、实验步骤和方法

（一）根据"案情"设计进行室内盗窃现场摄影

楼房某办公室丢失现金人民币 5000 元。室内翻动较大，中心现场为方屉桌。现场勘查发现如下痕迹：

1．门暗锁无破坏痕迹，系开门入室。

2．在门的入口地面上有一张白纸，上面遗留灰尘足迹一枚。

3．靠墙书柜被打开，书散落在地面上。

4．室内方屉桌抽屉均被拉开，桌子中间抽屉有扩缝撬压痕迹多处。

5．在方屉桌下发现改锥一把。

（二）拍照方法

1．采用相向拍照法结合特写镜头拍照现场方位。利用自然光。拍照光圈以 11 为宜。

2．在室外，正对或斜对门口拍照一个画面。以反映门口及门外。

3．表现被盗房间门外环境情况。

4．使用广角镜头相向拍照表现现场概貌。

5．反映被盗书柜的状况。

6．反映被盗抽屉的状况。

7．比例摄影拍照痕迹和物证。

五、实验要求

1．每人一套器材。

2．写出实验报告并附一套现场照片。

六、实验注意事项

1．拍照现场方位时，尽可能选择高、远的拍摄点。

2．拍照现场概貌时，尽可能选择高的拍摄点。

3．拍照现场细目时，注意配光，多用近景和特写。

4．夜间拍照调焦时，先用照明灯将被拍物体照亮调焦，然后再使用闪光灯曝光。

实验五　室外命案现场摄影

一、实验目的

1. 能够独立完成一套室外命案现场拍照及后期制作。

2. 能够独立完成一套室外命案现场照片的编排、粘贴、标划和文字说明。

二、实验原理

（一）命案现场方位摄影

选择较高较远的拍照地点，反映命案现场与周围环境的关系，现场附近的永久性特殊标志应包括在取景范围之内，命案现场应安排在方位摄影画面视觉中心。

（二）命案现场概貌摄影

现场概貌摄影应以反映命案现场整体状态及其特点为重点。在取景构图时应把命案现场的尸体置于画面的显要位置。

（三）命案现场重点部位摄影

1. 要客观真实地反映尸体原始姿态、尸体衣着、尸体上的血迹分布状况及流向、尸体上附着物、尸体附近血迹喷溅的方向、形状与大小。

2. 拍照尸体与周围物品的关系，现场遗留凶器、物品及其特征，现场搏斗痕迹状况。

3. 拍照地面上尸体全貌应该从尸体上方或尸体左右侧进行拍照，切忌从尸体头部或脚部方向进行拍照，以防止产生脚大头小或头大脚小的尸体变形。

（四）命案现场细目摄影

1. 痕迹物证摄影必须坚持比例摄影原则。

2. 现场遗留痕迹物证，在情况不清的情况下坚持宁肯多拍不能遗漏原则。

3. 坚持垂直不变形原则。

三、实验器材

1. 照相机、三脚架、快门线、变焦距镜头、闪光灯、近摄接圈或皮腔、翻拍架。

2. 比例尺、黑白全色胶片（GB21°）、黑白放大纸。

四、实验内容

（一）依据"案情"设计进行室外命案现场摄影

（二）野外偏僻处，发现一具尸体，现场勘查发现如下痕迹

1. 地面上（或纸张上、树叶上）有血迹。

2. 尸体旁发现一枚立体足迹。

3. 尸体旁有立体的自行车轮印。

4. 在尸体旁提取一个背包，内有血衣一件，菜刀一把。

四、实验步骤和方法

1. 宜取三张连续接片的方法拍照现场方位，利用自然光，光圈以 11 为宜。

2. 采用多向拍照法以尸体为前景拍照现场概貌。要能够反映出血迹位置、足迹位置、车印位置和背包位置。

3. 采用相向拍照法拍照尸体现场重点部位。

4. 采用比例摄影拍照痕迹物证。

七、实验要求

1. 每人一套器材。

2．写出实验报告并附一套现场照片。

第三节　数码相机的操作与数码图像的处理

一、实验目的

通过实验课的学习深入了解数码相机操作的一般规律，从而达到能够正确使用的目的，并基本掌握数码图像的计算机处理及后期制作的操作步骤。

二、实验内容

1．设置数码相机的拍摄功能及拍摄模式。

2．使用数码相机进行实地拍摄。

3．操作数码相机对所拍摄的照片进行查阅和删除。

4．从相机传送图片至计算机。

5．利用图像处理软件编辑图片，打印制作实验报告。

三、实验器材

柯达 DC120 数码相机、10MB 存储卡和串行接口电缆、计算机、打印机(见图 1-3-1)。

计算机系统要求：普通 PC 机或兼容、PⅡ 以上微处理器、266HMz 或更高的 CPU、64MB 内存、15 吋~17 吋 24 位以上真彩色显示器。

软件要求：PHOTOSHOP4.0/5.0 或 Photo Enhancer，数码相机的随机软件 "KODAK DC120 DigitalAccess（TWAIN Acquire）"。

四、实验步骤

整个实验过程分拍摄和处理两大部分（DC120 相机外观见图 1-3-2 和图 1-3-3）。

（一）数码相机的操作

1．打开相机（见图 1-3-4）。

查看相机后部，在位于取景窗下方工作信息屏上的操作信息显示。

2．设置拍摄功能和拍摄模式（见图 1-3-5）。

（1）保持对焦模式为默认的标准模式—自动分段对焦。

（2）保持曝光模式为默认的标准模式—自动曝光。

（3）闪光灯模式保持为自动闪光。

图 1-3-1　数码相机、计算机、打印机、接口连线等

图 1-3-2　DC120 数码相机正面外观

图 1 - 3 - 3 DC120 数码相机侧背面外观及与电脑相连电缆的接口

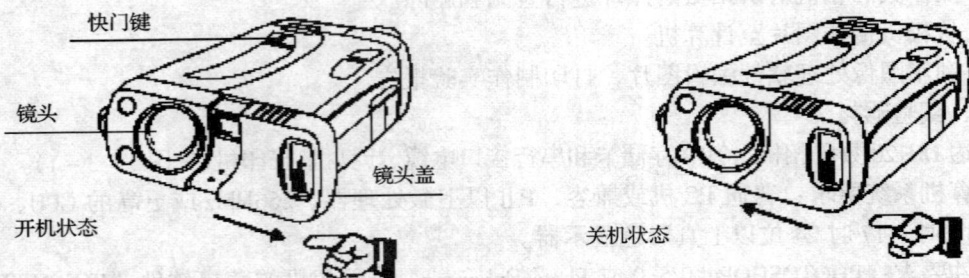

打开相机 – 向外滑动镜头盖，直到咔嗒声响。信息显示屏随之打开。

关闭相机 – 向内滑动镜头盖直到完全盖拢镜头，并听到咔嗒声响。

图 1 - 3 - 4 DC120 数码相机的开关

（4）设置图像质量为最高质量模式。设置方法按以下步骤操作：

①按动"功能框选择键"六次，图像质量框闪烁不停（见图 1 - 3 - 6）。

②再按"功能选择键"选定最高质量。

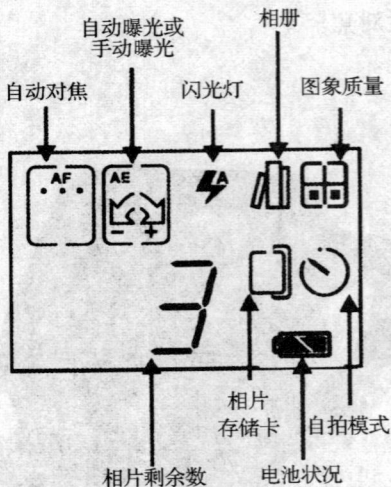

图像质量 ⊞

DC120 具备四种图像质量设置模式：

模式	图像质量	图像最少存储数	可否压缩
⊞	最好	2	不可以
⊞	很好	7	可以
⊞	较好	12	可以
⊞	好	20	可以

图 1 - 3 - 5 信息屏所显示的相机操作信息

图 1 - 3 - 6 DC120 图像质量等级

③按下"确定键"加以锁定。

④注意查看相片可拍摄数量，在最高质量图片模式下，可拍摄数量最少，反之则最多。

⑤做好拍照前的最后准备，检查信息屏上的电池图标是否显示电力充足。

3．拍照作业。

作业共分三个类型：人像、室内、室外，每类照片各拍摄二张。

拍摄时应注意分析观察如下问题：（1）当按动快门之后，为什么取景窗旁的绿色信号小灯就会快速闪动十几秒钟？（2）对比一下，在室内进行作业时和室外进行作业时，数码相机有何不同反映？为什么？

4．查看和删除照片（见图1－3－7）。

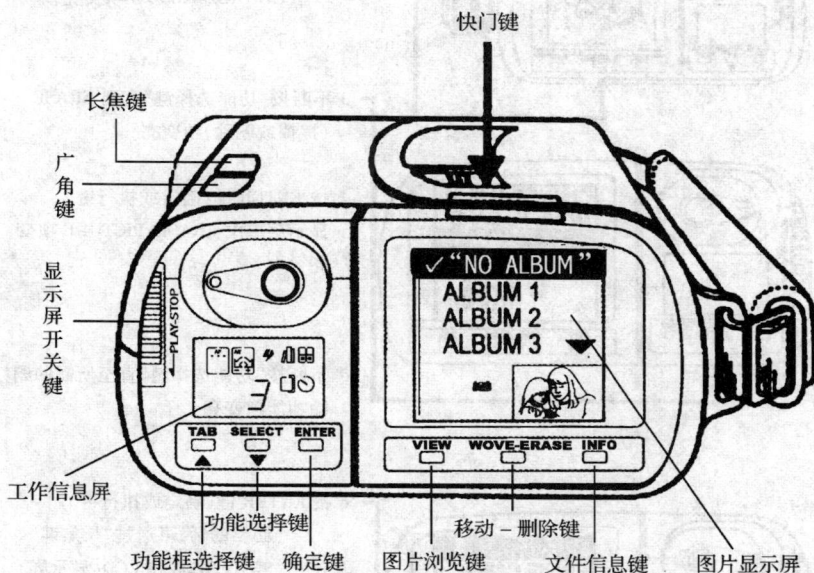

图1－3－7　相机的各种功能键

（1）图片浏览功能的设置。

①设置预览功能：打开相机，同时按下"图片浏览键"和"文件信息键"，LCD（"图片显示屏"）上将显"PREVIEW ON"字样。保持半按快门键，LCD上将显示取景框中的景物。数秒钟之后自动消逝。继续半按快门，可不断使用该功能。

②浏览拍摄完的照片：在关机状态下，按下"显示屏开关键"，LCD将显示最后拍摄的一幅照片；轮换按动"长焦键"和"广角键"可以前后翻看所有的照片；单独按下"图片浏览键"，若按动一次可以同时浏览四幅照片，若按动两次可以同时浏览九幅照片（见图1－3－8）。

③删除照片：无须打开相机，切忌此时拍照，按照下列的具体要求一步一步进行操作，如果要删除相机或存储卡中的所有相片，需依次按动"显示屏开关键"——"删除键"——

图1－3－8　同时浏览多幅照片

"功能选择健"——"确定健"等。详见图解（见图1-3-9）。

5. 将相机中的照片传送到计算机。

（1）将与计算机连接的电源插头插入相机侧面的插孔（见图1-3-10所示）。

（2）打开电源启动计算机。

（3）打开图像处理软件 Photoshop（见图1-3-11）。

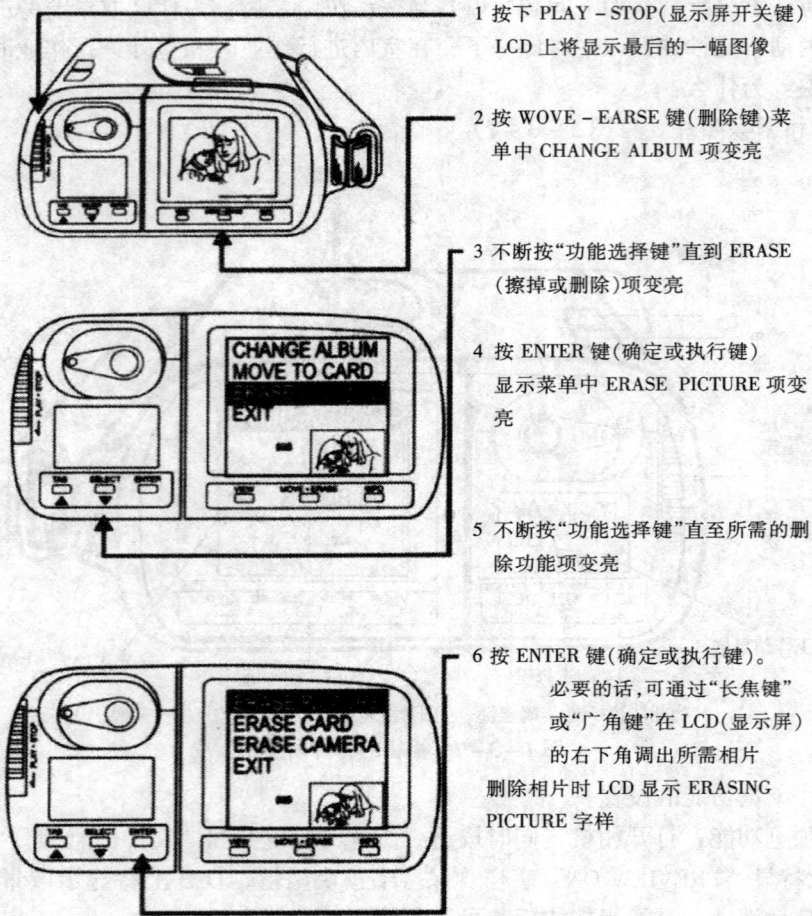

1 按下 PLAY-STOP（显示屏开关键）
LCD 上将显示最后的一幅图像

2 按 WOVE-EARSE 键（删除键）菜单中 CHANGE ALBUM 项变亮

3 不断按"功能选择键"直到 ERASE（擦掉或删除）项变亮

4 按 ENTER 键（确定或执行键）显示菜单中 ERASE PICTURE 项变亮

5 不断按"功能选择键"直至所需的删除功能项变亮

6 按 ENTER 键（确定或执行键）。
必要的话，可通过"长焦键"或"广角键"在 LCD（显示屏）的右下角调出所需相片
删除相片时 LCD 显示 ERASING PICTURE 字样

图1-3-9　图像的删除操作

图1-1-10　电脑连的电源插头插入相机插口

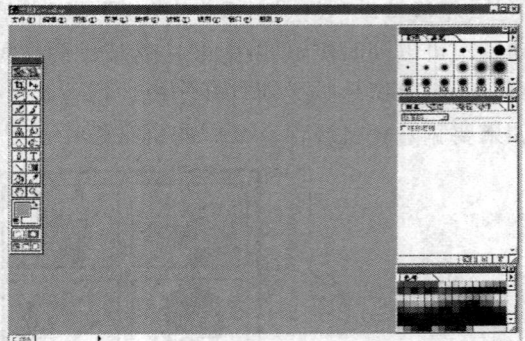

图1-3-11　Photo shop 工作界面

（4）在窗口顶部的功能操作菜单拦中，点击九项菜单中的第一项即"文件"菜单（见图1－3－12）。在点击之后展开的下拉目录中选择点击"引入"一项，再由随后弹出的"引入"菜单中选择点击"TWAIN-32"（输入32位）选项。随之出现在窗口的是柯达DC120数码相机的随机照片传送软件—《KODAK DC120 Digital Access》的工作界面（见图1－3－13）。

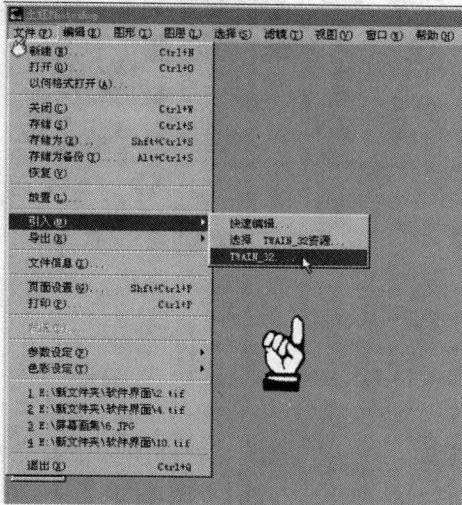

图1－3－12 选择"文件"菜单　　　　图1－3－13 数码相机的"照片传送软件"界面

（5）点击该软件界面顶端的"从计算机得到图像"的图标按钮，约一分钟后，该软件在你的选择确认下自动将相机中的照片传送到该软件的图像浏览小窗口中（见图1－3－14）。

（6）点击第一张图片。之后再点击"转移图片"按钮。第一张图片便从当前软件界面转移至Photoshop界面。（见图1－3－15）依此类推，剩余照片也以同样方法，通过点取、按键等步骤，使该软件对上传照片进行逐张扫描读取，由此完成对所有图片的转移工作（见图1－3－16）。

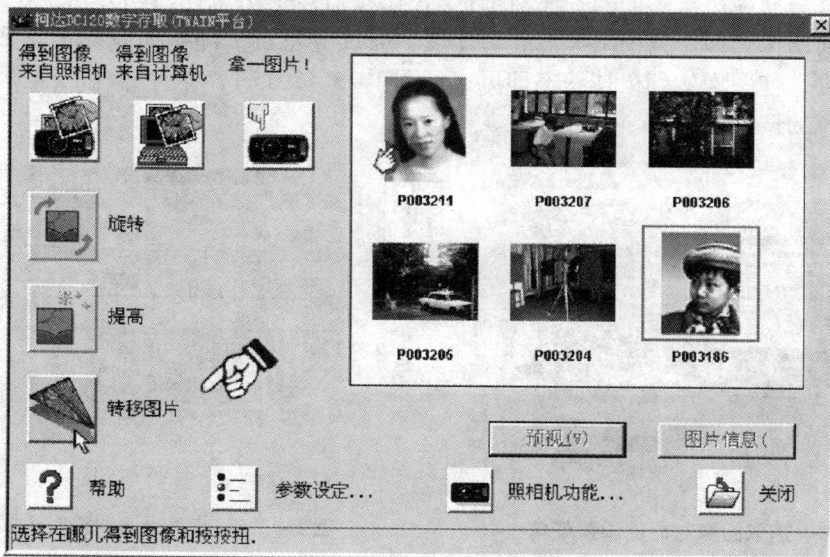

图1－3－14 图像上传至"Digital Access"界面

图1-3-15 数码照片被转移至 Photoshop 界面

图1-3-16 至此，相机中的数码照片全部传送到电脑

（7）最后，点击"退出"按钮关闭该软件。

（二）数码图像的处理

1. 图像质量调整。

（1）亮度/对比度调整。

①点击当前软件 Photoshop 窗口菜单拦中的第三项即"图形"菜单，在弹出的下拉菜单中选取"调整"一项，再点选随之弹开的"调整"下拉菜单中的"亮度/对比度"选项（见图1-3-17）。

②点击之后将出现一个"对比度调整对话框"，使用鼠标调整对话框中的拉杆，随着拉杆的左右移动，当前图像将产生亮度或对比度的不同变化，调整对话框拉杆至当前图像的亮度或对比度达最佳状态或最适当程度（见图1-1-18）。

（2）色调的曲线控制。

①按照上述方法点击窗口菜单"图形"-点击"调整"-点击"曲线"命令（见图1-3-19）。

②点击之后立即出现"曲线控制对话框"，在对话框中用鼠标拖动方格框中间的虚线节点，观察当前图像画面，其明暗深浅、对比度、亮度等色调会随着曲线的形状变化而变化。控制曲线弧度，使图像达到最佳状态即可（见图1-3-20）。

（3）颜色的调整。

图1-3-17 选取图像对比度调整菜单

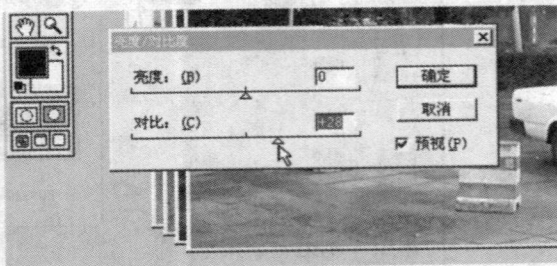

图1-3-18 对比度调整对话框

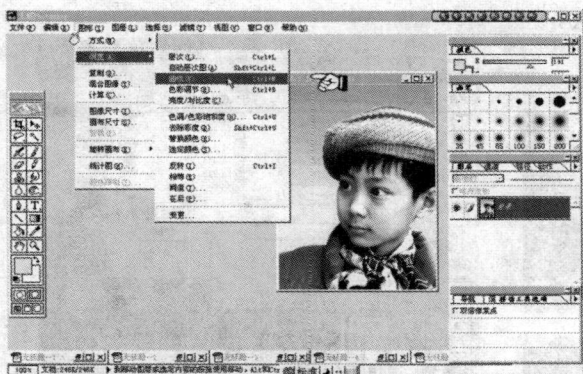

图1-3-19　选取色调曲线调整菜单　　　　　图1-3-20　曲线对话框

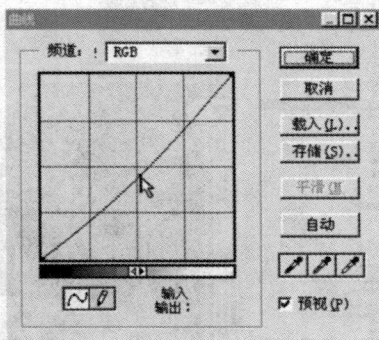

①按照上述方法,点击菜单"图形"-"调整"-再点击"色彩调节"(见图1-3-21)。

②出现"色彩调节对话框",以鼠标拖动对话框中红、绿、蓝三色拉杆,把当前图像色彩调整至最佳的状态(见图1-3-22)。依次把所有图片调整完毕。

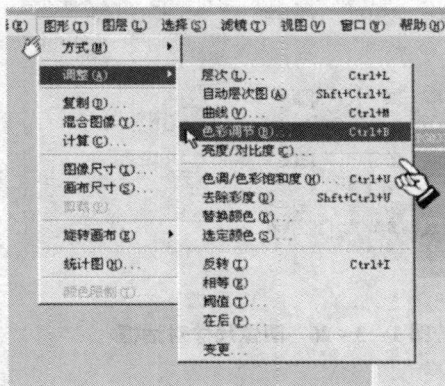

图1-3-21　选取色彩调节菜单　　　　　图1-3-22　调整色彩调节对话框

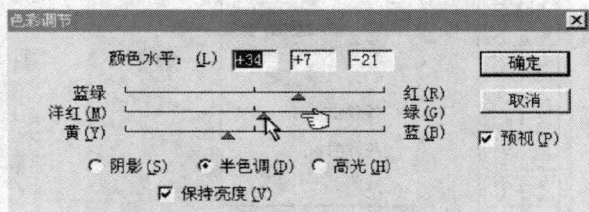

2.图像存储。

(1)点击Photoshop窗口菜单栏中的"文件",在下拉目录中选取"存储为"项目(见图1-3-23)。

(2)在随即出现的存储对话框中,选择图像存储路径、存储的文件格式等项目。一切设置完毕之后,点击"保存"按钮。按此方法对所有图片进行存储操作。把数码图片安全存入电脑硬盘(见图1-3-24)。

3.图像的编辑(设计实验报告)。

(1)设置图像尺寸。

①点击窗口菜单中的"图形"一项,在弹出的下拉菜单中选取"图像尺寸"功能(见图1-3-25)。

②在随即出现的对话框中,对图片的宽度、高度、分辨率等数据分别按《图像尺寸对话框》中的有关数据设置(见图1-3-26)。

③待所有应敲入的数字都填入了对话框后,点击"确定"按钮。完成设置,按此方法对图片逐张进行尺寸调整。

图 1 - 3 - 23　点选保存图片菜单

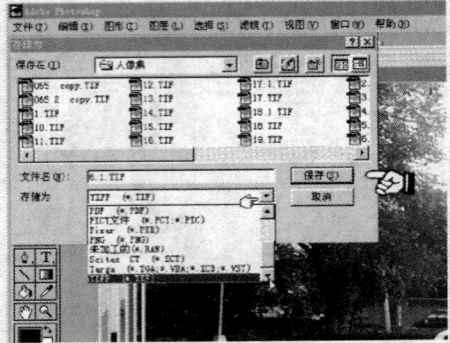

图 1 - 3 - 24　选择图像存储的文件格式

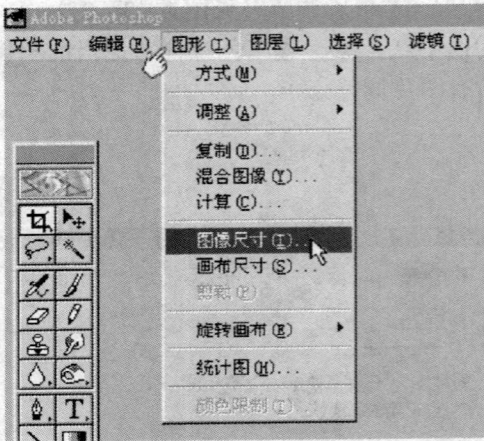

图 1 - 3 - 25　点击"图像尺寸"菜单

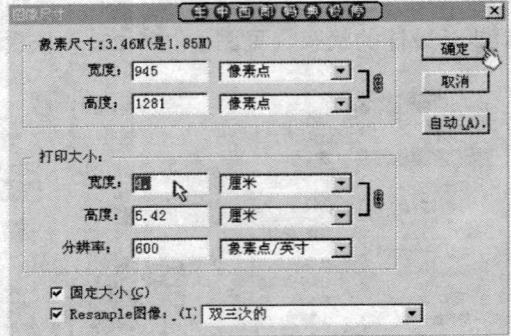

图 1 - 3 - 26　图像尺寸对话框

(2) 新建空白纸。

①点击窗口菜单栏中的"文件",在弹出的菜单中点击其第一项"新建"(见图 1 - 3 - 27)。

②在"新建"对话框中,对新建文件的宽度、高度、分辨率等数据,要按照《图 1 - 3 - 28 设置新建对话框》中设置的数据填写。完全设置好之后,点击"确定"按钮。尺寸精确的一张白纸便出现在当前窗口 (见图 1 - 3 - 29)。

图 1 - 3 - 27　点击"新建"菜单

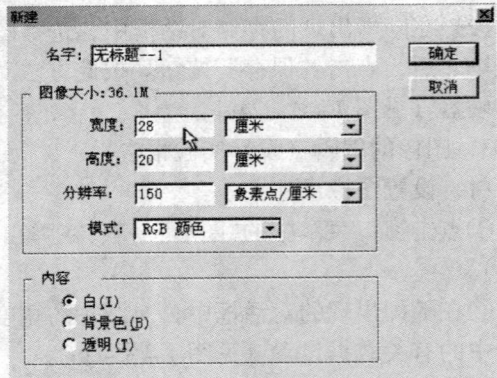

图 1 - 3 - 28　设置"新建"对话框

（3）点击窗口中 Photoshop 工具箱的"移动"工具（见图 1 - 3 - 30）。

（4）移动图片。步骤如下：

①点击要移动的图片使其成为当前图片。

②按住鼠标右键不放，拖动当前图片至空白纸中（见图 1 - 3 - 31 所示）。

③把图片完全拖放进空白纸中之后，再按住鼠标右键继续在新建白纸中移动图片，直到把图片摆放到最理想位置为止。

按照我们预先设置好的图像尺寸和对《实验报告》的设计要求，每张空白纸放置二张图片，要编排六张图片，需要建立三张空白纸，方法均按以上步骤操作。版面格式的要求以图示为例（见图 1 - 3 - 32）。

图 1 - 3 - 29　新建立的空白纸

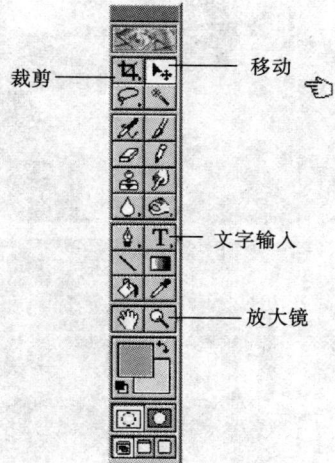

图 1 - 3 - 30　选择工具

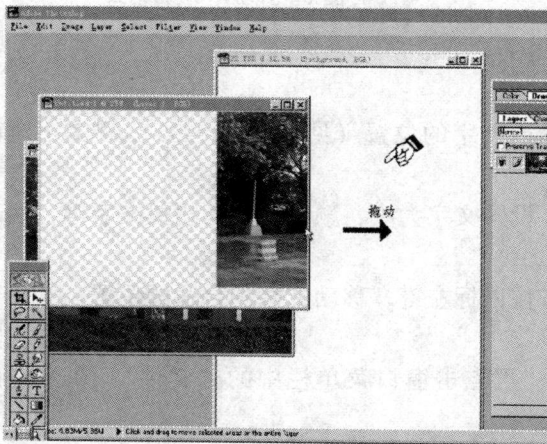

图 1 - 3 - 31　拖动图片到空白纸中

图 1 - 3 - 32　图片的版面设计

（5）编辑文字。

①点击工具库中的"文字"工具，即"T"字头方框图标（见图1-3-30），再点击当前图像文件，文字对话框打开，在对话框中输入需要的文字即可。详细步骤，下面还要作具体介绍。

②文字字体、格式参照上图样式。

③文字内容要求如下："实验总结"包括实验过程、完成作业情况、学习心得或收获、疑难问题的解决等。"照片题目"根据自己的拍摄意图拟订。"拍摄模式"、"拍摄时间"、"拍摄地点"根据拍摄时的实际情况填写（参阅图1-3-33、1-3-34）。

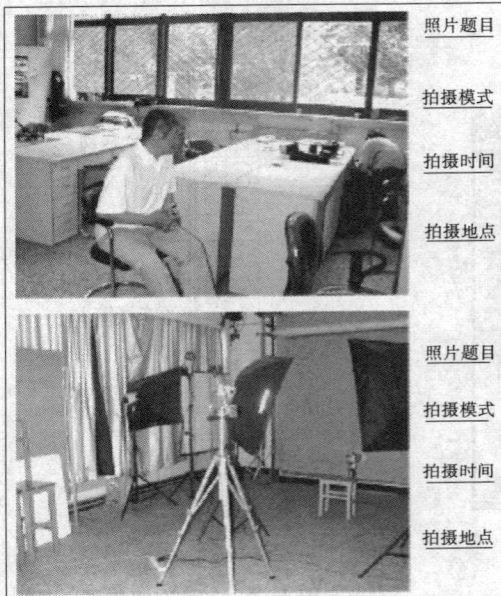

图1-3-33 版面格式

图1-3-34 版面格式

（6）设计《实验报告》封面。步骤如下：

①新建空白纸，即建立一个空白文件。

②点击"文字"工具，再点击文件中要输入文字的位置（见图1-3-35），"文字对话框"自动打开来。

③在对话框中选择字体，文字排列方式、设置文字大小、颜色、键入相关文字等，然后点击"OK"（见图1-3-36）。

④当空白文件上出现所输入的文字后，按住鼠标左键，移动文字到合适的位置。

4. 图像打印。

（1）首先点选一份图像文件为当前文件，再点击窗口菜单栏中的"文件"，在弹出的下拉菜单中点击"打印"（见图1-3-37）。

（2）在随之打开的"打印控制面板"中设置打印选项。选择打印尺寸、打印方向、黑白或彩色、打印质量与速度、打印分辨率、打印纸张类型等。（见图1-3-38、图1-3-39）在图1-3-38的纸张大小对话框中请选择"A4"型纸。待全部设置完毕后，请点击"确定"-"OK"。进入打印（见图1-3-40）。

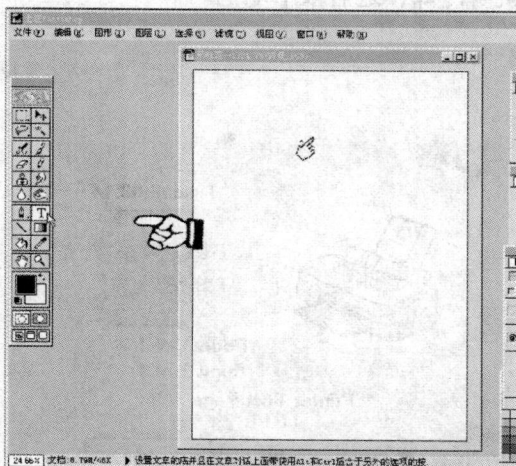

图1-3-35　点击文字工具

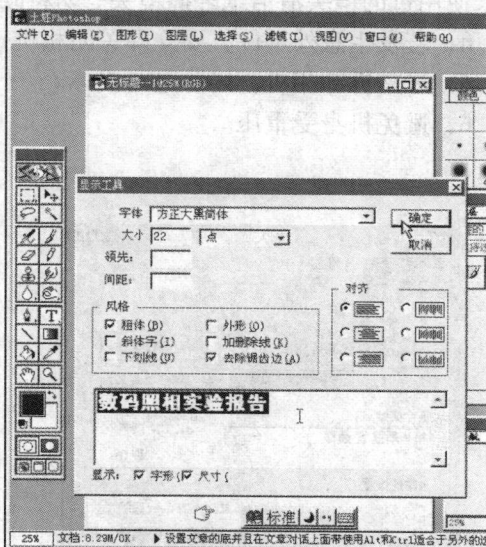

图1-3-36　在文字对话框中设置选项

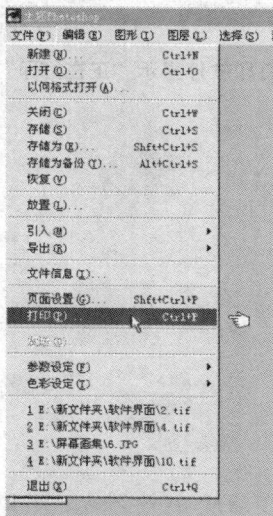

图1-3-37　点选打印

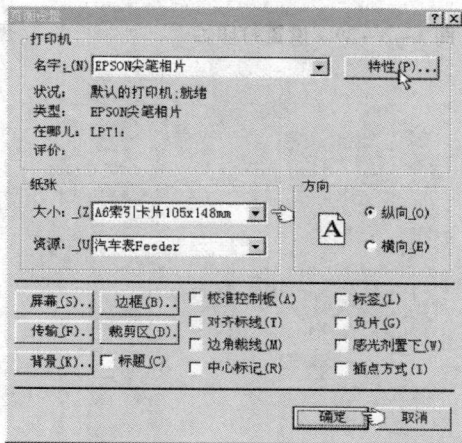

图1-3-38　设置打印尺寸

（3）查看打印结果。若感到效果满意，已达到屏幕显示的效果，继续打印其他图像文件。若发现存在错误，利用 Photoshop 功能修正错误之后，重新打印。直至全部作业完成。

五、注意事项

1.实验室内的数码设备系统是由一些高精度电子仪器组成，平时室内一定要做到避湿、防潮、忌高温，还要做到防烟避尘。

2.切勿以粗糙物品或有机溶剂接触设备，若清洁机身可用干净且干燥的柔软擦布。

3.清洁相机镜头时，要轻吹镜头上的灰尘，然后轻哈气使镜头变潮，再使用专门绒布或未使用过的镜头清洁纸轻擦镜头。勿将眼镜布作为相机擦布以免损伤镜头。

　　4．若发生意外事件，要立即关闭相机直至机身冷却，之后取下电池。

　　5．严禁拆卸相机，以防电路损坏。

　　6．避免机身受重压。

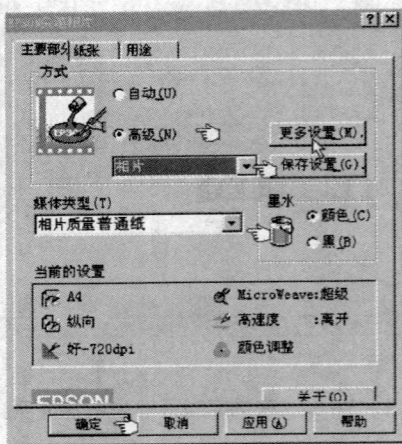

图 1 - 3 - 39　设置打印性

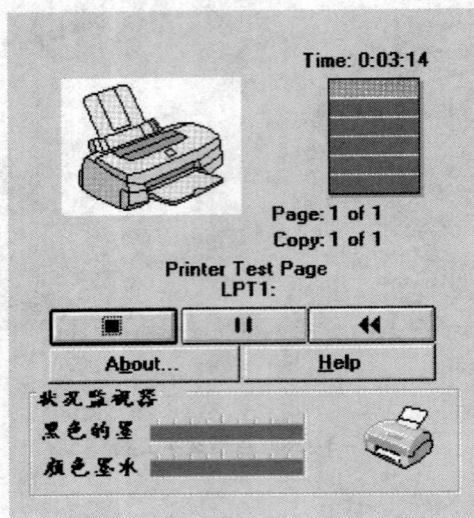

图 1 - 3 - 40　打印软件显示"正在打印"状态

第二章　痕迹检验

第一节　手印检验

实验一　手印油墨捺印

一、实验目的

1. 了解捺印手印样本的种类。

2. 掌握捺印的程序与操作方法。

二、实验内容

1. 三面捺印。

三面捺印是指第一指节的正面和两侧面，即手指第一屈肌褶纹至指尖，两侧至指甲边缘的捺印。

2. 平面捺印。

平面捺印是对手指的正面进行捺印。包括手指的平面捺印和手掌的平面捺印。其主要目的是核对三面捺印的手指次序与位置是否正确。

3. 局部捺印。

根据现场手印的遗留情况和检验工作的需求，专门捺印某一部位的指纹或掌纹，如指尖顶部、虎口部、腕部等。

三、实验要求

1. 油墨均匀、适度。

2. 指纹纹线要清晰、完整、不变形。

3. 用力均匀、稳放稳起、一次完成，不要停顿、挪动、重复。

4. 两人一组，互为捺印人和被捺印人，互相捺取对方的手印样本。

四、实验器材

油墨、油磙、调墨板、捺印盒；捺印卡（包括十指指纹卡、掌纹捺印卡、单指指纹卡或专为实验用的捺印卡）；肥皂、洗涤灵、毛巾等。

五、实验步骤

（一）三面捺印

1. 调油墨。

（1）取墨。将调墨板（一般用玻璃板）放在捺印台边上与边缘平齐，取出少许油墨，放在调墨板上，先少后多。

（2）调墨。在墨板上用油磙将油墨调匀。其标准是：拿起调墨板对着光源，光线似透非透，呈深灰色；或把调墨板平放在桌面上，下面垫放一张有字的白纸，透过油墨隐约可见板下白纸上的字迹。

（3）也可以直接用捺印盒，代替调制油墨面，直接使用。

2．沾取油墨。

（1）按照先右手后左手，各手按拇指、食指、中指、环指、小指的顺序，依次进行，避免颠倒换位。

（2）用滚动的方式，从一侧向另一侧，将调墨板上的油墨沾取到手指的三个面上。

（3）滚动的方向按照从扭曲紧张的姿式转动到自然松弛的姿式，即拇指以靠近食指侧接触油墨膜开始，滚动180度；其余四指以靠近拇指侧接触油墨面开始，滚动180度。

3．捺印。

（1）捺印纸卡与桌边对齐。

（2）捺印顺序和滚动要领与沾取油墨相同，重复沾取油墨时的动作，将手印捺印至十指指纹登记卡片上。

（二）平面捺印

1．手指平面捺印。

（1）调制油墨或使用捺印盒。

（2）沾取油墨。食、中、环、小四指并拢伸平，以小指第二褶纹下方为水平基准线接触调墨板或捺印盒，四指同时沾取油墨；拇指伸直从指根处接触调墨板或捺印盒，沾取油墨。

（3）捺印。

①捺印纸卡与桌边对齐。

②四指并拢伸直，由指根到指尖，一次性捺印在十指指纹卡平面捺印的指定位置。

③拇指对应的位置上，重复沾取油墨的动作，捺印出拇指。

2．手掌平面捺印。

（1）调制油墨或使用捺印盒。

（2）沾取油墨。手自然伸开，从手腕处屈肌褶纹开始接触调墨板或捺印盒，向前滚动至指尖，沾取油墨。掌心处因掌弓高，需用另一只手掌在其手背上，适当用力向下压。

（3）捺印掌纹。重复沾取油墨时的动作。

（三）局部捺印

1．调制油墨板或使用捺印盒。

2．沾取油墨。指、掌某一部位接触油墨板。

3．局部捺印。指、掌某一部位接触捺印卡。

六、捺印后的处理

1．在捺印好的指纹卡上，填写上姓名、性别、年龄、身高等项目。

2．逐个检查捺印样本是否齐全和是否达到了捺印要求。

3．有缺指、多指、残指等情况时，应加以注明。

七、实验注意事项

1．沾取油墨时，要用力适中，不要用力太大，否则油墨易灌入小犁沟，捺印出的纹线不清晰。

2．一次沾取，不要多次滚取或补取油墨，以免指面上的油墨不均匀，影响捺印效果。

3．被捺印人的手粗糙、有污垢时，必须用水洗净，擦干后再捺印。

4．平面捺印要求反映出手指的高低关系，不要一个一个的分开捺印，更不要错位捺印。

附：捺印尸体指印

一、前期处理

1．用脱脂棉沾取酒精或煤油、松节油，将尸体的手指擦拭干净。

2．用热水浸泡两三分钟。

3．擦干水渍后，用力揉搓尸体手指的关节部位，或用尸体指位拉直器使其舒展（见图2－1－2），待手指能够弯曲时，即可捺印。

4．如果尸体手指干瘪，应请法医注射液体石蜡或甘油，使之膨胀后再捺印。

5．如果尸体腐败严重，还需用烟熏法，刷粉照相等方法进行相应处理。

二、调油墨

1．取少量油墨滴在调墨板上，用小油墨磙调匀。

2．墨板上的油墨浓淡适宜，油墨磙上的油墨也就适宜。

3．标准比照前面的油墨调制。

三、染墨

用油墨磙将油墨均匀地涂在尸体的手指上。

四、捺印

1．将指纹捺印卡片的三面捺印的方格垫在专用的尸体指纹捺印器内（见图2－1－1）。

2．将尸体的手指放入捺印器，进行捺印（见图2－1－2）。

五、捺印后的处理

1．捺印尸体指纹，必须注意手指顺序，捺印后立刻注明手别、手指名称，切勿颠倒错乱。

2．作好捺印时间、地点、尸体的身高、体态、年龄、性别和案情等有关内容的登记编号。

图2－1－1　尸体指纹捺印器　　　　图2－1－2　尸体手指拉直器

实验二　粉末显现法

一、实验目的

1．了解常用粉末的种类、性能和适用范围。

2．掌握粉末显现无色手印的原理和操作方法。

3．学会手印的固定与提取方法。

二、实验内容

1．普通粉末显现无色汗液手印。

2．磁性粉末显现无色汗液手印。

3．荧光粉末显现无色汗液手印。

三、实验要求

1．用不同的粉末分别在不同的客体上显现手印各三枚。

2．作好实验记录，填写实验报告。

四、实验器材

1．普通粉末显现手印实验器材。

粉末材料：铝粉、青铜粉等。

实验器材：毛刷、指纹胶纸、剪刀、黑色衬纸。

承受客体：玻璃、陶瓷、搪瓷、油漆木等。

2．磁性粉末显现手印实验器材。

粉末材料：磁性粉。

实验器材：磁性刷（见图2－1－3）、白衬纸、指纹胶纸、剪刀。

承受客体：玻璃、陶瓷、各种纸张、本色木、皮革等。

3．荧光粉显现手印实验器材。

粉末材料：普通荧光粉、磁性荧光粉等。

实验器材：毛刷、磁性刷、多波段光源、护目镜等。

承受客体：画报、人民币、书刊、瓷器等。

五、操作步骤和方法

汗液或带有油脂的手印与粉末有较强的亲和力（附着力），当二者接触时，粉末粘附在汗液上，从而显现出有色手印。

（一）普通粉末显现法

1．粉末的性能和适用范围。

（1）铝粉。俗称银粉，是银灰色的单质粉末。适用范围较广，能够显现诸如玻璃、瓷器、电镀金属物品、油漆物品、塑料制品等光滑客体表面较新鲜的汗液手印。

（2）青铜粉。俗称金粉，是由铜、锌、锡、锑混合而成，附着力较强，其性能和适用范围与铝粉相同。铝粉不宜显现银灰色物面上的手印，而青铜粉不宜显现金黄色物面上的手印，二者搭配使用，可以互相补充。

（3）氧化铜。棕黑色重金属粉末，附着力仅次于铝粉和青铜粉。其特点是比重大，沉浸物面深层的能力较强，对粗糙物面上的汗液或油脂手印有较好的显现效果。

2．实验步骤：

（1）制作实验样本。分别在玻璃、瓷器、油漆木等客体上捺印汗液或油、汗混合手印。

（2）蘸粉直接刷显。用毛刷蘸取少许粉末，直接在疑有手印的客体上，用毛刷刷显，当纹线出现后，顺着纹线的流向刷显。当手印全部显出后，再用干净毛刷刷去手印周围多余的粉末。

（3）固定和提取

①照相提取法。按照痕迹物证的拍照要求，对显出的手印进行拍照。

②用指纹胶纸提取。根据手印的大小，从胶带卷上揭开适量长度的指纹胶纸，胶面对准粉末手印，把一端固定在指纹上方，一手将指纹胶纸拉平，然后用另一只手的食指或中指在胶纸背面，从固定端开始向下匀速推压胶纸。待胶带完全贴在手印表面后，再用手指用力压推；然后匀速揭下胶纸，粉末手印即转印到指纹胶纸上；再将指纹胶纸按第一步操作要领粘

贴在与纹线反差较大的衬纸上。

③原物提取。用指纹胶纸将指纹固定后，带走显出手印的物体。

3．注意事项。

（1）要保证粉末、刷体、客体物面干燥时才能显现。

（2）要选择与客体色差较大的粉末。

（3）要选择附着力较强的粉末。

（4）粉末要适量、适合，操作方法要正确。

（5）指纹胶纸揭离时一定要匀速，不能停顿，否则胶纸会在停顿处留下一道印痕，影响手印质量。

（6）用指纹胶纸提取手印时，应避免产生气泡和褶纹、皱纹。

（二）磁性粉显现法

1．磁性粉的性能和适用范围。

磁性粉末是一种经过物理方法处理的合成粉末，是具有磁性作用的铁粉和配粉按一定比例混合配制而成的。磁性粉末适用范围广泛，不仅对光滑客体表面有效，而且对略微粗糙的客体表面也有较好的显现效果。

2．实验步骤：

（1）制作样本：分别在纸张、玻璃、陶瓷的客体上捺印汗液手印。

（2）显现方法。

①磁性刷刷显法。用磁性刷头部吸取磁性粉末，形成磁力线"刷"；用磁力线刷在疑有手印的部位轻轻刷显，至手印完全显出；将多余的粉末除去或收回容器内。

②撒粉抖显法。该方法仅用于显现纸张上的新鲜汗液指纹。先用磁性刷吸取磁性粉，轻轻提拉刷尾，让磁性粉撒在疑有指纹的客体上；再抖动被显客体，让磁性粉滑过疑有手印的物面，从而显出手印（见图2-1-4）。

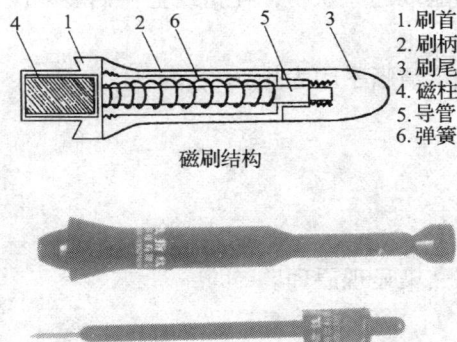

1．刷首
2．刷柄
3．刷尾
4．磁柱
5．导管
6．弹簧

磁刷结构

图2-1-3 磁性刷

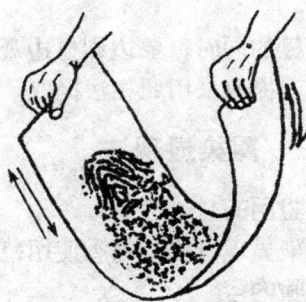

图2-1-4 撒粉抖显法

3．注意事项。

（1）用磁性刷刷显时，要防止磁刷头部擦碰物面，而破坏手印纹线。

（2）铁粉和配粉要拌均匀，并定期补充一定量的配粉，保持恰当的比例。

（三）荧光粉显现法

1．荧光粉的性能。

　　荧光粉显现的原理与普通粉末相似，区别是经其刷显的指纹在多波段光源或紫外线下会产生强烈的荧光，显著提高指纹的反差。

　　2．实验步骤：

　　(1) 制作样本。分别在人民币、画报纸等客体上捺印汗液加层手印；或用"502"熏染法熏显出手印。

　　(2) 准备工作。戴上护目镜，打开多波段光源（见图2-1-5）。

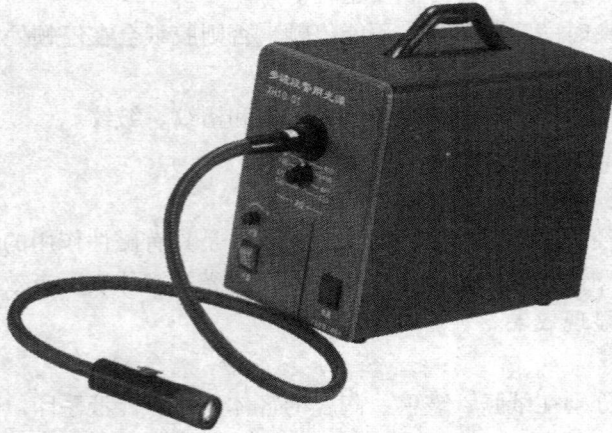

图 2-1-5　多波段光源

　　(3) 加染粉末。

　　①普通荧光粉显现时，用毛刷蘸取少量的荧光粉，在疑有手印的客体上轻轻刷显；当指纹出现时，顺着纹线的流向刷，再用一只干净的毛刷将多余的粉末刷去。

　　②磁性荧光粉显现时，用磁性刷蘸取磁性荧光粉，形成磁力线刷，在疑有手印的客体上刷显；当显出指纹时，再用一只干净的磁性刷蘸取还原铁粉，在指纹上再刷显一次，带走多余的荧光粉。

　　③在刷显的同时，要边刷显边观察，至显出清晰手印为止。

　　(4) 固定提取采用照相法提取。

实验三　熏染显现法

一、实验目的
掌握熏染显现方法，熟悉使用范围，了解熏染显现原理。

二、实验内容
1．烟熏法显现无色汗液手印。
2．碘熏法显现无色汗液手印。

三、实验要求
严格按照规范性内容进行正确操作，防止污染和中毒。

四、实验器材
烟熏器材：松香、棉线、毛刷、纸张、玻璃、陶瓷、搪瓷油漆木等。

碘熏器材：碘、酒精灯、三脚架、石棉网、烧杯、白纸、玻璃板、本色木、塑料膜等非金属物体。

五、操作步骤和方法

（一）烟熏法显现汗液手印

烟熏法显现汗液手印是利用发烟物质在燃烧不充分时，产生大量细微烟粒粉末，附着在汗潜手印部位，烟粒粉末被手印中的汗液和油脂粘附，染成黑色纹线。

1．实验步骤：

（1）制备松香烛。松香块状物不易点燃，需加热溶化，用棉绳沾取松香液，晾干即成松香烛。

（2）制作样本。分别在纸张、搪瓷、陶瓷等客体上捺印汗液手印。

（3）熏显方法。点燃松香烛、煤油灯或点燃金属盘中的樟脑粉；把客体置于火苗上方，由远及近，直至烟尘布满整个物面；熄灭火源；待客体冷却后，用软毛刷轻轻刷去浮尘，即可显出黑色手印。

（4）固定提取。照相提取、胶带提取。

2．注意事项。

（1）熏显的客体与火苗间距离可根据检材的性质而定，不要太近，以免破坏物证。

（2）客体表面要干燥。

（二）碘熏法

碘是灰黑色有金属光泽的结晶体，在常温下容易升华。利用碘在常温下易升华的性质和碘气体分子可以被指纹遗留物质中的油脂物质吸收的特性，使碘吸附在汗潜手印部位，把无色汗液手印，加染成棕色手印。

1．实验步骤：

（1）制作样本。分别在白纸、塑料等客体上，捺印汗液手印。

（2）熏显方法。

①冷熏法。把碘的结晶体放入较大的器皿中，再把疑有手印的客体悬挂或摆放在器皿内的支架上盖好，不要让碘直接碰到客体，直到客体表面显出棕色手印为止（见图2－1－6）。

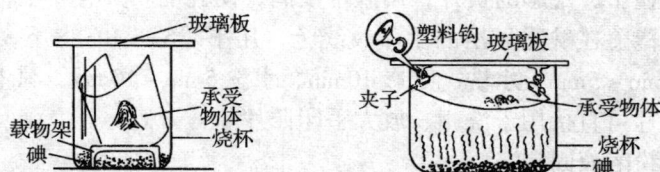

图2－1－6 冷熏法

②热熏法。将碘放入玻璃烧杯中，加盖玻璃片，置于三脚架上，用酒精灯或其他方法加热，使碘迅速升华成紫色气体，即可开始熏染。此方法又可分为直接熏染和间接熏染两种方法（见图2－1－7）。

直接熏染法。将疑有手印的客体表面直接置于碘蒸汽上方，慢慢移动客体被熏显的部位，边熏边观察，直到手印清晰显出，即可移开客体，盖好容器。

间接熏染法。将洁净玻璃片盖在烧杯口上，待其表面均匀地附着一层碘时，将玻璃片有碘一面覆盖在疑有手印的客体上，几秒钟后取下玻璃片，即可显出手印。

③吹显法。将碘熏管喷口对准疑有手印的客体表面进行喷显，从而熏显出棕色手印（见

图 2 - 1 - 8）。

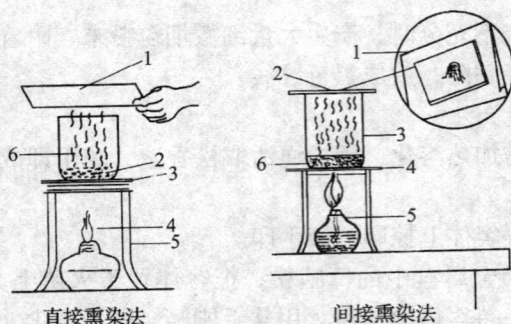

直接熏染法　　间接熏染法

图 2 - 1 - 7　热熏法

图 2 - 1 - 8　增加碘熏管吹显

2．注意事项。

（1）碘具有腐蚀性和刺激性，熏显时应在排毒柜内或通风好的条件下进行，防止腐蚀金属物品和人体中毒。

（2）碘熏显出的手印，要及时加以固定，否则，碘手印很快会在空气中自然升华而消失。

3．固定方法。

（1）照相固定法。

按痕迹物证拍照的要求对熏出的碘手印及时进行拍照。

（2）氯化钯溶液固定法。

①配制：将 0.5g ~ 1.0g 的氯化钯溶解在 100ml 的蒸馏水中，配成溶液。

②操作：首先将显出的手印客体浸入或涂上氯化钯溶液数十秒钟，钯离子和碘作用，生成碘化钯黑色沉淀，纹线被固定下来。再用清水漂洗，除去客体上的残液，晾干熨平即可。

（3）照相负片固定法。

把已曝光而未显影、定影的负片，用温水浸润，使乳剂膜具有一定粘度，吹干表面的浮液后，将乳剂膜面覆盖在碘熏显出的手印纹线上，压平，5s ~ 10s 揭下，放入稀释 5 倍的显影液中，经显影 3min ~ 5min、水洗、定影 10min、水洗 5min ~ 10min，晾干后，即成为固定好的手印负片。此负片可直接用于洗相、放大手印照片。

（4）碘化钾淀粉溶液固定法。

①配制：甲液　将 2g 碘化钾溶解在 100ml 沸水中。

乙液　将 10g 淀粉溶解在 50ml 温水中。

②将甲液倒入乙液中，调匀后加热至 100℃。

③操作。将碘熏出的手印浸在溶液中，棕色手印变成蓝色手印，再用清水漂洗、晾干，手印即被固定下来。

（5）粉末固定法。

选石墨粉、碳粉、氧化铜或二氧化锰粉中的一种，撒在用碘熏出的手印上，抖动客体，使粉末吸附在纹线上，弹去多余粉末后，喷上灰尘固定剂。

4．消退还原。

（1）将未经固定处理的碘熏出手印，暴露在空气中，碘自然升华，从而减薄和消退。

（2）经固定处理的碘熏手印（粉末固定的除外），采用氨气熏染还原，能有效的消除碘熏痕迹。

实验四 硝酸银显现法

一、实验目的
了解硝酸银显现无色汗液手印的原理，掌握显现的方法和适用范围。

二、实验内容
1. 溶液的配制。
2. 显现的操作方法。
3. 固定方法。
4. 减薄方法。

三、实验用品
硝酸银（$AgNO_3$）、乙醇（C_2H_5OH）、蒸馏水（H_2O）、量杯、烧杯、天平、镊子、脱脂棉、托盘、各种浅色纸张等。

四、实验步骤
硝酸银是一种无色透明的菱形片状结晶体，有毒并有很强的腐蚀性，能溶于水、乙醇、醋酸丁酯、甘油。硝酸银显现法适用于显现渗透性客体上汗液手印，如纸张、纸板等。硝酸银与汗液中的氯离子起反应，形成氯化银。氯化银不稳定，在阳光、强灯光、紫外光的照射下，分解成黑色的单质银。随着反应的进行，单质银不断沉淀和增多，无色汗液手印就变成棕黑色纹线的有色手印。硝酸银显现法通常是纸张类客体上指纹系列显现方法的最后一步。

（一）配制硝酸银溶液

1. 硝酸银水溶液。

将硝酸银 1～5g 溶解在 100ml 蒸馏水中，配制成 1%～5% 硝酸银水溶液。

2. 硝酸银乙醇溶液。

将 1～5g 硝酸银先用少许蒸馏水溶解后，再加入无水乙醇至 100ml，配制成 1%～5% 的硝酸银乙醇溶液。

（二）操作方法

1. 涂液法。

（1）用镊子夹住脱脂棉球蘸取硝酸银溶液，轻轻点涂在疑有手印的客体上。

（2）阴干客体上的浮液后，在阳光或紫外灯下照射。

（3）待手印纹线清晰后，要立即避光保存，防止曝光过度，影响显现效果。

2. 浸泡法。

（1）将配好的硝酸银溶液取适量，倒入较大的搪瓷盘中，把疑有手印的客体浸泡在溶液内，轻轻摆动，使浸泡均匀。

（2）将浸泡过的客体取出晾干，曝光至出现棕黑色手印。

3. 喷雾法。

（1）用喷雾器将硝酸银溶液均匀地喷在疑有手印的客体上。

（2）晾干、曝光至显出手印。

（三）固定方法

1. 照相法。

按照痕迹物证的拍照要求，对显出的手印进行拍照。

2．淀粉固定法。

（1）配制。先将15g淀粉慢慢加入80ml冷水中调成糊状，再加入200ml热水使其溶解成淀粉溶液。

（2）操作。将已显出手印的客体浸入淀粉溶液中，数分钟后，待手印变成了淡褐色时，将其取出，用清水漂洗、晾干熨平。

3．大苏打固定法。

（1）配制。将0.2g的大苏打放入100ml的蒸馏水中，配制成溶液备用。

（2）操作。将已显出手印的客体浸入大苏打溶液中5min～10min，至手印纹线变成淡褐色后，用清水漂洗、晾干熨平。

（四）减薄方法

1．过氧化氢（双氧水）减薄法。

（1）用滤纸或渗水性较好的纸张浸在1%～3%的双氧水溶液中，取出后待其表面浮液消除掉，覆盖在曝光过度的手印处，几十秒钟后黑色减弱，纹线反差增强，再漂洗晾干。

（2）用1%～3%的双氧水直接涂在曝光过度的手印处，减薄甚至暂时消退，晾干后再次曝光，纹线较原来更清晰，再漂洗、晾干。

2．碘熏减薄法。

将曝光过度的手印用碘熏法进行减薄，既可用直接熏显法，也可用间接熏显法，将黑色纹线减至浅褐色即可。

（五）消退还原

1．升汞还原法。

（1）配制。将10g二氯化汞溶解在100ml蒸馏水中，配制成溶液。

（2）操作。先用脱脂棉球蘸取氯化汞水溶液，轻轻涂在有手印的部位，然后漂洗清除残液，再晾干熨平。

2．大苏打还原法。

（1）配制。用60g硫代硫酸钠溶解在100ml水中，制成60%的硫代硫酸钠溶液。

（2）操作。用脱脂棉球蘸取溶液轻涂在疑有手印的部位，待手印消失后，进行漂洗、晾干、熨平。

3．升汞—饱和氯化钠还原法。

（1）配制。甲液　5g二氯化汞溶解在100ml水中，配制成溶液；
　　　　　　乙液　饱和氯化钠水溶液。

（2）操作。先用脱脂棉球蘸取甲液均匀涂在手印处退色，后用棉球蘸取乙液均匀涂在手印处消色，最后清洗、晾干、熨平。

五、注意事项

1．化学药品一般都有一定的毒性、腐蚀性，勿接触皮肤，最好戴一次性塑料手套，用完后一定要及时洗手；升汞有剧毒，操作完毕后，最好先用0.2%大苏打溶液洗手，再用清水洗净。

2．尽量选用新配制的试剂。配制好试剂后，在使用前应先做试验，有效后方可使用。

3．乙醇能溶解纸张上的油笔字迹，引起退色、扩散现象，不仅损坏了字迹材料，而且影响显现效果，使用时注意选用硝酸银水溶液。

4．曝光时，应在弱光下进行，做到边曝光边观察，待纹线清晰后，立即停止曝光，及时固定。未经固定的手印应放在暗处或避光保存。

5．浸泡和晾干的操作，最好在光线较暗处进行，以免受光的作用，影响纹线的清晰度。

实验五　DFO 显现法　茚三酮显现法

一、实验目的

了解 DFO 显现法和茚三酮显现法的显现原理、适用范围，掌握其配制方法、操作方法以及注意事项。

二、实验内容

1．溶液的配制。

2．显现的操作方法。

三、实验用品

烧杯，玻璃棒，镊子，搪瓷盘，白线手套，茚三酮/DFO 熏显柜（或电炉，带屉蒸锅，烘箱），多波段光源等；

茚三酮，DFO，无水乙醇，无水丙酮，冰乙酸，乙酸乙酯，1，2，－2－三氯－三氟乙烷（氟里昂 113）。

四、实验步骤

（一）DFO 显现法

1．检材的制作。

分别于实验前一天、一周、一月在各种纸张上捺印汗液手印。

2．DFO 显现液的配制。

在 1 克 DFO 中加入无水乙醇 200ml，充分搅拌并水浴加热使之尽量溶解，然后加入乙酸乙酯 200ml，充分搅拌，再加入冰乙酸 40ml，最后加入 1560ml 氟里昂 113，充分搅拌得浅黄色溶液。

3．手印的显现。

（1）在通风橱中将适量 DFO 工作液倒入搪瓷盘（或足够大的玻璃器皿）中。

（2）检材浸入 DFO 工作液中约 10s，取出风干；重复一次。

（3）将检材放入茚三酮/DFO 熏显柜（或烘箱）中，在 80℃～100℃下恒温加热 10min～20min。

2．在多波段光源的蓝绿光 515nm 或 530nm 照射下，通过 550nm 长波通滤光镜（或 570nm～650nm 区域内的带通滤光镜）观察或拍照记录。

（二）茚三酮显现法

1．检材的制作。

分别于实验前一天、一周、一月在各种纸张上捺印普通汗液手印；或将 DFO 显现过的检材继续使用做茚三酮的检材。

2．茚三酮显现液的配制。

有三种配方：

（1）1 克茚三酮溶于 100ml 无水乙醇中。

（2）1 克茚三酮溶于 100ml 无水丙酮中。

(3) 1克茚三酮溶于 15ml 无水乙醇和 85ml 氟里昂 113 的混合液中。

3．手印的显现。

(1) 在通风橱中将适量茚三酮工作液倒入搪瓷盘（或足够大的玻璃器皿）中。

(2) 检材浸入茚三酮工作液中约 10s，或浸透为止，取出风干。

(3) 将检材放入茚三酮/DFO 熏显柜（或蒸锅）中，在 100℃水蒸气中加热 10s 左右。

(4) 将检材取出，观察拍照。

五、实验注意事项

1．使用同一检材既做 DFO，又做茚三酮时，必须先做 DFO，后做茚三酮。

2．做 DFO 实验时，实验器皿必须清洗干净，以免受到茚三酮污染而导致 DFO 显出的手印变成深紫色。

3．实验药品中确保没有水分进入，以免手印纹线扩散。

实验六　502 胶显现法

一、实验目的

1．了解"502"粘合剂的性能、原理及适用范围。

2．掌握用"502"胶显现手印的操作方法。

二、实验内容

1．冷熏法。

2．加热加湿熏显法。

3．真空熏显法。

4．催化法。

三、实验原理

"502"是一种瞬间粘合剂的商品名称，其主要成分是 α—氰基丙烯酸乙脂。在常温下容易挥发，遇到汗液手印，在汗液中的水、氨基酸及弱碱的引发下，进行单体聚合，在纹线上形成白色固体状聚合物，从而显出手印。

四、实验器材

'502"胶、"502"自动加热加湿熏显柜、"502"真空熏显柜、高速定性滤纸、氢氧化钠、脱脂棉、简易"502"熏显器。

五、实验步骤

(一) 冷熏法

1．在密闭的容器内熏显。

将被显现客体悬挂在容器(如塑料罩)内的架子上，把"502"均匀滴在容器底部的铝箔上，密封容器，让"502"自然挥发，进行熏染。由于受客体的性能和外界温度的影响，一般熏显需要的时间较长，要注意记录和观察，及时补充滴加"502"，直至显出白色手印为止。

2．载体冷熏法。

将"502"均匀地涂布在高速定性滤纸上，待浮液晾干后，轻轻覆盖在疑有手印的客体上，数分钟后揭取滤纸，显出白色纹线手印。

(二) 加热熏显法

在密闭的容器内或"502"自动熏显柜内，放入需熏显的客体，在有加热装置的两个小容器内，分别加上水和"502"，接通电源开关，先加湿后加热，很快"502"气化成白色烟雾，整个熏显过程约需 1 小时。

（三）真空熏显法

打开"502"真空熏显柜，在柜底的两个铝箔小容器内，分别放入水和"502"，在架子上放好需熏显的客体，关好柜门，打开电源，抽真空泵启动，将容器内抽成真空，让"502"在负压的条件下慢慢挥发，对客体进行熏显。真空熏显的优点：一是不会熏染过厚；二是对塑料袋、枪支以及表面不十分光滑的客体显现效果比较好。

（四）催化法

1．将脱脂棉浸泡在 0.25％ 或 0.5％ 的氢氧化钾水溶液中，取出后晾干，剪成小片待用。

2．取一片脱脂棉，放入容器底部，在脱脂棉上滴加"502"，在强碱的催化下，"502"很快气化，冒出大量白烟，熏显手印。

（五）染色方法

"502"显出的手印呈白色，在浅色客体上反差小，纹线不易发现、不易观察、不易拍照，需染色处理。

1．加碘染色：在热熏的同时，在"502"中加入少量的碘，一起熏显，熏出的手印呈淡黄色。

2．烟熏染色：用"502"显出手印后，再用松香烛进行熏显染色，纹线呈黑色。

3．粉末染色：用"502"显出手印后，用磁性粉、铝粉等进行刷粉染色。

（六）固定提取

1．提取原物。

2．照相提取。

3．粉末染色后用胶带提取。

六、实验注意事项

1．用载体冷熏时，一定要虚盖，不能用力压，要防止滤纸纤维粘连在显现出的手印纹线上，损坏手印。

2．"502"不适用于血渍、油渍、灰尘手印的显现，但对被血渍、油渍污染的客体上的汗液手印，仍可用此法显现。

实验七　物理显影液显现法

一、实验目的

了解渗透性客体上的油脂手印的显现方法——物理显影液法的原理，初步掌握其配制方法、操作方法以及注意事项。

二、实验原理

利用含有银离子的试剂与油脂或油垢手印中的脂肪成分发生反应，生成银灰色沉淀，从而显出手印的纹线。

三、实验用品

烧杯，镊子，玻璃棒，大培养皿，天平，橡胶或乳胶手套。

硝酸铁、硫酸亚铁铵，柠檬酸，马来酸（顺丁烯二酸），硝酸银，表面活性剂 TX - 10 和两性咪唑啉，蒸馏水。

四、实验内容

（一）检材的制备

实验前一周在复印纸、卡片纸、报纸、牛皮纸上捺印油性手印，捺印方法为用手指在鼻部、额头处擦过后在纸上轻轻捺印。

（二）处理液的配制

将25g顺丁烯二酸加到1000ml蒸馏水中。

（三）物理显影液的配制

1．溶液甲的配制。

量取表面活性剂A和B各1ml，加到200ml蒸馏水中，充分搅拌并加热使之溶解。

2．溶液乙（贮存液）的配制。

称取硝酸铁30g，硫酸亚铁铵80g，柠檬酸20g，按顺序加到蒸馏水中（注意：顺序绝对不可颠倒），充分搅拌溶解（不可加热使之溶解），定容到900ml。此贮存液放入棕色瓶中，可长时间保存。

3．溶液丙的配制：将10g硝酸银溶于50g蒸馏水。

4．工作液的配制。

将40ml～50ml溶液甲加到溶液乙中，搅拌2min；将溶液丙加入溶液乙中，搅拌2min。工作液稳定时间为一小时左右。

（四）手印的显现

1．将捺有手印的纸张在顺丁烯二酸水溶液中浸泡5min。

2．将纸浸入工作液中，使留有手印的一面朝上，并使溶液浸过纸张至少5mm，显现15min～20min。

3．显现后的纸张在蒸馏水中冲洗（如没有蒸馏水，自来水也可），然后晾干，拍照。

五、注意事项

1．实验所用器材必须十分清洁，否则容器内杂质会导致银颗粒的吸附与聚集，影响手印显现效果。

2．物理显影液稳定时间一般只有一小时左右，所以要求实验操作迅速，并且在工作液配制之前所有其他准备工作都已完成。

3．物理显影液的配制须严格按照实验指导中叙述的顺序，不可颠倒。

实验八　小微粒悬浮液显现法

一、实验目的

了解非渗透性客体上油脂手印的显现方法——小粒子悬浮液法。

二、实验原理

悬浮液中的微粒与手印中的油垢、汗垢发生吸附，在客体表面形成灰色涂层，显出手印纹线。

三、实验用品

烧杯，玻璃棒，镊子，搪瓷盘，脱脂棉，白线手套，一次性塑料手套；氧化锌，二硫化钼，十二烷基硫酸钠，蒸馏水。

四、实验内容

（一）检材制作

用手擦蹭鼻部、额头后，或用手蘸少许植物油（动物油、矿物油也可）后，在玻璃、搪瓷和塑料制品上留下油脂手印。

（二）配制方法

取 0.2g 十二烷基硫酸钠放入 1000ml 蒸馏水中，充分搅拌并加热，使之溶解，然后加入 3g 氧化锌或 3g 二硫化钼，充分搅拌溶解，配成白色或黑色小粒子悬浮液。

（三）手印显现

1．将适量小粒子悬浮液倒入搪瓷盘（或足够大的玻璃器皿）中。

2．检材浸入小粒子悬浮液中约 30s 左右，然后取出，并放入清水中漂洗。

3．观察并拍照。

五、实验注意事项

1．浅色客体上的手印使用配方为二硫化钼的小粒子悬浮液配方。

2．深色客体上的手印使用配方为氧化锌的小粒子悬浮液配方。

实验九　四甲基联苯胺显现法

一、实验目的

1．了解血手印的显现方法——四甲基联苯胺法的原理。

2．掌握其配制方法、操作方法以及注意事项。

二、实验原理

四甲基联苯胺能与血液中的血红蛋白发生反应，使血手印呈现出蓝紫色。

三、实验用品

烧杯，玻璃棒，镊子，搪瓷盘，脱脂棉，白线手套，一次性塑料手套；

四甲基联苯胺，无水乙醇，30％过氧化氢。

四、实验内容

（一）检材制作

用手蘸少许血液后，在玻璃、搪瓷、陶瓷、塑料制品和纸张上留下手印。

（二）四甲基联苯胺显现液配制方法

将 1g 四甲基联苯胺加入 100ml 无水乙醇中，充分搅拌并水浴加热使之溶解，然后加入 5ml30％的过氧化氢，充分搅拌溶解。

（三）手印显现

1．用镊子夹棉花，蘸少许无水乙醇，轻轻涂在血手印上，并稍等片刻。

2．用镊子夹棉花，蘸少许四甲基联苯胺溶液，轻轻涂在血手印上，也稍等片刻。

3．观察并拍照。

五、实验注意事项

1．四甲基联苯胺对人血、动物血均有颜色反应，不能作种属鉴定。

2．四甲基联苯胺对一些植物汁液、果汁、乳汁、铜盐、铁盐、碘盐，也有颜色反应。但对人体汗液、尿液、精斑无颜色反应。

3．使用四甲基联苯胺时，需戴上一次性塑料手套，注意安全。用后须妥善处理。

实验十　胶带粘面上手印的显现

一、实验目的

掌握胶带粘面上手印显现方法的原理、操作及注意事项。

二、实验原理

将胶带表面的黏合剂溶解后，用生物染色剂或悬浮液染色剂对手印进行染色，使手印得以显现。

三、实验用品

烧杯，玻璃棒，镊子，搪瓷盘，脱脂棉，医用乳胶手套；

丁酮（甲乙酮），龙胆紫，苯酚，无水乙醇，蒸馏水，英雄牌碳素墨水。

四、实验内容

（一）检材的制作

分别于实验前一天、一周和一个月在黄色与白色封箱胶带粘面上捺印手印，并使之缠绕扭结（模仿实际案件中的情形）。

（二）胶带剥离液的配制

丁酮与无水乙醇配成 1:1 的混合液（体积比）。

（三）胶带粘面上手印显现染色液的配制

取龙胆紫 0.9g，加入苯酚 2g，再加入无水乙醇 9ml，充分搅拌使之溶解，然后加入蒸馏水至 100ml，充分搅拌溶解。

（四）胶带粘面上手印显现悬浮液的配制

取碳素墨水 100ml，加入 TX－10 表面活性剂 1ml，充分搅拌加热溶解。

（五）胶带粘面上手印的显现

1．用滴管将胶带剥离液滴在胶带的接头处，并将胶带剥离。

2．用镊子夹棉花蘸取悬浮液涂在剥离后的胶带粘面上，等候约 3min；或用镊子夹棉花蘸取染色液涂在剥离后的胶带粘面上，等候约 1min。

3．入水中漂洗干净，然后放在实验台上干燥。

4．观察并拍照。

五、实验注意事项

1．常用黄色封箱胶带粘面上手印显现最好使用悬浮液法；常用白色封箱胶带粘面上手印显现最好使用染色法。

2．胶带剥离液使用时应尽可能少用，不可浸泡，以免损坏胶带粘面上的手印。

3．操作时应使用医用乳胶手套，不能使用线手套或一次性塑料手套，因前者会在胶带粘面上留下类似手印纹线的痕迹，后者会粘在胶带粘面上。

4．操作时应尽量少用镊子，因镊子会在胶带粘面上留下类似指节纹的痕迹。

5．操作时应特别注意胶带的接头处，因胶带的接头处是最容易留下指纹痕迹的地方。

实验十一　手印鉴定

一、实验目的

熟练掌握手印鉴定的基本程序和方法，每个独立完成手印鉴定的规范制作，逐步达到较高的鉴定水平。

二、实验内容

1．检验现场手印和样本手印。

2．编写手印鉴定的正规文书。

三、实验要求

1．独立完成多枚不同清晰度、不同颜色、不同种类的现场指印和掌印的检验，以及相应的样本检验，并寻找、标示二者的细节特征。

2．制作规范的手印鉴定书。

3．要求文字、图片均按"手印鉴定书"的正规要求制作。

四、实验器材

现场手印照片和样本手印照片、鉴定书用纸、放大镜、红色签字笔、胶水、直尺等。

五、实验步骤

手印鉴定的基本程序可分为：预备检验、分别检验、比较检验、综合评判、做出结论、制作出鉴定文书。

（一）预备检验

1．鉴定人员，在对手印进行检验之前，要向委托鉴定单位或送检人员了解案件有关情况；了解手印遗留情况，手印形成条件，手印显现提取方法，以及影响手印变化的各种因素；了解样本手印的来源和收取方法是否符合鉴定要求和政策；对于复核鉴定，要了解原检验单位的鉴定过程和结论，要明确鉴定要求和目的；最后对检材和样本进行清点、编号、登记，以免混淆和遗失。

2．准备检验用的各种器材和纸张。

（二）分别检验

分别检验是对现场手印和样本手印分别进行检验，其主要任务是完成对手印特征的寻找和分析确定。

1．对象：先检材、后样本。

2．步骤：初检、详检。

（1）检材初检。定条件、定方位、定类型。

（2）样本初检。定条件、定方位、定类型。

定方位：包括部位，即确定印痕是指头、指节、手掌的哪个部位所留；方向，即指尖方向、指根方向等的上下左右。

定类型：立体、平面；加层、减层；有色、无色。

（3）检材详检：确定特征，固定特征。

（4）样本详检：确定特征，固定特征。

3．确定手印的细节特征。

（1）寻找确定特征。利用基点定向法、逐线搜索法、并行追踪法、两头数线法、检样互补法等方法寻找发现固定的细节特征。

（2）标记固定特征。用色笔标记或小孔标记。色笔标记时，符合特征点用红笔标记，差异特征点用蓝笔标记。小孔标记时，在特征点上，用针扎孔标记。

（三）比较检验

1．特征的选用。

比对时要选用稳定、可靠、罕见的特征。如：纹线反映较清晰的特征，靠近中心、三角和伤疤附近的特征等，对比较模糊、不太可靠或不太稳定的特征，只作参考特征使用。

2．比对的具体内容。

比对检材和样本上所对应的细节特征的种类、形态结构、分布位置、相互距离、间隔线数，以及特征的方向、角度和数量等，并确定其符合点和差异点。

3．比对的方法。

（1）特征比对法。

在检材和样本相同的部位上选出一个明显可靠的符合特征作为起点，逐步向周围扩展，对反映的特征进行一一比对。

（2）特征重叠法。

将检材、样本制成同倍负片，重叠比较细节特征位置、纹线的流向、弧度、纹线的粗细间隔等。

（3）特征连线法。

将检材、样本制成同倍正片，用线段把细节特征点连接起来，构成一个多边几何图形，比较它们的形状、面积、边长、夹角等。这一方法多用于纹线清晰，特征较少而不变形的手印检验，不适用于严重变形的手印检验。

4．标示特征。

（1）观察标记点。按特征数量、分布、范围，总体规划，检材、样本的特征编号。

（2）按时针法则。标示线呈放射状标示引线，按顺时针方向编排序号。

（3）按垂直法则。标示线与特征所在纹线尽量垂直。

（4）按不交叉法则。标示线之间互不相交。

（5）红色标示线指引一个符合特征点，蓝色标示线指引一个差异特征点。

（四）综合评断

1．特征数量。

2．评断特征质量。

（1）高质量特征：勾、眼、桥、棒、疤、奇特纹型。

（2）低质量特征：起点、终点、分歧、结合。

3．评断符合点。

本质符合、非本质符合。

4．评断差异点。

本质差异、非本质差异。

（五）结论：检材、样本是否同一

（六）制作手印鉴定书

1．文字部分。

标题、绪论、检验、论证、结论、落款。

2．照片部分。

现场照片、比对照片。

第二节　足迹检验

实验一　平面足迹油墨捺印及测量

一、实验目的

了解足迹样本的捺印种类，掌握穿鞋足迹、穿袜足迹和赤脚足迹捺印的程序和操作方法，测量不同足迹各部位的形态，了解其花纹特征。

二、实验内容

1．穿鞋足迹的捺印及测量。

2．穿袜足迹的捺印及测量。

3．赤脚足迹的捺印及测量。

三、实验要求

1．穿鞋足迹左右脚各捺印平面足迹2～4枚，按照穿鞋足迹的特征，测量鞋底各部位的长度和宽度，如鞋底全长、前掌长宽、鞋弓长宽、鞋后跟长宽等（见图2-2-1）。

2．穿袜足迹左右脚各捺印平面足迹2～4枚，按照穿袜足迹的特征，测量袜底各部位的长度和宽度，如袜底全长、前掌长宽、弓长宽、后跟长宽等。

3．赤脚足迹左右脚各捺印平面足迹2～4枚，按照赤脚足迹的特征，测量赤脚足迹各部位的长度和宽度，如赤足的全长、前掌长宽、弓宽、后跟长宽，脚趾各部位的形态等（见图2-2-2）。

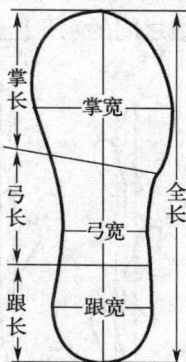

图 2-2-1　鞋底各部位名称及测量　　　　　图 2-2-2　赤脚各部位名称及测量

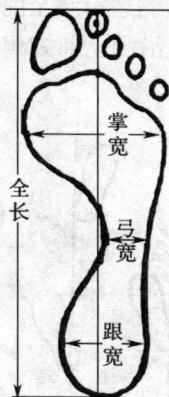

四、实验器材

足迹捺印盒、调墨板、油墨、油滚、捺印纸；袜子、脸盆、毛巾；直尺、红铅笔等。

五、实验步骤

1．在油墨板上调制好油墨，按照每个人的步长，铺上捺印纸。

2．按穿鞋、穿袜和赤脚的顺序，在油墨板上沾取油墨后，分别从捺印纸上踩过，留下穿鞋、穿袜和赤脚的单个足迹。

3．捺印时可左右脚搭配，并注明有关内容（如：姓名、身高、年龄等）。

六、实验注意事项

1．捺印前沾取油墨时用力不要太大，厚度适中，油墨不要沾的太多。

2．捺印时用力要均匀，油墨色调不宜太深，以纹线清晰为度。

3．测量足迹时，用红铅笔标示。

实验二　足迹步幅特征的测量

一、实验目的

了解步幅特征的形成及分类，掌握成趟足迹步幅特征的测量方法。

二、实验内容

（一）测量步长

1．步长的类型。

步长分为长步（80cm 以上）；中步（70cm～80cm）；短步（70cm 以下）（见图 2－2－3）。

2．测量方法。

从左脚后跟测至前方相邻右脚后跟相应部位的垂直距离为右步长；从右脚后跟测至前方相邻左脚后跟相应部位的垂直距离为左步长。

（二）测量步宽

1．步宽的类型。

步宽分为分跟步（左右足内侧边沿切线之间有一定的距离）；并跟步（左右足内侧边沿切线之间没有距离）；搭跟步（左右足内侧边沿切线相重叠）（见图 2－2－4）。

2．测量方法。

从左脚后跟内侧边沿测至前方相邻右脚后跟内侧边沿，两条切线之间的水平距离为右步宽；从右脚后跟内侧边沿测至前方相邻左脚后跟内侧边沿，两条切线之间的水平距离为左步宽。

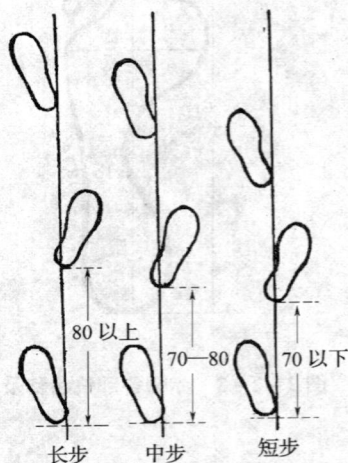

图 2－2－3 步长的类型及测量

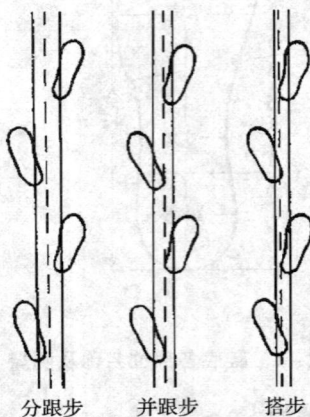

图 2－2－4 步宽的类型

（三）测量步角

1．步角的类型。

步角分为外展角（亦称外八字），其中小外展角 5°～10°、中外展角 10°～20°、大外展角 20°以上；直行角 0°～5°；内收角（亦称内八字）；不对称角，相差 10°以上（见图 2－2－5）。

2．测量方法。

在足迹前掌中心点至后跟中心点划足迹中心线，与同侧足迹步行线所构成的夹角即为步角。

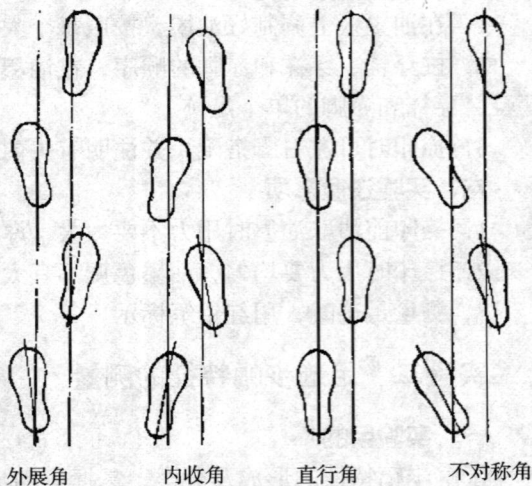

图 2－2－5 步角的类型

（四）足迹步幅特征的变化分析

引起足迹变化的因素是多方面的，但主要是由于作案人的心理活动、行走速度、负重、伪装、地面等条件的影响，改变了原有的足迹特征。为使同学了解这种变化，在测量正常步幅特征后，根据情况进行非正常步幅特征的测量，如负重、伪装等。

三、实验要求

1. 右步长和左步长分别测量 4~5 个；右步宽和左步宽分别测量 4~5 个；右步角和左步角分别测量 4~5 个。

2. 计算右步长和左步长的平均值，右步宽和左步宽的平均值，右步角和左步角的平均值，写出每个人的步幅类型。

3. 每组做非正常步幅特征的测量（负重或换穿鞋），与正常步幅特征进行比较。

四、实验器材

卷尺、直尺、量角器、线绳；铁锹、耙子、扫帚等。

五、实验步骤

1. 在室外修整土地时，用铁锹将土翻松软后，再用耙子整平，要修出约 1.5m 宽，6m 长的走道。

2. 按正常步法行走，留下成趟足迹，根据实验要求分别测量足迹的步幅特征。

3. 按非正常步法行走，留下成趟足迹，根据实验要求分别测量足迹的步幅特征。

4. 根据观察和测量结果，填写实验报告。

六、实验注意事项

1. 步幅特征是在成趟足迹的基础上反映出来的，测量前按正常步法行走，要走出八个或八个以上的连续足迹。

2. 在测量和运用步幅特征时，注意寻找有规律性的正常步法。

3. 在拉标线和卷尺时，注意不要将标线和卷尺紧贴在足迹上，以防破坏足迹特征。

实验三 足迹步态特征的观察与分析

一、实验目的

了解步态特征的识别、测量和标注方法，为学习步法追踪及步法检验奠定基础。

二、实验内容

1. 观察、识别和测量人在行走过程中起足阶段、落足阶段和碾足阶段形成的不同步态特征。

2. 分析标示样本足迹中反映出来的步态特征痕迹，并分析步行姿势与步态特征痕迹之间的关系。

三、实验要求

1. 对足迹中反映出来的步态特征，反复的进行观察、识别后，将其部位、形状、大小等进行具体的示意标注。

2. 每人制作一份步态特征痕迹的实验报告，特征标注要规范。

四、实验器材

铁锹、扫帚、铁耙；卷尺、直尺、量角器、铅笔、色笔、纸张等。

五、实验步骤

（一）平整土地后，在土地上正常行走留下成趟立体足迹，然后对步态特征进行观察识别和测量。选用完整清晰，特征相对明显的足迹作为识别与测量的对象。

（二）分析观察：一般按照落足、碾足和起足的阶段顺序，依次分别进行观察和识别。首先抓住三个不同阶段中较易识别的特征进行观察，如落足阶段的擦痕、碾足阶段的迫痕、起足阶段的蹬痕等特征，然后由浅入深，由易到难，去观察、发现和识别其特征。

1. 落足阶段出现的步态特征一般有擦痕、磕痕、踏痕、推痕和跄痕五种（见图 2 - 2 - 6）。

擦痕：落脚时脚跟部位向前移动并与地面接触，在足迹脚跟后边形成的长条状、半月状的痕迹。

磕痕：落脚时大腿后群肌肉用力，脚跟后边沿向后下方磕碰地面而形成的痕迹，边沿整齐多呈直角。在松软的土地上，多有堆土现象。

踏痕：迈大步行走时，由于人体向前的冲力较大，落脚时脚跟向前踏动地面，在足迹脚跟的后边沿形成横条状裂纹痕迹。

推痕：落脚时脚掌与地面平行，脚跟内侧先着地，向内侧前方推动地面，将土堆至足迹内侧边沿形成的推土痕迹。

跄痕：落脚时鞋底向前跄动地面形成的痕迹，足迹脚掌中被跄起的土向后裂呈线条状，脚跟前边沿有时出现推土现象。

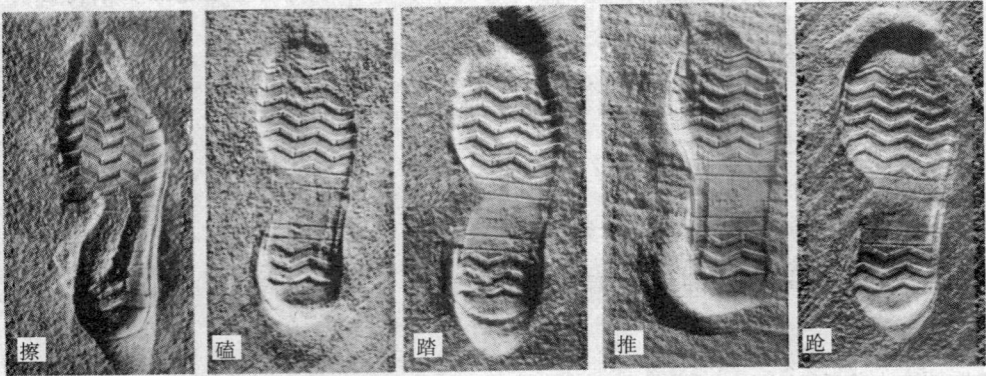

图 2 - 2 - 6　落足阶段常见步态特征

2. 碾足阶段出现的步态特征一般有坐痕、迫痕、压痕和拧痕四种（见图 2 - 2 - 7）。

坐痕：也叫"倒跟"，脚落地后，主要用脚跟支撑体重，当摆动脚向前移动时，产生反作用，支撑腿的脚跟向后移动形成的痕迹。在足迹后跟多出现鞋帮痕迹，后跟处形成"双边"。

迫痕：当脚落地后，脚斜向内侧或外侧支撑体重形成的鞋帮痕迹。

压痕：支撑体重的脚在滚动中压在地面上形成的痕迹。压痕在足迹的每个部位都有可能出现，是最稳定的步态特征。它的形成特点与身高、年龄、性别、体态、步行姿势、脚型、腿型以及起落脚方式均有关。其重点压痕一般有拇趾压、前掌压、弓外压和后跟压等。

拧痕：脚跟离开地面时，由于臀部的扭动，使支撑腿随之扭动，以脚掌为中心轴，后跟向内或向外旋扭，脚掌部位便出现了"S"或"Z"状的痕迹。足迹变宽，脚内侧或外侧常有堆土现象。

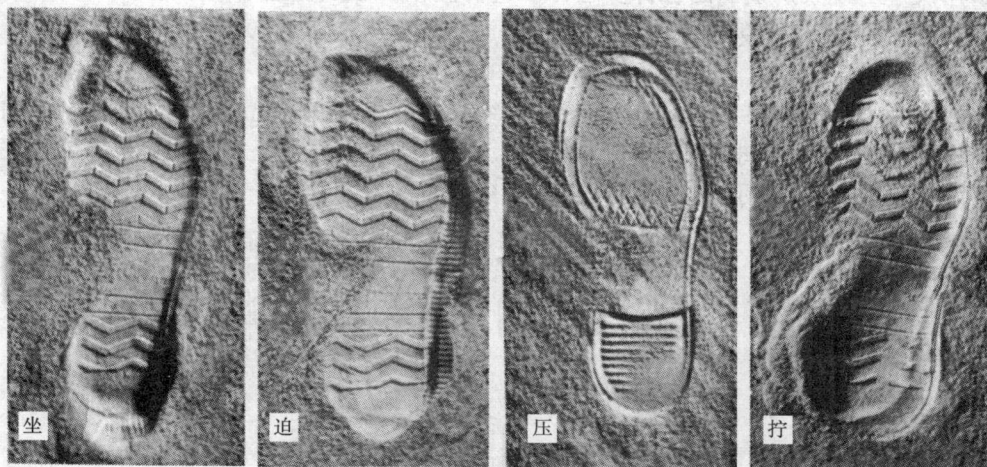

图 2-2-7 碾足阶段常见步态特征

3. 起足阶段常出现的特征一般有抬痕、蹬痕、挖痕、抠痕、挑痕等（见图 2-2-8）。

抬痕：起脚时由于抬脚快，将地面上的浮土吸附起来（地面的尘土干、细时较明显），又落下形成的痕迹，呈星芒状或长条状，反映出行走时的速度较快。

蹬痕：起脚时脚跟离开地面，脚掌部位向后蹬土而形成的痕迹。足迹脚掌部位的土或沙、石等向后移动或有推土现象，并出现向后的鳞状裂纹。

挖痕：起脚时脚跟离开地面，脚趾向后蹬挖地面形成的痕迹。在足迹趾尖部位出现土坑，并伴有向后、向外或向内等不同方向甩土的现象。

抠痕：起脚时脚跟离开地面，趾尖向下抠挖地面形成的条状痕迹。土被移动，但不甩土。注意抠痕与挖痕的区别。

挑痕：因起脚时趾尖向前方挑动地面而形成的痕迹，足迹前边沿完整。

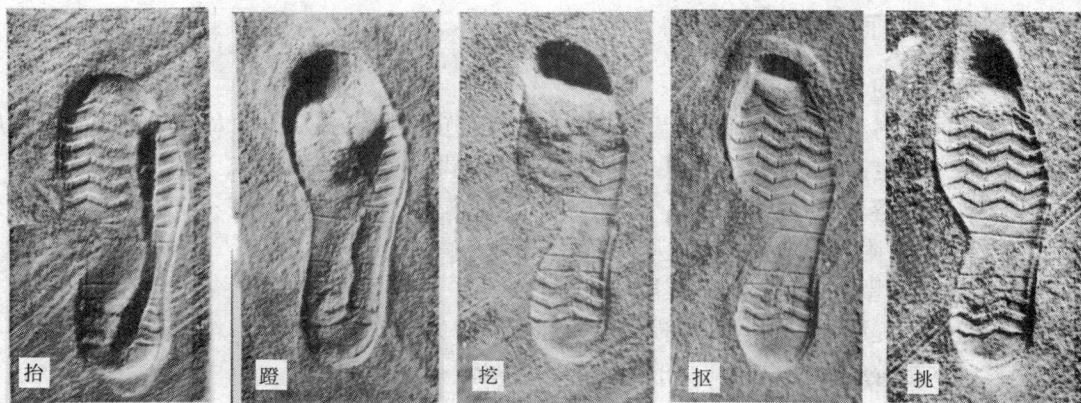

图 2-2-8 起足阶段常见步态特征

（三）测量操作

1. 用尺子对观察辨别出的各种步态特征进行测量，主要测量各种步态特征的大小，各种特征之间的位置距离等数据。

2. 标注与记录。

将观察、识别和测量后的各种步态特征在纸张上进行标注、记录。标注与记录的内容主要有特征的名称、特征出现的具体部位、形状、大小，各主要特征之间的关系等。标注的方法一般用示意图的形式表示出来（见图 2 - 2 - 9）。

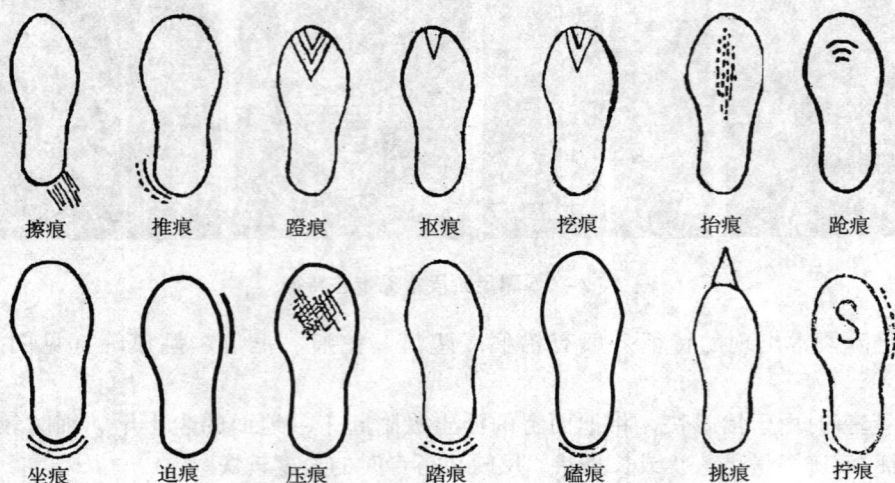

擦痕　　推痕　　蹬痕　　抠痕　　挖痕　　抬痕　　跄痕

坐痕　　追痕　　压痕　　踏痕　　磕痕　　挑痕　　拧痕

图 2 - 2 - 9　步态特征标准方法

六、实验注意事项

1. 步态特征是指人行走过程中起落脚运步规律的痕迹反映，实验中应注意在行走中观察这些特征。

2. 实验时要留下成趟足迹，在测量和识别时，应注意其特征的反映是否具有代表性。

3. 观察、识别和测量步态特征时，应注意结合观察测量足迹的大小、步幅特征的类型等内容进行综合分析得出结论。

实验四　平面足迹的提取

一、实验目的

了解静电吸附法提取平面足迹基本原理，掌握静电吸附器提取平面足迹的方法；掌握摩擦生电提取平面足迹的方法；了解真空静电吸附器提取平面足迹的方法。

二、实验内容

（一）静电吸附器提取平面足迹

1. 金属镀膜黑色塑料布吸附提取法。

主要适用于提取水泥、各种地板砖、大理石等地面上的灰（粉）尘足迹，也可以提取地毯、塑料、木板等绝缘性材料地面的灰（粉）尘足迹。

2. 高压静电吸附器提取法。

适用于提取水磨石、水泥、各种地板砖、木地板、地毯、纺织品、皮革等客体面上的灰（粉）尘足迹。高压静电吸附器如图所示（见图 2 - 2 - 10）。

（二）摩擦生电法提取平面足迹

1．直接摩擦提取法。

适用于提取水磨石、水泥、各种地板砖、木地板等硬客体面上的灰（粉）尘足迹。

2．间接摩擦提取法。

适用于提取地毯、纺织品、皮革等软客体面上的灰（粉）尘足迹。

（三）真空静电提取仪提取平面足迹

适用于提取地毯、纺织品、皮革、纸张、纸板等客体面上的灰（粉）尘足迹。真空静电提取仪如图所示（见图2－2－11）。

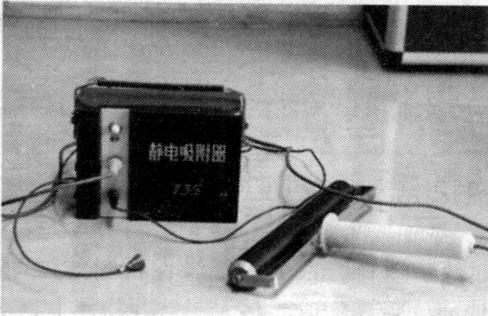

图2－2－10　静电吸附器

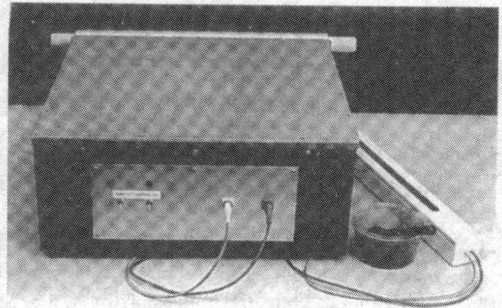

图2－2－11　真空静电提取仪

三、实验要求

1．每人用静电吸附器和摩擦生电法提取灰尘足迹若干个，并写出实验报告。

2．分小组观摩真空静电提取仪提取灰尘足迹的操作过程及提取效果。

四、实验器材

黑色塑料板（膜）、金属镀膜黑色塑料布、毛巾、静电吸附器、多功能静电吸附器、真空静电提取仪等。

五、实验步骤

（一）金属镀膜黑色塑料布提取灰尘足迹

1．把金属镀膜黑色塑料布的镀膜面向里卷起来，放置在足迹的旁边。

2．用多功能静电吸附器的金属片电极接触镀膜面，将软线充分接地，按动开关，可以为整个镀膜面充电，在同性电荷相斥力的推动下，塑料布卷会自动展开，平整地覆盖在足迹地表面，同时观察塑料布是否紧紧地吸附在地面上。

3．当塑料布完全展开后，将吸附器正、负极放电，然后把接地软线从静电吸附器上拔下，用软线的一端接触镀膜面，另一端接地，使镀膜面上的电荷流入地面，轻轻揭起塑料布，用照相法固定。

（二）高压静电吸附器提取灰尘足迹

1．利用逆光或侧光观察足迹遗留的位置，将塑料板或塑料布覆盖在足迹上。

2．用高压探头或电极在上面点击或滚动，关闭电源开关并放电。

3．轻轻揭起塑料板（布），观察足迹是否清晰，可照相或用灰尘固定剂固定。

（三）摩擦生电直接提取足迹

1．利用逆光或侧光观察足迹遗留的位置，将塑料布的光面直接覆盖在足迹上，四周压紧。

2．用干毛巾以每秒四次左右的速度在塑料布背面摩擦产生静电。

3．约 30s 取下观察足迹是否清晰，可照相或用灰尘固定剂固定。

（四）摩擦生电间接提取足迹

1．利用逆光或侧光观察足迹遗留的位置，将塑料板放在绝缘体上，用干毛巾以每秒 4 次的速度在塑料板上摩擦产生静电。

2．约 30s 后将摩擦面迅速盖在足迹上，用手轻轻按压，使塑料板与物面紧密接触。

3．数秒后取下观察足迹是否清晰，可照相或用灰尘固定剂固定。

（五）真空静电提取仪提取灰尘足迹

1．将物证置于真空板上，连接真空管。把 SP 型薄膜覆盖在物证及真空板表面，打开真空盒的抽风扇以排除气泡，并剪去多余的薄膜。

2．使用科多那静电器加 10s～15s 的静电，然后关上风扇，将物证连同薄膜取下来，放在玻璃板上（物证在上，薄膜在下）。

3．将物证取下来，在玻璃板下加黑色背景，利用侧光观察薄膜上的足迹。

六、实验注意事项

1．用静电吸附器提取灰尘足迹时，如果是地毯、塑料、木板等绝缘性材料的地面时，可用一根导线加长接地极，将端点接至非绝缘的地面、暖气管道或水泥墙壁等物体上，实现静电吸附器与地极的充分接触。

2．如果地面灰尘较多，第一次提取的足迹不清晰时，可进行第二次或反复提取，直至清晰为止。

3．摩擦生电直接提取足迹时，注意将塑料布的光面擦干净，在摩擦时塑料布不能有丝毫挪动；摩擦生电间接提取足迹时，注意摩擦后按压塑料板不能有丝毫挪动，否则足迹会变形或模糊。

4．使用静电吸附法提取灰尘足迹时，注意戴手套，以免在薄膜上留下手印。

实验五　立体足迹的提取

一、实验目的
了解提取立体足迹的基本原理，掌握石膏液的调制和制作足迹模型的方法。

二、实验内容
1．用石膏制模法提取土地上立体足迹。

2．用石膏制模法提取沙地上立体足迹。

3．用石膏制模法提取雪地上立体足迹。

三、实验要求
1．根据实验条件，每人选择一个泥土足迹或沙土、雪地足迹做好预备提取工作。

2．每人制作一个立体足迹的石膏模型，并写出实验报告。

四、实验器材
石膏粉、广口容器、足迹围墙、骨架（木条等）；铁锹、耙子、水管等。

五、实验步骤
（一）准备工作

1．踩踏足迹：在松软的土地上正常行走，留下立体足迹。

2．清理杂物：在不破坏足迹的情况下，将足迹形成后滚入的石子、树叶等杂物，用镊子轻轻取出。

3．放置围墙：根据足迹大小，在足迹上放置围墙，然后用力往下压，防止石膏液外流。

（二）调制石膏液

1．搅拌法。

将石膏粉与水按体积比5∶3准备好，在广口容器里放入适量的水，一边撒石膏粉，一边进行搅拌（搅拌时速度要快，防止出气泡和凝固），石膏液调至粘稠状即可（图2－2－12）。

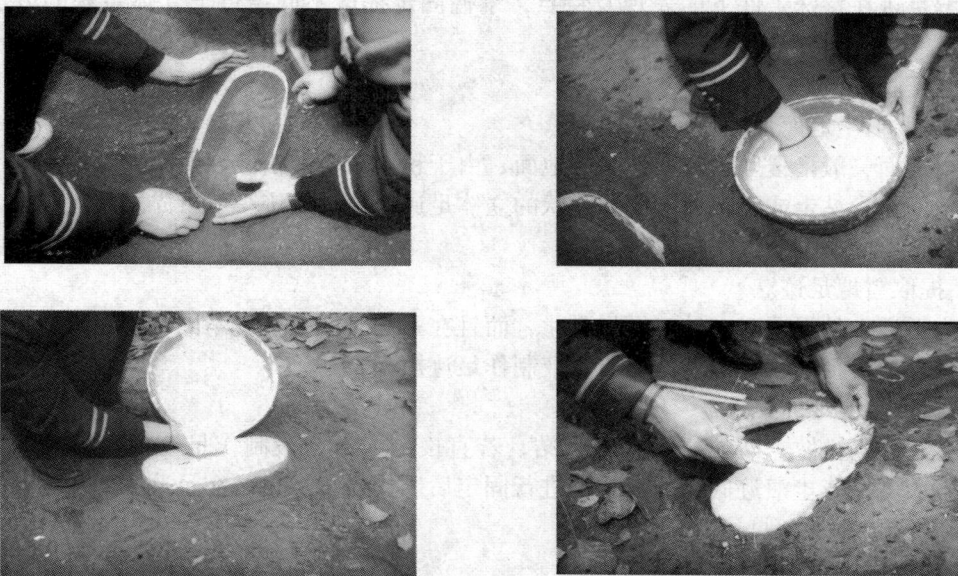

图 2－2－12　石膏制模提取足迹

2．浸泡法。

将石膏粉与水按体积比5∶3准备好，在广口容器里放入适量的水和适量的石膏粉，待石膏粉充分溶解不出气泡时，再迅速搅拌石膏液至粘稠状。

（三）灌注石膏液

把手放在容器的边沿，将石膏液从足迹的最低处倒入，当石膏液灌满整个足迹时（约2cm），放入骨架，再进行第二次灌注（约1cm），注意两次灌注间隔的时间不要过长。

（四）模型的处置

1．约30min石膏液基本凝固时，在模型上注明案名、编号、日期等。

2．当石膏液完全凝固后，将石膏模型周围的泥土挖开，慢慢取下围墙，双手从足迹两侧托出石膏模型（见图2－2－12）。

3．用清水冲洗石膏模型，直至露出花纹，注意不要用硬物摩擦石膏模型表面。

4．将石膏模型放置阴凉通风处晾干后，用软纸包好。

六、实验注意事项

1．制作立体足迹模型用的石膏粉，要选用干、细、凝结力强的石膏粉，并经试验证明效果较好的。每次调制石膏液量不宜多，一般够提取一个足迹模型即可。

2．根据承受客体的性能及温度、密度适当控制调制石膏液的浓度，避免过稀或过稠。

搅拌石膏液时速度要快、均匀，中途不可停顿，搅拌时要防止出气泡。容器中即将凝固的石膏液不能再加水搅拌使用。

3．做"骨架"用的材料，长度不宜超过足迹的长度，如果用树枝做"骨架"不要用新鲜树枝。

实验六　几种特殊条件下立体足迹的提取方法

一、实验目的

了解足迹在特殊条件下的表现及特点，掌握固定提取不同条件下立体足迹的方法及要点。

二、实验内容

1．提取粉尘地面足迹。

粉尘地面一般指覆盖有较厚粉尘的地面，由于粉尘较轻，松散、游离，人行走时会将足接触部位的粉尘粘走或压实而形成凹陷状的立体足迹。这种足迹一般可先采用灰尘固定剂固定，再制作石膏模型的方法提取。

2．提取雪地足迹。

提取雪地上的足迹时，针对雪易融化，而且在不同时期的密度不同等特点，也应先进行加固处理，然后再配制较浓的低温石膏液制作足迹模型。

3．提取沙土地面足迹。

沙土地结构松散，沙粒之间互不粘结，若直接倒入石膏液制作足迹模型，可能冲坏足迹，所以应先用灰尘痕迹固定剂对足迹进行固定后制作模型。也可在足迹表面均匀地撒上一层石膏粉，再制作模型。

4．提取水中足迹。

对留在水田、池塘、小河边等水中的立体足迹，可采用石膏制模的方法提取。

5．提取水印足迹。

水印足迹指案犯在作案过程中，由于鞋底沾附有水或其他液体而形成的足迹。水极易蒸发，所以水印足迹有较强的时效性。一般说来，温度越高，湿度越低，承痕体吸收水分的能力和渗透能力越强，消迹越快；否则越慢。水印足迹在开始形成时比较容易观察，需要及时发现染色固定。

三、实验要求

1．根据粉尘地面、沙土地面、雪地、水中足迹以及水印足迹的特殊性，采用相应的提取方法。

2．比较特殊足迹的提取方法与一般提取方法的异同，以组为单位，互相合作，交替进行不同条件下足迹的提取，每小组交一份实验报告。

四、实验器材

1．足迹围墙、骨架、容器。

2．灰尘痕迹固定剂、二氧化碳灭火器、石膏粉、青铜粉、石墨粉等。

3．无水乙醇、5%～10%松香酒精溶液，5%～10%氨水、3%双氧水。

五、实验步骤

（一）粉尘地面足迹的提取

1．固定方法。

灰尘痕迹固定剂分为9%（称为HH1号）与12%（称为HH2号）两种，一般粉尘立体足迹用HH2号。使用时，喷嘴距足迹80cm左右，喷射角度以45°为宜，呈雾状自然降落在灰尘足迹表面。喷射时间依灰尘的薄厚、面积大小而定，一般立体粉尘足迹喷射时间为40s左右。也可以配制5%～10%的松香酒精溶液进行固定，然后制作模型。

2．制模方法。

粉尘地面上的足迹经固定后，可采取在泥土地面上制作立体足迹石膏模型的方法，但要配制较稀的石膏液来制作。

（二）雪地足迹的提取

1．固定方法。

（1）用二氧化碳灭火器向足迹表面喷射，喷嘴距足迹50cm左右（松雪可稍远些），平行喷雾3min～5min，使足迹表面冰冻结后，除去表面的一层白沫即可制模。

（2）用灰尘痕迹固定剂（HH2号）进行喷雾，与粉尘足迹的固定方法相同。可根据雪的密度调整喷射距离，当足迹表面形成一层淡黄色薄膜时，再调配低温石膏液制作模型。

2．调制低温石膏液。

雪遇到0℃以上的液体时会很快融化，所以提取雪地足迹时，要求用较浓的低温石膏液。一般在水中加雪或5%～10%的氨水可以降低水温，也可以在水中加入酒精降低石膏液的温度。然后按石膏粉与水为5：2.8的比例调制石膏液，灌注石膏模型。

（三）沙土地上足迹的提取

一般沙土地结构松散，沙粒之间互不粘结，为避免直接倒入石膏液制作足迹模型时，可能冲坏足迹破坏特征，在提取前应先用灰尘痕迹固定剂（HH2号）对足迹加以固定（方法与固定粉尘足迹相同），然后再调制石膏液制模。也可在足迹表面均匀地撒上一层薄石膏粉。

对于粗沙地上的足迹，由于沙地间隙大，提取前除了用灰尘痕迹固定剂对足迹进行固定，还应调制较浓的石膏液制作模型。

（四）水中足迹的提取

1．对留在水田、池塘、小河边等水中的立体足迹，如果水比较少，一时又无法排除积水，可先均匀的撒上石膏粉至1.5cm时，放入足迹骨架，再撒第二层石膏粉，使足迹约3cm厚，待石膏凝结后取出。

2．如果是流水或水过多，可用以直径大于足迹的圆筒将足迹圈住，将桶中的水吸出一部分，再酌情撒入石膏粉或灌入石膏液，待石膏凝结后取出。

（五）水印足迹的固定提取

水印足迹染色固定的原理与手印的染色显现原理基本相同。水不仅有粘附能力，而且有一定的溶解能力，可以根据承痕体表面颜色，选择能增强反差的粉末：石膏粉、青铜粉和石墨粉等，再用喷或撒粉的方法，使粉末均匀粘附或溶解在水印足迹表面，待水分基本消失后，用吹气球或软毛刷轻轻除去多余粉末，足迹即可染色固定。注意先拍照，再用胶带粘附法提取。

六、注意事项

1．提取粉尘足迹、雪地足迹、沙地足迹时，如果直接倒入石膏液，容易破坏足迹特征，所以在灌注石膏液之前，必须先对足迹进行加固处理。通常需要使用灰尘痕迹固定剂，在足迹表面形成加固层，然后再按石膏制模法提取足迹。

2. 使用灰尘固定剂或 5%～10% 松香酒精对足迹进行处理时，应将其液体慢慢喷落在足迹上，喷射距离应在 80cm 左右，喷射角度应以 45°为宜，注意不要把喷嘴直接对着足迹，待雾状形成后，可立即移向足迹。

3. 在提取雪地足迹时，如果遇到初降或正在融化的雪地，由于雪地的密度很小，可在石膏中加入 15% 的硫磺粉，使石膏膨松，减轻自重。在雪地上制模，有时会出现冰冻现象，可以在取出模型后，先浸入冷水中，约 20min 左右取出，在室内晾干即可。

4. 水印足迹中粘附水分量的多少直接影响着染色固定的效果，水分量适中时，能清晰地反映出鞋底花纹的形象特征，染色固定效果最好；水分量少时，粘附能力和溶解能力就差，染色效果相应减弱；对于水分过多的水印足迹，出现后，不能立即染色固定，要等水分减至适度时再染色固定，否则，染出的足迹会模糊不清，层次不明。实验中注意观察与比较，找出最佳染色固定效果。

实验七　足迹鉴定

一、实验目的
了解足迹鉴定的程序，明确足迹鉴定的要求，掌握制作足迹鉴定书的方法。

二、实验内容
1. 根据模拟现场及现场照片，按照鉴定程序，认真分析现场足迹和样本足迹的符合点及差异点，做出鉴定结论。

2. 根据痕迹鉴定书的制作格式，每人独立撰写足迹鉴定书的文字部分，每小组拍摄一套现场照片。

三、实验要求
1. 鉴定书的文字部分。

要求概念准确、符合逻辑、全面论证。文字叙述时要层次分明，前后连贯，文字严谨，逻辑性强，如对检材及特征的描述及结论，都应客观准确、简练、恰当。按照鉴定书的制作格式，从绪论、检验、论证到结论，都要进行科学的分析。

2. 鉴定书的照片部分。

要求形象直观、整齐规范。检材通过照片、比例图等方式使检材达到形象直观、一目了然，有机配合文字部分所描绘的各个特征，图文互为补充、互相印证。

3. 鉴定书的装订。

要求按封面、目录、文字部分、照片部分等顺序，统一编码，装订成册。一般文字部分要打印成正式文书，照片部分的内容、数量、布局应规范化，特征的标示醒目、准确。在鉴定书的落款处加盖"刑事科学技术鉴定专用章"。

（四）根据模拟现场及现场照片，每人制作一份足迹鉴定书

四、实验器材
1. 放大镜、直尺、分规、半圆仪、红、蓝钢笔。
2. 模拟现场或现场照片（现场重点部位照片和现场足迹照片）。
3. 统一印制的写足迹鉴定书的纸张，贴照片用的卡片纸。

五、实验步骤
（一）制作足迹鉴定书的程序
1. 预备检验。

（1）了解案情即了解现场足迹遗留的条件、种类、数量以及采取、保存和运送的方法等。

（2）了解嫌疑人的赤足迹、穿鞋足迹和穿袜足迹的收取方法、时间、种类、数量，嫌疑人的年龄、性别、职业、健康等情况。

（3）清点核实全部检材，准备好检验所需要的各种器材。

（二）分别检验

主要是分别寻找和确定特征，首先检验现场足迹，然后再检验嫌疑人足迹。

1. 现场足迹检验。

（1）种类特征。分析足迹的种类；哪只脚遗留的，是否变形。根据足迹形成的条件和承受客体的情况，分析足迹的大小、形状；鞋底花纹或赤足乳突花纹的类型；足弓的高低等。

（2）个别特征。赤足迹的形状，如多趾、缺趾、畸趾等；掌面乳突花纹细节特征的位置、形状、数量；足弓类型；屈肌褶纹和皱纹的形状、位置；伤疤、鸡眼、脱皮的情况、位置等。

鞋袜足迹反映出的缝线、针脚、补丁，钉帽的形状、位置及分布关系；鞋弓部商标、牌号、鞋号的位置；鞋袜的磨损程度等。

步幅特征的步长、步宽、步角；步态特征的具体形状、位置、方向等。

2. 嫌疑人足迹检验。

参照现场足迹检验的方法。

（三）比较检验

1. 特征对照法。

直接观察比较现场足迹和嫌疑人足迹的特征，在形状、位置、数量、方向上是否相同。

2. 特征测量法。

使用分规和直尺，在同一条件下，对现场和嫌疑足迹中较明显和稳定的特征分别进行测量，然后比较二者的特征数据是否相同。

3. 划线构图法。

把足迹所反映的特征分别用直线连接起来，构成一定的几何图形，然后比较二者的几何图形是否一致。

4. 特征重叠法。

用透明胶片或透明纸覆盖在现场的足迹上，将特征描绘下来。然后将描有现场足迹的透明材料盖在嫌疑人足迹上，直接观察二者的特征是否重叠符合，便可以确定其符合点和差异点。

（四）综合评断得出结论

1. 从形成足迹的条件进行评断。

足迹形成的动作，如踩、踏、蹬、压等痕迹；地面的条件，如干、湿、细、粗、松、硬等；环境因素如气候、地形、地势以及时间因素等。

2. 从处理足迹的环节上进行评断。

在提取足迹时，有无使足迹产生局部偶合现象或差异的可能性，例如由于拍照、制作模型时方法处置不当，造成的假象，由于保管，运送等处置不当，造成的差异点或偶合点等等。

3. 从嫌疑人及其鞋袜的自身变化进行评断。

例如人为的破坏、伪装等现象所造成的差异点，可结合嫌疑人的健康状况、职业特点、鞋袜穿用修补情况、地区条件、发案时间等因素进行综合评断，弄清上述因素与足迹差异点之间的联系。

4．对符合点和差异点进行具体分析、综合评断。

如果符合点是主要的、本质的，可作认定结论。反之作出否定结论。

在足迹检验中，对一些经过反复试验，仍不能得出认定或否定结论的足迹，可出具检验意见书。

（五）制作足迹鉴定书

1．文字部分。

（1）标题和编号：标题写明"足迹鉴定书"，标题的下行右侧注明鉴定书的编号及鉴定书制作日期。

（2）正文：包括绪论、检验、论证和结论四个方面。

绪论：写明送检的日期、单位、送检人姓名、简要案情，现场足迹的种类、数量、提取方法、包装运送情况等。嫌疑人样本足迹的来源，种类、数量、收取方法，嫌疑人姓名及鉴定要求等。

检验：简述检验使用的方法，检验过程和实验结果。对现场足迹和样本足迹进行描述，主要描述足迹特征的部位、形状、大小、数量、方向、角度，以及各特征之间的关系等。比较检验的比对方法，符合点和差异点的数量。实验的方法、步骤、次数、数据和结果。

论证：对经过比对检验所发现的符合点和差异点，进行综合评断，得出科学的依据。例如符合点的质量、数量是否反映了足迹的本质特征，差异点的质量、数量及形成原因，是否可以得到科学的解释等等。

结论：准确简练地写明鉴定结果，对要求鉴定的问题作出明确的回答。

（3）落款：主要是签名盖章，鉴定人和复核人要有亲笔签名，注明技术职称，并加盖"刑事技术鉴定专用章"。

2．照片部分。

（1）现场足迹照片。

（2）足迹特征比对照片。

第三节　工　具　痕　迹

实验一　观察描绘凹陷状工具痕迹

一、实验目的

了解凹陷状痕迹的形成原理，掌握凹陷状痕迹的结构和特征，熟悉几种常见的凹陷状痕迹及相关的工具。

二、实验内容

1．观察描绘撬压痕迹。

2．观察描绘打击痕迹。

三、实验要求

1．仔细观察、认真分析，准确如实记录并描绘。

2．了解立体显微镜的结构性能，掌握立体显微镜的操作方法。

四、实验器材

立体显微镜、光源、木块、铅片、螺丝刀、钢丝钳、羊角锤、钳工锤、铁斧、铅笔、橡皮、直尺。

五、实验步骤

实验Ⅰ—观察描绘撬压痕迹

（一）观察常见撬压工具的结构

1. 螺丝刀。

螺丝刀由头部、杆部、柄部三部分组成，其中头部有刀口、大面、小面、棱边等部分（见图2－3－1）。

2. 羊角锤。

羊角锤又叫木工锤、起钉锤。羊角锤由锤头和锤柄两部分组成，锤头可分为锤击部分（呈方柱形或圆柱形）和起钉部分（呈羊角形）（见图2－3－2）。

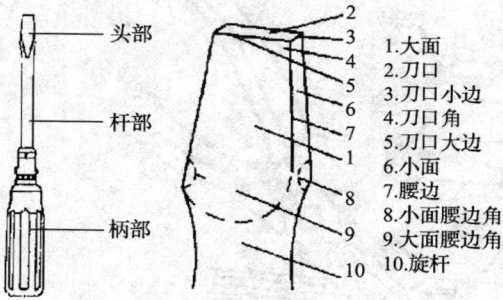

图2－3－1 螺丝刀结构

1.大面
2.刀口
3.刀口小边
4.刀口角
5.刀口大边
6.小面
7.腰边
8.小面腰边角
9.大面腰边角
10.旋杆

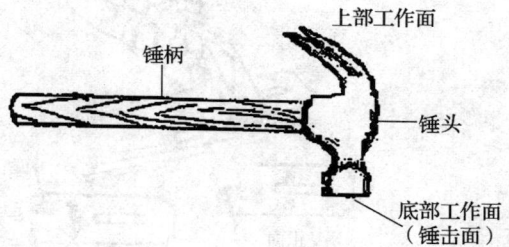

图2－3－2 羊角锤结构

3. 钢丝钳。

钢丝钳由钳口、钳腮和钳柄组成。钳口包括嘴顶、夹持面、刀口、刀侧。其中夹持面由前平台、齿纹、后平台组成（见图2－3－3）。

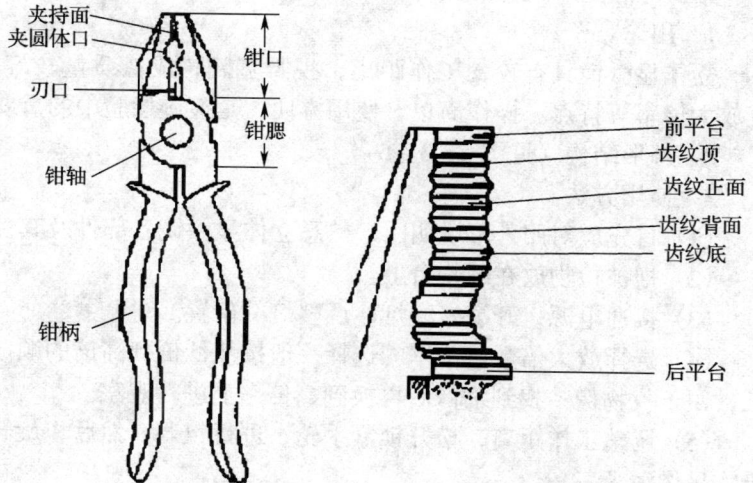

图2－3－3 钢丝钳结构

（二）制作样本痕迹并观察痕迹形态

1．将两块刨光的木板牢固的钉在一起，要求边缘平齐，用螺丝刀进行扩缝撬压，并观察痕迹形态。

木板靠近外边缘的部位出现螺丝刀头部的印痕，呈"⌒"形，木板的边缘出现螺丝刀杆部的压痕，呈"︿"形。

2．将钉锔、挂钩牢固的固定在木板上，用螺丝刀、羊角锤分别进行拆离撬压，并观察痕迹形态。

（1）螺丝刀撬压痕迹形态。木板上有一处明显螺丝刀头部痕迹，呈"⌒"形，棱边反映清晰；挂钩或钉锔上留有螺丝刀杆部痕迹。

（2）羊角锤撬压痕迹形态。木板上有一处明显羊角锤锤体边棱痕迹，呈"︿"或"冂"形，棱边反映清晰；钉锔或挂钩上留有羊角锤起钉部位痕迹，呈"⌒⌒"形。

3．用钢丝钳夹持铅片，进行上下、左右扭动，并观察痕迹形态。

铅片上留有钢丝钳上下齿牙的咬痕，并伴随前后、左右的滑动（见图2－3－4）。

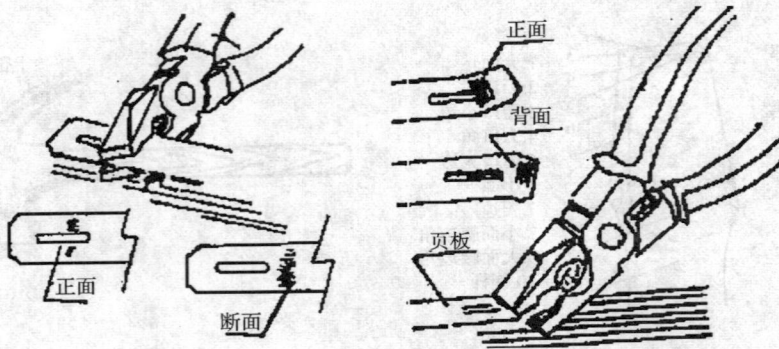

图2－3－4　钢丝钳撬压痕迹

（三）熟悉立体显微镜的使用方法

1．用途。

立体显微镜具有较长工作距离，视野宽阔，成像质量较好，可以从10X—160X连续改变放大倍率等特点。操作简单，使用方便，是痕迹检验中的重要工具。

2．外形结构（见图2－3－5）。

3．使用方法。

（1）首先应对照外形说明图，熟悉立体显微镜各部件及其性能和作用。

（2）把被检物放在载物台上。

（3）接通电源，开亮聚光灯，调整灯的位置。

（4）选择放大倍数。倍率的选择一般按从低倍到高倍的顺序。在低倍时，视野广、景深长，便于找物像，找到物像后再换到高倍率上进行观察。

（5）调整工作距离，松开锁紧手轮，进行粗调，然后，旋转调焦手轮进行细调，直至被检物呈像清晰。

（四）描绘撬压痕迹的结构形态

1．将螺丝刀撬压痕迹放置于立体显微镜下，观察痕迹的形态结构。

2．描绘痕迹并制作观察文本记录。

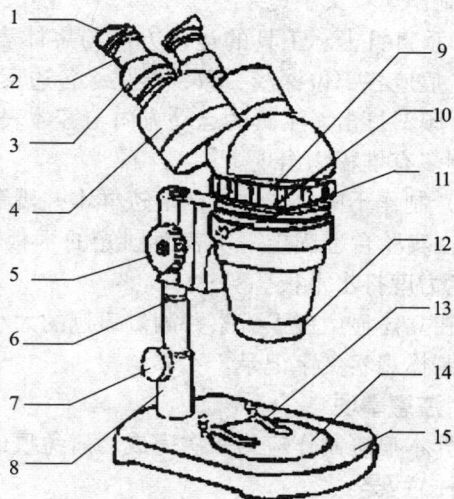

1．目镜眼罩　2．目镜　3．目镜调焦环　4．直角棱镜组
5．升降手轮　6．活动支架　7．锁紧手轮　8．固定支柱
9．轮盘　10．读数环　11．制紧螺丝　12．物镜
13．压片簧　14．载物台　15．底座

图 2－3－5　立体显微镜结构

（1）痕迹的结构。痕起缘：开始形成痕迹的地方，多见纤维断裂或毛刺。

痕壁：工具与客体的侧交面，有滑动现象。

痕底：工具与客体的交面，反映工具接触面的特点。

痕止缘：痕底的边缘，反映工具的棱边特点。

（2）痕迹的特征。

实验Ⅱ—观察描绘打击痕迹

（一）观察常见打击工具的结构

1．锤类工具。

锤类工具由锤头和锤柄构成，锤头的打击面有方形、圆形、球形和八角形等等（见图 1－3－6）。

2．斧类工具。

斧类工具由斧头和斧柄构成，斧头的打击面有方形、长方形之分（见图 2－3－7）。

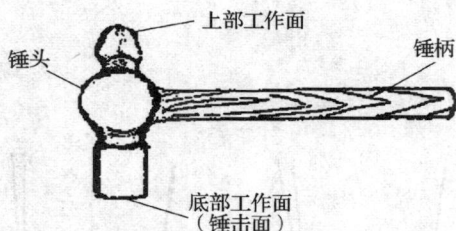

图 2－3－6　钳工锤结构

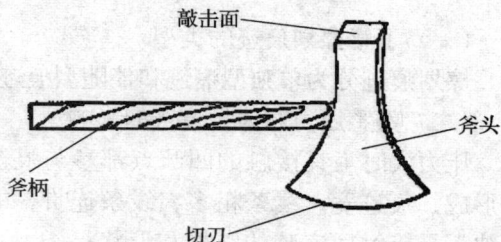

图 2－3－7　铁斧结构

（二）制作不同打击角度的痕迹样本并观察

1．在实验台上固定一块表面刨光的木板，用斧头分别以垂直和倾斜的角度打击木板。

2．在立体显微镜下观察。

3．制作观察文字记录。

（1）垂直打击。工具的运动方向与客体表面成直角，工具的打击面垂直深入客体的内部。打击痕迹各部位深浅一致，痕止缘各边反映清晰、完整，痕壁光滑。

（2）倾斜打击。工具的运动方向与客体表面倾斜成一定角度，痕迹各部位深浅不一，较深的一侧多有堆积物出现。

（三）制作不同打击力度的痕迹样本并观察

1．在实验台上固定一块表面刨光的木板，用钳工锤的球形击打面，分别以轻度、中度、重度力度打击木板。

2．在立体显微镜下观察并测量痕迹的大小。

3．制作观察文字记录。

六、注意事项

1．样本痕迹制作应为一次完成，避免痕迹重叠。

2．注意安全。

3．正确使用立体显微镜。

实验二　观察描绘线条状工具痕迹

一、实验目的

了解线条状痕迹的形成原理，掌握线条状痕迹的结构和特征，熟悉几种常见的线条状痕迹。

二、实验内容

1．观察擦划痕迹。

2．区别钢丝钳与剪刀痕迹。

三、实验要求

1．正确制作实验样本。

2．仔细观察、认真分析，准确如实记录并描绘痕迹。

四、实验器材

立体显微镜、光源、铅片、铅线、锤子、螺丝刀、钢丝钳、剪刀、铅笔、橡皮、直尺。

五、实验步骤

实验 I —观察描绘擦划痕迹

（一）了解擦划痕迹的类型

擦划痕迹分为单独型痕迹和伴随型痕迹两种。

（二）熟悉压力对擦划痕迹的影响

压力大时工具接触的凹凸点都参与痕迹的形成，痕迹宽，线条粗多，线条连贯，能反映工具接触面完整的结构和形状；压力小时工具刃口只有较突出的部位参与擦划，痕迹窄，线条细、少，线条不连贯（见图 2 - 3 - 8）。

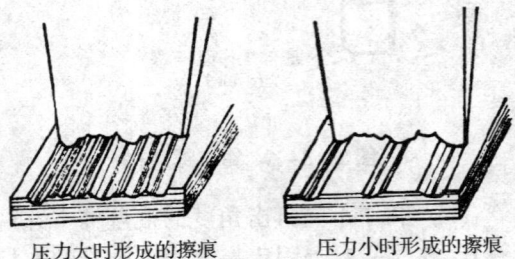

压力大时形成的擦痕　　压力小时形成的擦痕

图 2 - 3 - 8　压力对擦痕的影响

（三）熟悉工具与客体的接触状态对擦划痕迹的影响

1．前角不同对痕迹的影响。

对于刃口或棱边有一定厚度的工具，前角的变化可引起工具和承痕客体接触部位细微的变化，线痕特征会发生根本变化。但工具刃口或棱边非常薄时，发生的变化不明显（见图2－3－9）。

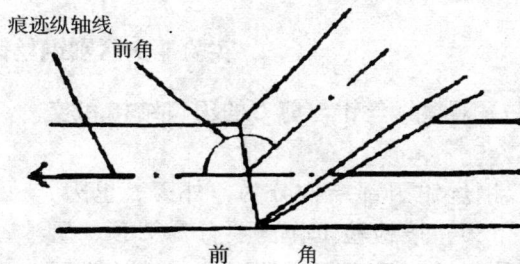

图2－3－9　前角对擦痕的影响

2．偏角不同对痕迹的影响。

偏角的变化可导致工具接触部位的前后位置和凹凸点间距发生变化，引起线痕宽窄、线条粗细、线条间距的变化（见图2－3－10）。

3．侧角不同对痕迹的影响。

侧角的变化影响到工具与承痕客体接触面积和接触部位的改变，直接影响线痕轮廓、面积、特征数量的变化（见图2－3－11）。

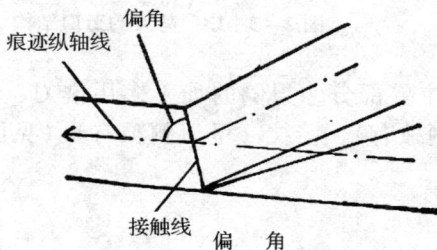

图2－3－10　偏角对擦痕的影响　　　图2－3－11　侧角对擦痕的影响

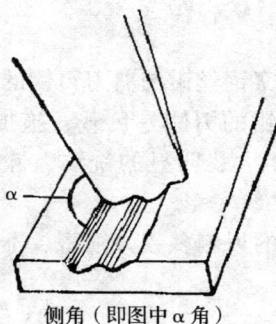

（四）制作擦划痕迹样本

1．用螺丝刀同一部位施加不同压力，在铅片上进行擦划，将样本痕迹置于显微镜下观察，注意观察压力大小引起的痕迹形态的变化。

2．用同一把螺丝刀以不同前角，在铅片上进行擦划，将样本痕迹置于显微镜下观察，注意前角不同对痕迹形态的影响。

3．用同一把螺丝刀以不同偏角，在铅片上进行擦划，将样本痕迹置于显微镜下观察，注意偏角不同对痕迹形态的影响。

4．用同一把螺丝刀以不同侧角，在铅片上进行擦划，将样本痕迹置于显微镜下观察，注意侧角不同对痕迹形态的影响。

（五）描绘擦划痕迹并制作观察文本记录

1．痕迹的结构。

痕起缘：开始形成痕迹的地方，边缘光滑、整齐，由浅入深，呈斜坡状。

痕迹面：成痕运行的轨迹，翘起的毛刺指向痕止缘。

痕止缘：终止形成痕迹的地方，多见明显的停顿、按压和堆积物。

2．痕迹的特征。

实验Ⅱ—区别钢丝钳与剪刀痕迹

（一）观察钢丝钳与剪刀的刃口结构和咬合方式

1．钢丝钳刃部结构分为，外刃、里刃、上刃、下刃；按检验工作需要分为刃顶、里刃口、外刃口、里刃侧、外刃侧。钢丝钳刃口咬合方式为对口咬合（见图 2 - 3 - 12）。

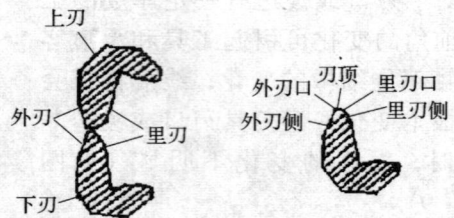

图 2 - 3 - 12　钢丝钳刃口结构

2．剪刀只有刃口，没有刃顶，刃口里侧为里刃侧，外侧为外刃侧。剪刀刃口咬合方式为错口咬合（见图 2 - 3 - 13）。

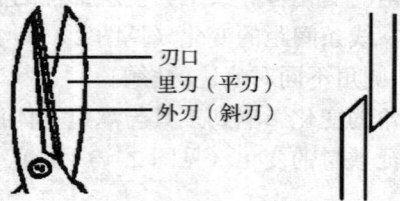

图 2 - 3 - 13　剪刀的刃口结构

（二）观察钢丝钳与剪刀刃侧的加工纹线

1．钢丝钳的刃侧是负载、施加剪切力的主要部分，刃侧的加工多用铣刀、锉刀、铲刀，会留下粗大、明显的铣纹、锉纹（外刃侧独有）、铲纹（里刃侧独有）（见图 2 - 3 - 14）。

2．剪刀的刃侧多数为细密、不明显的磨痕。

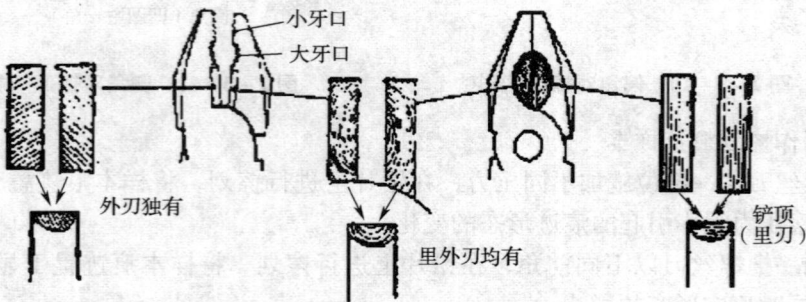

图 2 - 3 - 14　钢丝钳刃侧加工纹线

（三）了解钢丝钳与剪刀痕迹的形成过程

1．钢丝钳痕迹的形成是由刃顶挤压、刃口切划、内外刃侧拉伸共同完成的，客体断裂属于疲劳断裂。

2．剪刀痕迹的形成是由刃口挤压、剪切完成的，客体是被剪断的。

（四）了解断头各部位名称（见图 2 - 3 - 15）

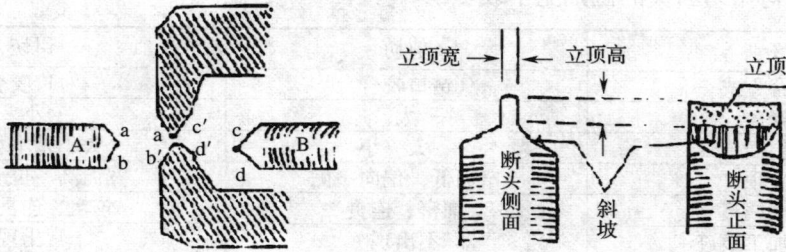

图 2 – 3 – 15　钢丝钳断头各部位名称

（五）制作样本痕迹并观察

分别用钢丝钳和家用剪剪断铅丝得到其断头，将断头置于立体显微镜下从各个角度观察痕迹的特征，注意比较二者的区别。

1．峰角的区别：钢丝钳里刃咬合角小于外刃咬合角，形成的两个断头一个角度大，一个角度小；剪刀形成的断头峰角一样（见图 2 – 3 – 16）。

2．断头立顶的区别：钢丝钳形成的断头有立顶，且立顶正直，位于断头中央；剪刀形成的断头较少有立顶，有立顶时，立顶较薄，多向一侧倾斜（见图 2 – 3 – 17）。

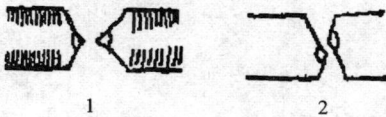

图 2 – 3 – 16

1．钢丝钳剪断断头　2．家用剪剪断断头

图 2 – 3 – 17

1．钢丝钳剪断断头　2．家用剪剪断断头

3．断头断面的区别。

（1）断面面积的区别：钢丝钳形成的断头，两个斜面面积相等；剪刀形成的断头，两个斜面面积不等（见图 2 – 3 – 18）。

（2）断面上线痕流向的区别：钢丝钳形成的断头，斜面上线痕多与立顶成一定角度；剪刀形成的断头，斜面上线痕多垂直于立顶（见图 2 – 3 – 19）。

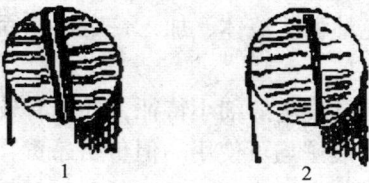

图 2 – 3 – 18

1．钢丝钳所剪的断头立顶两侧面积较均称

2．家用剪所剪的断头立顶两侧面积不等

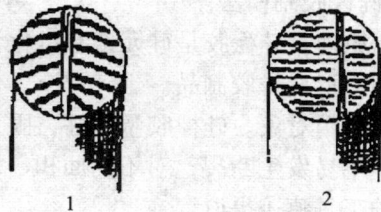

图 2 – 3 – 19

1．钢丝钳痕　2．家用剪痕

（3）断面上加工纹线的区别：钢丝钳形成的断头，斜面上线痕粗大明显，并伴有刃侧加工纹线的印压痕迹。剪刀形成的断头，斜面上线痕细密，无明显加工纹线的印压特征。

（六）制作文字记录

剪切断头与钳切断头的区别见下表：

区别	剪切	钳切
咬合方式	错口咬合	对口咬合
峰角	大	小
斜面	一大一小	大小基本相等
立顶	窄而低，偏向一侧	宽而高，位于中央
断面线痕	细密、连贯	较粗、连贯性差
工具加工痕迹	不出现	常出现

六、注意事项

1. 制作擦划或钳剪样本痕迹时应为一次作用完成。

2. 注意安全。

3. 正确使用立体显微镜。

实验三 工具痕迹的提取

一、实验目的

通过实验掌握对各种工具痕迹的提取方法。

二、实验内容

1. 工具痕迹的提取。

2. 微量物质的提取。

三、实验要求

1. 了解提取工具痕迹所用材料和调制方法，能够规范地进行实习操作，完成工具痕迹的提取。

2. 了解提取微量物质的方法，能够完成微量物质的提取。

四、实验器材

硅橡胶与固化剂、打样膏、橡皮泥、醋酸纤维素、丙酮、硝化棉素、醋酸戊脂、镊子、毛刷、磁性刷、透明胶带、有工具痕迹的木块和铅片。

五、实验步骤

（一）工具痕迹提取法

1. 硅橡胶制模法。

（1）原理。硅橡胶是硅元素有机化合物，呈白色粘稠状液体，加入一定比例固化剂，会很快凝固，形成橡胶制品。

（2）适用对象。硅橡胶塑性好，固化后可反映工具痕迹的细小特征，并具有较强的弹性和韧性，不易发生断裂，对不同面积、深度、形状的痕迹均可使用。但价格昂贵，不适用于大面积的工具痕迹提取。

（3）操作步骤。

①调制硅橡胶。

根据痕迹的大小、深浅，取适量的硅橡胶置于一块干净的玻璃板上，然后在硅橡胶中加几滴重量约为硅橡胶3%～5%的正硅酸乙脂，再加几滴1%～3%的月桂酸二丁基锡，用调刀调拌均匀。

②灌注模型。

将调制均匀的硅橡胶溶液，用调刀一次填入痕迹中，并尽可能使硅橡胶厚一些。

③取出模型。

一个小时后，硅橡胶便可固化成型，从硅橡胶边缘轻轻掀起，取下模型。

如时间紧迫，可以采用快速凝固配方法。基本配方为：RTV 硅橡胶 100mg，月桂酸二丁基锡 2.5ml（交连剂），二氯甲基三乙氧基硅烷 4ml（催化剂）。操作步骤同上。

为了便于对模型进行观察、检验，增强色调反差，可以将不同颜色的颜料搀入硅橡胶，如苏丹红、结晶紫等，制作出不同颜色的模型（见图 2 - 3 - 20）。

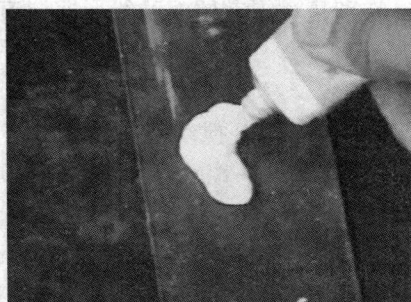

1. 取适量硅橡胶置于玻璃板上	2. 按比例滴加固化剂
3. 迅速搅拌均匀	4. 将其涂抹于工具痕迹中
5. 特其完全固化后，从一侧轻轻揭起	6. 记录保存

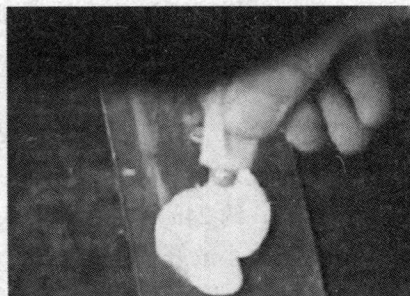

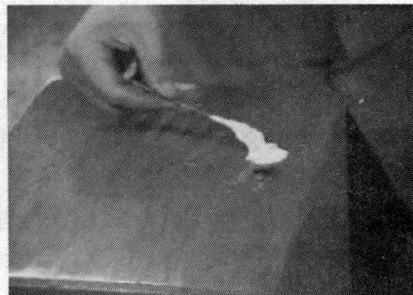

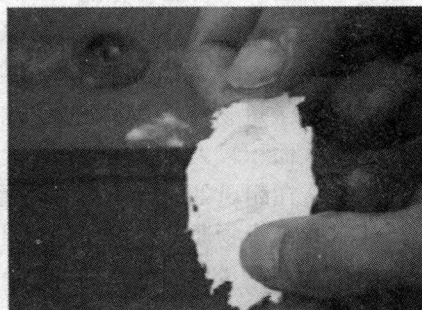

图 2 - 3 - 20 硅橡胶提取法操作步骤

2．硬塑料制模法。

（1）原理。硬塑料又称打样膏，是一种牙科制模材料，主要成份有黄腊、松香、石蜡和填充物质。温度在 60℃左右时软化，随温度降低，可固化成型。

（2）适用对象。用硬塑料提取工具痕迹简便易行，反映痕迹清楚，稳定性也较强，但硬塑料固化后失去弹性，易断裂，不适用有毛刺的痕迹和松软的客体。

（3）操作步骤。

①将硬塑料浸入热水中软化，取出后先在干净的玻璃上压出一个平面。

②在工痕表面涂一层甘油做脱膜剂，目的是防止硬塑料与痕迹粘连。

③甩掉水珠，将此平面稳妥地压入痕迹中，约 20min～30min，待硬塑料冷却后即可取下。

3．AC 纸制模法。

（1）原理：AC 纸即醋酸纤维素薄膜，可完全溶解在丙酮溶液中，丙酮挥发后醋酸纤维素可干固成型。

（2）适用对象：适用于表浅的工具痕迹提取，特别是金属客体上的线形擦划痕迹。

（3）操作步骤：

①AC 纸的配方：醋酸纤维素 20g + 丙酮 120ml。

②AC 纸的制备方法。按比例取上述药品放入烧杯内，轻轻搅动使其溶解，静置去泡后倒在水平放置的干净玻璃板上，让其自然流动摊平，其上罩一略大的器皿，底部留一通气口，使丙酮自然挥发，约 24h 后便干固为纸状，厚约 0.5mm。用刀片从一侧轻轻撬剥即可取下薄膜，切割成适当大小放好备用。

③制模提取过程。取稍大于待提取工具痕迹的 AC 纸一片，用镊子夹住边缘，放在丙酮中浸泡 3s～5s，浸软后取出贴于痕迹上，上面再贴一张干的 AC 纸，从一侧向另一侧压紧约一分钟左右，使两张 AC 纸溶合在一起，20min 后 AC 纸干透时取下，工具痕迹便在 AC 纸上印制成模型。

为使模型能充分反映出痕迹特征，操作时注意不要在 AC 纸与痕迹间产生气泡，一是注意贴 AC 纸时，要从一侧压向另一侧，二是注意 AC 纸在丙酮中浸泡不宜过软，以能支撑本身重量为度。为使痕迹模型便于取下，印模前可在痕迹表面涂少许甘油作为脱膜剂。

（二）微量物质的提取方法

工具痕迹除了有反映工具外表形态结构的形象痕迹之外，还往往伴随有工具本身脱落的金属或油漆的微粒，这些微量物质对于工具痕迹的检验与鉴定意义重大，应注意提取。

1．收集法。

（1）镊子收集法。用竹签将粘连在痕迹内部与周围的碎片、碎屑轻轻剥离。再用镊子将碎片、碎屑捡入准备好的容器内。此法适用于较大的碎片和碎屑。

（2）毛刷收集法。用干燥、洁净的毛刷轻刷工具痕迹的痕迹底面和痕壁以及痕迹周围，使痕迹内及周围的微量物质汇集到一起，再移入准备好的容器内。此法适用痕迹较浅，痕底、痕壁较光滑或面积较大的工具痕迹。

（3）敲拍法。在闭风处，将承痕客体置于干净的白纸上方，用木棒轻敲或抖动客体，使碎屑、碎片或其它微量物质落于白纸上，再倒入准备好的容器内。此法适用于纺织物、纸张或有夹缝的客体上的微量物质的提取。

（4）磁性刷收集法。在疑有微量物质的工具痕迹表面，持磁性刷，使刷头距离客体表面1cm～3cm 大面积移动，当吸附完金属碎屑、碎片或微粒后，将磁性刷移至准备好的容器上方，拉动磁性刷刷杆尾部，将刷头吸附的金属微粒移入容器中。此法适用于有磁性的微量物质的收集。

2．粘取法。

利用粘性物质粘附住微量物质，此法所提物质多用于理化检验。

（1）火棉胶粘取法。

①取 2g 硝化棉素，溶于 98mg 的醋酸戊脂中。

②在疑有微量物质的部位滴上制备好的溶液。

③待干固后，火棉胶形成一个薄膜覆盖在客体表面上。

④用透明胶纸贴在火棉胶上，用手压实后，从边沿与胶纸成 30°角方向揭下。

（2）AC 纸粘取法。

AC 纸具有一定的粘性可以用以粘附微量物质。操作方法同 AC 纸制模法。

（3）胶带纸粘取法。

操作方法同粉末显现手印后胶带提取法。

六、注意事项

1. 提取工具痕迹时，要注意承痕客体的材质，再选取相应的提取方法。

2. 实际工作中，应先提取微量物质再提取痕迹。

实验四　工具痕迹的检验

一、实验目的

了解工具痕迹检验、鉴定的程序方法，掌握工具痕迹特征比对的内容，能够完成工具痕迹鉴定书的制作。

二、实验内容

1. 凹陷状痕迹的比对检验。

2. 线条状痕迹的比对检验。

三、实验要求

1. 正确使用立体显微镜和比对显微镜。

2. 制作出符合比对条件的样本痕迹。

3. 完成对检材和样本痕迹的特征比对。

四、实验器材

立体显微镜、比对显微镜、螺丝刀、钢丝钳、木板、铅片、螺丝刀撬压痕迹、螺丝刀擦划痕迹、钢丝钳剪切断头、直尺、分规。

五、实验步骤

（一）螺丝刀撬压痕迹的检验、鉴定

1. 观察螺丝刀撬压痕迹检材。

观察样本痕迹的轮廓，形状与尺寸大小，推断撬压工具的规格、尺寸。

2. 比较已提供的嫌疑工具。

3. 制作实验用样本痕迹。

（1）确定螺丝刀合适的部位，选择适当的力度制作样本痕迹。

（2）将挑选出的嫌疑螺丝刀都制作出样本痕迹。

4. 比对检验。

（1）寻找检材痕迹个别特征。

（2）寻找样本痕迹个别特征。

（3）利用特征对照法比较检材与样本痕迹是否一致。

将检材与样本痕迹同倍放大（或拍成照片），观察两者细节特征的形状、位置、大小、间距与分布是否一致。

5. 综合评断。

凹陷状痕迹认定要求：

（1）工具具备形成现场痕迹的条件，工具的粗细、宽窄、长短、大小与现场痕迹反映的相适应。

（2）痕迹的形状、大小、深浅一致。

（3）质量好的特征其位置、形态、相互关系一致。

（4）对差异点能进行科学解释。

6．制作工具痕迹鉴定书。

（二）比对显微镜的使用方法

比对显微镜具有两个载物台，分别将检材痕迹与样本痕迹放在两个载物台上，通过双物镜放大系统和光路反射，将两个同倍扩大的影像汇集在同一目镜视野，进行特征的直接拼接或重合比较。

1．用途。

可用于工具痕迹、枪弹痕迹、整体分离痕迹、指纹、印件、票证、纺织品纤维和生物痕迹等的形状、结构特征的比较观察，并可作照相记录、摄像、电视观察。

2．外形结构。

XZB－5B 型比较显微镜外观结构（见图 2－3－21）。

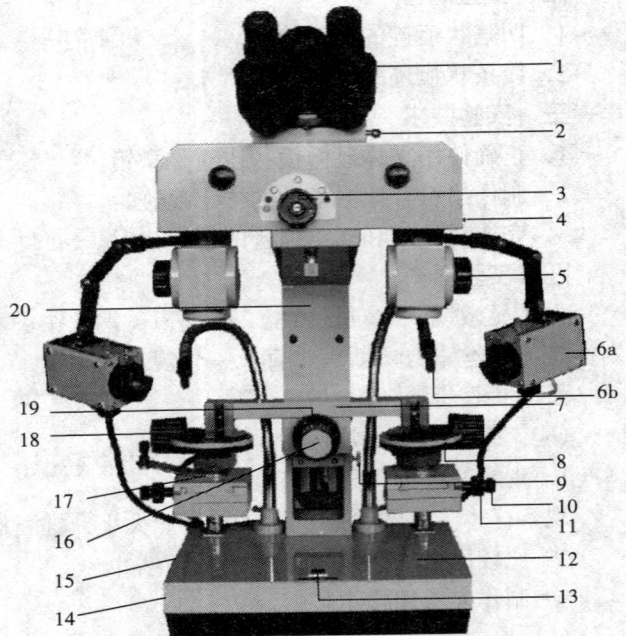

(1) 双目观察系统
(2) 右拉杆：可进行目视与照相的切换
(3) 对接、重影选择手轮
(4) 倍数微调手轮
(5) 变倍手轮
(6a) 弱光源
(6b) 强光源
(7) 比较桥
(8) 工作台
(9) 比较桥升降锁紧旋钮
(10) 载物台横向移动手轮
(11) 载物台纵向移动手轮
(12) 底座
(13) 电源开关
(14) 弱电源调压旋钮
(15) 强光源电源开关
(16) 比较桥升降手轮
(17) 载物台调换旋钮
(18) 载物台升降手轮
(19) 比较桥横向移动手轮
(20) 立柱

图 2－3－21　XZB－5B 型比较显微镜

3．使用方法。

（1）对照外形说明图，熟悉显微镜各部件的性能和作用。

（2）把检验客体分别放在载物台上，接通电源，开亮聚光灯，并调整灯的位置，使灯的聚光点照在检验的客体上。

（3）选择放大倍数，调节孔径。

（4）松开比较桥升降锁紧旋钮，转动比较桥升降手轮，当能看到标样的轮廓像时，锁紧旋钮，然后调节合适的瞳距和视度，使切割棱线清晰。

（5）调整工作距离。旋转比较桥升降手轮，对左右工作距离进行同步调整，用载物台升降手轮，可对左右工作距离进行异步调整。

（6）被测物与视场调节。通过载物台横向移动手轮、载物台纵向移动手轮可以使物体调至仪器视场中心。载物台可旋转360度。当载物台倾斜时，可直接拧动载物台。直至观察到满意的标样，并使所观察的部分位于视场中心。

（7）选择比较方式。借助于对接重影选择手轮，可根据被检物的具体情况，任意选择比较方法，对接、重影选择手轮是调节半档光栏的，当它顺时针方向转动时，依次为左单视场、切割视场、右单视场、重叠视场。

（三）螺丝刀擦划痕迹的检验、鉴定

1．观察螺丝刀擦划痕迹样本。

2．分析工具遗留痕迹时的压力、角度以及运动速度等等。

3．观察嫌疑工具找出可能遗留现场痕迹的部位。

4．制作实验用样本痕迹。

（1）确定螺丝刀合适的部位，选择适当的力度与角度在铅片上制作样本痕迹。

（2）变换作用力的大小与角度多做几个样本痕迹。

5．利用线条结合法比较检材痕迹与样本痕迹是否一致。

在比较显微镜下，将检材痕迹和样本痕迹的线痕，在相同方向、同一部位进行吻合衔接。

6．综合判断。

线条状痕迹认定要求：

（1）工具具备形成现场痕迹条件。

（2）稳定的凸凹线特征相吻合。这种特征在一定范围内占有一定数量且粗大明显、连贯的凸凹线彼此间的形状、粗细、距离均一致。

（3）痕迹横断面的凸凹趋势一致。单一线条痕的高低形状，凸峰和凹谷的形状、宽窄一致，高低间的距离一致等。

（4）个别局部的差异点得到科学解释。

7．制作工具痕迹鉴定书。

（四）钢丝钳剪切痕迹的检验、鉴定

1．观察钢丝钳剪切痕迹样本。

2．制作实验用样本痕迹。

（1）将铅片裁成与钢丝钳刃口同样宽窄。

（2）用钢丝钳剪切铅片，得到样本痕迹。

（3）必要时，可以选取铅片、铜片做实验样本。

3．比对检验。

将样本痕迹两个断头四个斜面上的线痕分别与检材痕迹两个斜面上的线痕进行线条对接。（方法同螺丝刀擦划痕迹检验）

4．综合评断。

同螺丝刀擦划痕迹鉴定。

5．制作工具痕迹鉴定书。

六、注意事项

1．比对凹陷状工具痕迹时，应尽量寻找少见的、手工制作形成的特征和工具使用形成的特征。

2．比对线条状工具痕迹时，应寻找粗大、明显、连贯的线条进行比较。

3．嫌疑工具不可放在现场痕迹中直接比对，必须先制作样本痕迹，再比较痕迹。

4．制作样本痕迹时，要考虑形成现场痕迹的作用力大小、方向等因素，同一工具可多做几个样本痕迹，再一一比对。

第四节　枪弹痕迹检验

实验一　观察射击弹头上的痕迹特征

一、实验目的
了解、掌握子弹发射后在射击弹头上形成的痕迹特征。

二、实验内容
观察、描绘射击弹头上各种痕迹特征。

三、实验要求
1．在显微镜下观察射击弹头上痕迹的一般特征和细节特征。

2．描绘射击弹头上各种痕迹特征。

3′．写出实验报告。

四、实验器材
不同种类的弹头、立体显微镜、光源、铅笔、橡皮、直尺。

五、实验步骤
将弹头置于立体显微镜下，仔细观察如下痕迹特征：

（一）弹头头部的磕碰痕迹

弹头头部的磕碰痕迹是枪弹在进入弹膛的过程中产生的。在枪弹进膛过程中，首先弹头头部会与机座导引面相碰撞（见图 2 - 4 - 1 - A），其次会与枪管尾端导弹斜面连接处的棱角相碰撞（见图 2 - 4 - 1 - B），最后，由于枪弹进膛后仍处于头部翘起状态，所以弹头弧形部会与枪管末端弹膛内部碰擦（见图 2 - 4 - 1 - C）。因此，枪弹发射后，在射击弹头头部会出现圆形、月牙形、角形、点线状等磕碰痕迹（见图 2 - 4 - 2）。

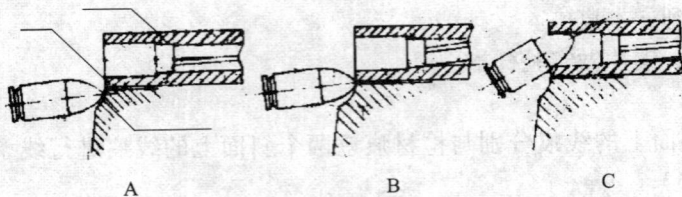

图 2 - 4 - 1　磕碰痕迹的形成

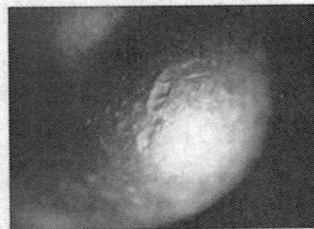

图 2 - 4 - 2　磕碰痕

（二）拔弹痕迹

拔弹痕迹反映在弹头圆柱形下部直接与弹壳口部相接触的部位（见图 2 - 4 - 3）。拔弹痕迹是在火药气体压力的作用下，弹头克服弹壳口部对弹头的拔弹阻力所形成的线条状擦划痕迹。由于拔弹阻力平行于弹轴方向，因此产生的拔弹痕迹也与弹轴平行。拔弹痕迹常被坡腔、线膛痕迹部分或全部的覆盖，通常在阴膛线痕迹区域、辊沟或铆坑区域能发现一些细微的拔弹痕迹。

（三）坡膛痕迹

坡膛痕迹是弹头经过坡膛时，克服枪管坡膛内表面对弹头披甲的阻力而形成。由于弹头在坡膛区域运行时尚未旋转，因此遗留在弹头上的坡膛痕迹是与弹轴方向平行的线条状擦划痕迹（见图2-4-4）。坡膛痕迹主要出现于弹头阴膛线痕迹区域，反映了枪管坡膛，尤其是阳膛线起始部位表面的细节特征，是认定发射枪支的主要痕迹特征。

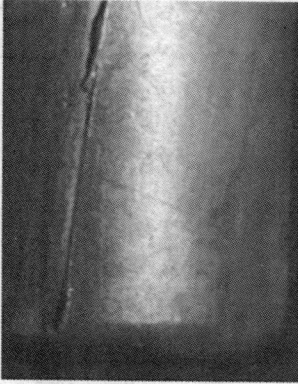

图2-4-3 拔弹痕迹

图2-4-4 坡膛痕迹

（四）线膛痕迹

1. 膛线痕迹。

膛线痕迹是弹头在挤进弹膛过程中，受线膛内表面的挤压、剪切和擦刮作用，在弹头披甲表面形成的凹陷条带状痕迹。膛线痕迹分为阳膛线痕迹和阴膛线痕迹，阳膛线痕迹是呈一定斜度、凹陷状的条带状痕迹（见图2-4-5），两条阳膛线痕迹之间是阴膛线痕迹（见图2-4-6）。

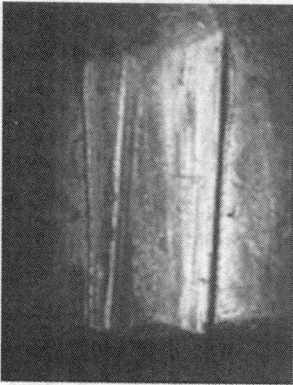

图2-4-5 阳膛线痕迹

图2-4-6 阴膛线痕迹

（1）膛线痕迹的数量。射击弹头上阳膛线或阴膛线的数量反映的是枪管内膛线的数量，可以用来区分枪种。检验膛线痕迹的数量一般难度不大，可通过计算主要棱线痕迹的数量确定，也可通过计算相邻两主要棱线痕迹的距离 H，利用 $n = \pi d/H$ 公式计算膛线痕迹数量 n，πd 为周长。

（2）膛线痕迹的宽度。膛线痕迹的宽度指阳膛线痕迹中相邻主、次要棱线痕迹之间的垂直距离（见图 2-4-7）。测量膛线痕迹的宽度可采用直接测量法，即用 0.1mm 精度的透明刻度尺，把有刻度的一面贴靠在阳膛线痕迹上，置于立体显微镜下直接观察测量；也可采用放大照相法，将射击弹头置于立体显微镜下并拍照记录，在照片上直接测量宽度。

（3）膛线痕迹的倾斜方向。根据膛线痕迹的斜度可以确定枪管膛线的旋向。可以根据射击弹头上膛线痕迹、棱线痕迹、起末端痕迹等判断。

2．棱线痕迹。

棱线痕迹是阳膛线两条棱边切入弹头披甲所形成的痕迹，分为主要棱线痕迹和次要棱线痕迹。

图 2-4-7　膛线痕迹的宽度

3．小线纹痕迹。

小线纹痕迹是弹头挤进膛线以及在膛内旋转前进时，弹头披甲表面受线膛内表面的挤压、摩擦作用形成。由于阳膛线表面对弹头披甲的挤压、摩擦大，因此位于射击弹头阳膛线区域的小线纹反映清晰，检验小线纹痕迹可以将其分为前区、中区、尾区三部分（见图 2-4-8）。

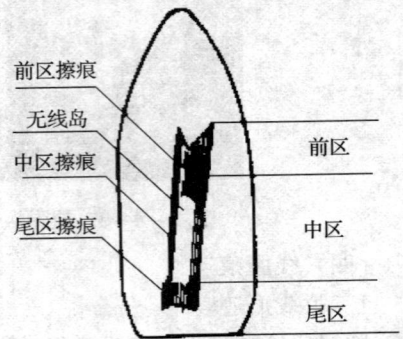

4．起、末端痕迹。

起端痕迹是弹头嵌入膛线与线膛起端阳膛线表面接触时形成；末端痕迹是弹头脱离枪口时，枪口区域阳膛线所形成。不同枪支反映在起、末端痕迹上也不相同。

图 2-4-8　线膛擦痕分区

5．金属卷屑痕迹。

弹头在枪管内运行时，阳膛线与弹头披甲发生剧烈摩擦、切刮，一些金属屑被擦刮起来，经翻卷又复压在主、次要棱线的边沿，形成金属卷屑痕迹。

在立体显微镜下仔细观察射击弹头上各种痕迹，并将观察到的痕迹描绘在弹头痕迹示意图及弹头痕迹展开图上（如图 2-4-9）。

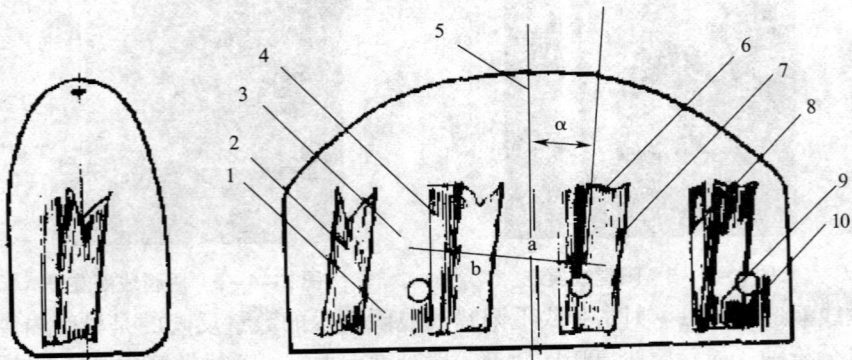

1．拔弹痕迹　2．阳膛线痕迹　3．阴膛线痕迹　4．次棱线痕迹　5．磕碰痕迹　6．起端痕迹
7．主棱线痕迹和金属卷屑　8．坡膛痕迹　9．小线纹痕迹　10．末端痕迹

图 2-4-9　弹头上痕迹展开图

实验二 根据射击弹头上痕迹区分发射枪种

一、实验目的

掌握根据射击弹头上痕迹特征区分发射枪种的方法。

二、实验内容

1. 测量各种弹头长度、直径、重量，了解掌握不同种类子弹弹头的参数。

2. 根据弹头结构、形状、成分等，确定弹种及其配用枪种的范围，初步判断发射枪种。

3. 根据射击弹头上痕迹特征区分 64、77 式手枪。

三、实验要求

1. 观察、测量不同枪弹的结构、形状及其尺寸，掌握常见枪弹配用枪种的范围。

2. 观察、测量射击弹头上痕迹，判断发射枪种。

3. 观察射击弹头上痕迹的异同，区分 64、77 式手枪射击弹头。

四、实验器材

立体显微镜、各种射击弹头、游标卡尺及量角器。

五、实验步骤

（一）观察、测量弹头形状、尺寸、重量

7.62mm51 式、64 式枪弹结构、数据及配用枪种范围　　　　单位：mm.g

	颈部直径口径－实径单位	弹头长单位	弹头重单位	弹头形状	弹头构成材料	弹头、弹壳固定方法	配用枪种一般范围
51 式手枪弹	7.62～7.85	13.8～14.2	5.4～5.6	钝头无尾	复铜钢披甲、铅心；头外包复铜钢	点铆三个（过盈紧压）	中国：51、54、80 式手枪；50、54、79、85 式冲锋枪
64 式手枪弹	7.62～7.85	11.9～12.1	4.8	钝头无尾	同上	点铆或过盈	中国：64、77、52、67 式手枪；仿 M$_{61}$ 微冲枪

观察 7.62mm51 式手枪弹、7.62mm64 式手枪弹弹头形状；

利用游标卡尺测量 7.62mm51 式手枪弹、7.62mm64 式手枪弹弹头的长度、直径；

利用天平测量 7.62mm51 式手枪弹、7.62mm64 式手枪弹弹头的重量。

（二）观察、测量射击弹头上枪种痕迹特征

7.62mm51 式、64 式手枪弹弹头上枪种痕迹特征　　　　单位：mm.g

	膛线痕数量	旋向	膛线痕宽度 阳	膛线痕宽度 阴	膛线痕深度单位	膛线痕斜角	推断发射枪种的范围
7.62 51 手枪弹	4 多 6 少	右多 左少	1.9 2 1.9	4.1 4 2.1	0.15 0.152	5°42′多	中国：51、54、80 手枪；50、54、79、85 等冲锋枪　6 条膛线：国外毛瑟盒枪、西班牙阿斯缺拉、奥地利守太亚等
7.62 64 手枪弹	4 多 6 少	右多 左少	2 1.3	4 2.8	0.115	5°42′ 6°7′	中国：64、77、52、67 手枪；仿 M$_{61}$ 微冲等　6 条膛线：52 手枪以及国外某些手枪、冲锋枪

（三）观察64、77式手枪射击弹头上痕迹特征的区别

1．弹头顶部碰撞痕迹不同。

弹头顶部碰撞痕迹多留在距弹顶偏下≤0.5mm处，多横向与弹轴垂直，痕迹多留在阴膛线区某处，出现率70%左右（见图2-4-10）。

	64式手枪射击弹头上痕迹特征	77式手枪射击弹头上痕迹特征
弹头顶部碰撞痕迹的特点	64式手枪发射的弹头上碰撞痕迹多呈长圆形、卵形，有时痕迹内出现小麻点	77式手枪发射的弹头上碰撞痕迹多呈长条形、长椭圆形，痕迹表面相对光滑，有时出现小点、小线

2．弹头弧形部磕碰痕迹不同。

弹头弧形部磕碰痕迹多留在碰撞痕下方，距弹顶0.5mm～1.5mm处，一般与碰撞痕平行或稍斜，出现率50%左右（见图2-4-10）。

	64式手枪射击弹头上痕迹特征	77式手枪射击弹头上痕迹特征
弹头弧形部磕碰痕迹特点	64式手枪发射的射击弹头上，磕碰痕迹多呈短线形，似刻线，相对浅、细；磕痕长约0.5mm～1.5mm，较短，痕迹较浅，一般不见底纹，有时可见少量轴斜向线纹；有时会出现两个以上磕痕	77式手枪发射的射击弹头上，磕碰痕迹多呈粗线唇状痕，痕迹较宽、较深、较长，痕底多为角形，两面近垂直；磕痕长约1.2mm～2.7mm，深凹明显，痕底常出现较多的轴向小线纹；有时出现两个以上磕痕

3．弹头弧形部磕痕对侧碰擦痕不同。

弹头弧形部碰擦痕多留在磕碰痕相对一侧，出现率较低，64式手枪碰擦痕的出现率约为25%，77式手枪碰擦痕的出现率约为5%。

	64式手枪射击弹头上痕迹特征	77式手枪射击弹头上痕迹特征弹头
弧形部磕痕对侧碰擦痕不同	64式手枪射击后在射击弹头上遗留的碰擦痕有时呈月牙形，呈右倾的碰擦痕与弹轴构成约50°的交角，痕迹底部有时可见轴向小线纹	77式手枪有时可见角形的碰擦痕，角尖多指向左上方，痕迹底部有时可见轴向或斜向小线纹

4．阳膛线痕中小线纹光压面不同。

	64式手枪射击弹头上痕迹特征	77式手枪射击弹头上痕迹特征
膛线痕中小线纹、光压面反映	小线纹相对细小、窄浅，轴向的坡膛线痕面积窄长	小线纹相对较粗、宽、多、深，轴向的坡膛线痕面积较宽大
	小线纹主要分布在主次棱线痕内侧，纹痕少、深、面窄；轴向坡膛线痕呈倒三角形，离次棱线痕相对较远	小线纹分布位置与64式相同，纹线相对较多、密、面较宽；轴向的坡膛线痕呈倒三角形，但相对较宽大，离次棱线痕相对较近
	膛线痕中部多有正置长三角形、长方形的无线区光压面，面积相对较长、较大	膛线痕中部偏下处，多能见到较短的正置三角形无线区光压面，面积相对较小
	长方形或长三角形光压面的上端多连接起点线，常不封口	三角形光压面上端多与起点线分离，通常封口

5. 阳膛线起端痕的形状不同（见图2-4-10）。

	64式手枪射击弹头上痕迹特征	77式手枪射击弹头上痕迹特征
阳膛线起端痕的形状特点	阳膛线起端痕表现为中间部位明显凹陷，两端凸起	阳膛线起端痕表现为中间部位相对较平，多向右斜，两端凸起不明显
	阳膛线起端痕在中间部位多有分离	阳膛线起端痕在中间部位多是平直线，分离相对较少

6. 坡膛线痕起点形状、位置不同（见图2-4-10）。

	64式手枪射击弹头上痕迹特征	77式手枪射击弹头上痕迹特征
坡膛线痕起点形状、位置特点	坡膛线痕的起点位置通常高于或等于次要棱线痕迹和阳膛线起端痕迹	坡膛线痕的起点位置通常低于次要棱线痕迹和阳膛线起端痕迹
	坡膛线痕起端多呈弧形外突	坡膛线痕通常多呈右倾平直线痕，一般不外突

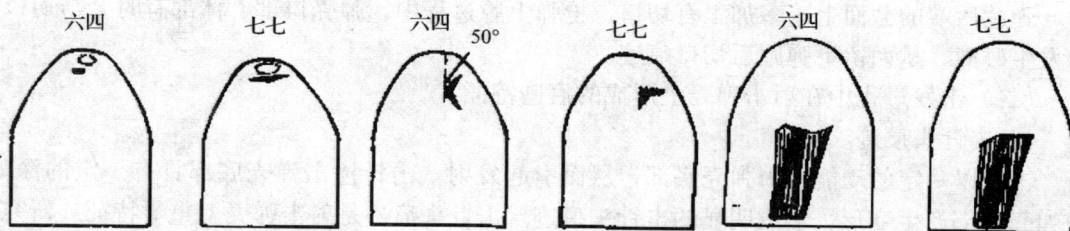

图2-4-10 64、77式手枪射击弹头上痕迹

实验三　观察射击弹壳上的痕迹特征

一、实验目的

了解、掌握子弹发射后在射击弹壳上形成的痕迹特征。

二、实验内容

观察、描绘射击弹壳上各种痕迹特征。

三、实验要求

1．在显微镜下观察射击弹壳上痕迹的一般特征和细节特征。

2．描绘射击弹壳上各种痕迹特征。

3．写出实验报告。

四、实验器材

不同种类的弹壳、立体显微镜。

五、实验步骤

将弹壳置于立体显微镜下，仔细观察如下痕迹特征：

（一）装弹过程中在射击弹壳上形成的痕迹特征

1．弹匣口痕迹。

对于自动枪支，射击者需要手工将枪弹装入弹匣，装弹过程中，弹壳体下压托弹板，弹壳的体部会与弹匣口部发生摩擦，形成弹匣口痕迹；此外，枪机在推顶枪弹上膛过程中，枪弹弹壳体部再次与弹匣口部发生摩擦，在弹壳体部形成两条线条状的摩擦痕迹。不同枪支，弹匣口的结构有所差异，因此该痕迹能够反映枪的种类特征。有时，因一枚枪弹被多次装弹、退弹，会形成多处弹匣口痕迹。

2．枪机下表面痕迹。

枪机下表面痕迹是枪弹在发射过程中枪机后座与复进时，枪机下表面与弹匣内枪弹发生摩擦作用而形成。不同枪支枪机下表面形状有所不同，有的枪支枪机下表面是平面，有的是弧形结构，因而反映出的痕迹有所差异。但因枪支下表面痕迹形成时作用力小，痕迹反映轻微，特征少，检验时价值不大。

3．推弹突笋痕迹。

有些枪支有推弹突笋，有的枪支没有，没有推弹突笋装置的枪支是以弹底窝下表面来完成推弹。推弹突笋在推顶枪弹上膛过程中，与弹壳底部发生接触，从而留下推弹突笋痕迹。常见枪支中，59 式、64 式在弹底窝下方加工有角点状凸起的推弹突笋，在弹壳上会留下推弹突笋痕迹。有时在推弹过程中弹壳发生转动，会留下两次碰撞的痕迹。

4．弹膛后切口痕迹。

弹膛后端的截面上，多加工有切口，枪弹上膛过程中，弹壳口部、体部有时会与切口部位发生碰撞，从而留下弹膛后切口痕迹。

（二）击发过程中在射击弹壳上形成的痕迹特征

1．击针头痕迹。

击针以一定的动能撞击弹壳底部，从而引起发射。击针撞击弹壳底部具有一定的深度，使弹壳底部产生变形，形成明显的击针头痕迹。击针头痕迹是射击弹壳上重要特征。研究击针头痕迹主要从以下几方面：击针头痕迹所处的具体位置；击针头痕迹的形状；击针头痕迹的深度；击针头痕迹的次生痕迹 – 舌痕；击针头痕迹的端面特点等（见图 2 – 4 – 11）。

2．弹底窝痕迹。

枪弹在发射过程中，受火药气体压力作用，弹壳底部与弹底窝紧紧贴压在一起，由于发射过程中枪管内部温度非常高，弹壳软化，因此枪支弹底窝部位的结构特点会转印在弹壳底部，形成弹底窝痕迹。弹底窝痕迹是枪弹痕迹检验中的重要痕迹之一，研究弹底窝痕迹通常从弹底窝加工痕迹和弹底窝在使用过程中形成的痕迹两方面进行（见图2-4-12）。

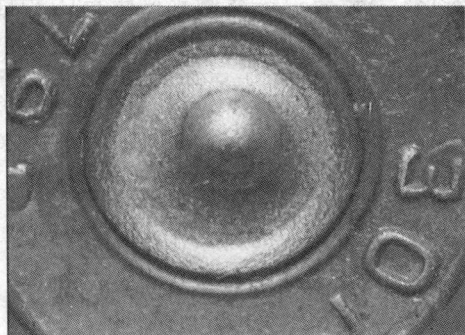

图2-4-11 击针头痕迹

图2-4-12 弹底窝痕迹

3．膛内壁痕迹。

枪弹在发射过程中，受火药气体压力作用，弹壳体部会与弹膛内壁贴压在一起，弹膛内壁的生产加工特征或使用过程中形成的特征会印压到弹壳的体部，形成膛内壁痕迹。由于不同的枪支弹膛内壁的生产加工痕迹不同，因此膛内壁痕迹是识别一些枪支种类的很好的特征(见图2-4-13)。

4．指示杆痕迹。

在枪弹上膛及击发过程中，指示杆会与弹壳底部发生碰撞，从而留下指示杆痕迹。我国常见枪支中，仅有52公安式手枪、64式手枪有指示杆，因此指示杆痕迹也是区别枪种的特征。研究指示杆痕迹主要从其大小、形态以及痕迹面上细小特征等方面进行。检验射击弹壳上痕迹特征时，如果遇到指示杆痕迹，将其定位于12点位置，从而使弹壳定位（见图2-4-14）。

（三）抛壳过程中在射击弹壳上形成的痕迹特征

1．拉壳钩痕迹。

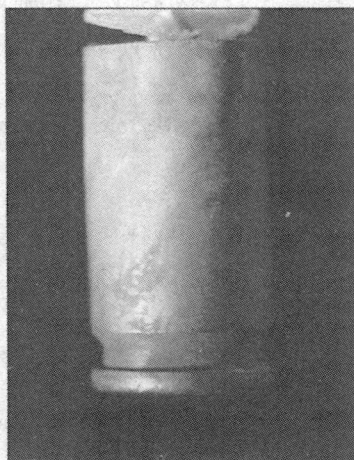

图2-4-13 膛内壁痕迹

图2-4-14 指示杆痕迹

拉壳钩在枪弹的装弹、击发以及退壳的过程中都会与弹壳底部发生接触，其中退壳过程中形成的痕迹最为明显。不同枪支，拉壳钩机件的形状、大小、位置有所不同，可用来区分发射枪种。多次装弹、退壳会在弹壳底部、底边侧部以及沟槽部位留下多处拉壳钩痕迹，检验时，应当结合抛壳挺痕迹仔细研究（见图2-4-15）。

2. 抛壳挺痕迹。

抛壳时，弹壳随枪机后移，以一定速度与抛壳挺发生碰撞，多数枪支抛壳挺为刚性结构，抛壳挺材料硬度较高，因此在弹壳底部会留下明显的抛壳挺痕迹。不同枪支抛壳挺的位置、形状有所不同，是区分枪种的特征之一。检验抛壳挺痕迹时，主要研究抛壳挺的位置、大小、形状以及抛壳挺挺面线痕（见图2-4-16）。

图2-4-15　拉壳钩痕迹

图2-4-16　抛壳挺痕迹

3. 抛壳口痕迹。

弹壳底部与抛壳挺撞击后，弹壳以拉壳钩钩齿为瞬时回转中心产生翻转，被抛出枪支体外。这一过程当中，弹壳会与抛壳口边缘等部位发生碰撞，从而形成抛壳口痕迹。抛壳口痕迹遗留在弹壳体部，检验时主要研究抛壳口痕迹的位置、形状、大小以及抛壳口痕迹面中的细微特征等（见图2-4-17）。

4. 弹匣口痕迹（小旗痕迹）。

装弹过程中与抛壳过程中形成的弹匣口痕迹是不相同的。抛壳过程中形成的弹匣口痕迹是反映在弹壳体部的形状似小旗帜的痕迹。小旗痕迹是弹壳在抛壳过程中与弹匣口扣弹齿棱边发生碰擦形成。检验时主要研究小旗帜痕迹的位置、形态以及痕迹面上细小线痕（见图2-4-18）。

图2-4-17　抛壳口痕迹

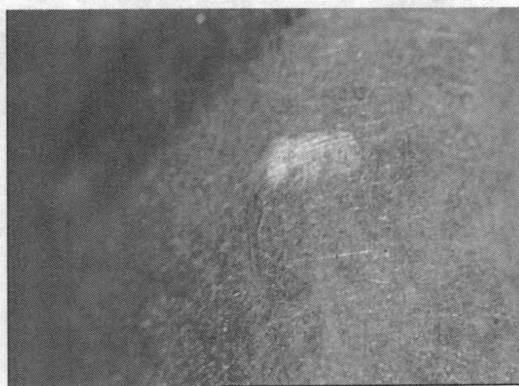

图2-4-18　弹匣口痕迹（小旗帜痕）

实验四 根据射击弹壳上的痕迹区别发射枪种

一、实验目的

了解、掌握常见枪支射击弹壳上的痕迹特征，并能根据痕迹特征区别发射枪种。

二、实验内容

1. 观察配用 51 式手枪弹的几种常见国产枪支的弹壳痕迹。
2. 观察配用 64 式手枪弹的几种常见国产枪支的弹壳痕迹。

三、实验要求

1. 在显微镜下观察各种弹壳上痕迹特征。
2. 描绘观察到的痕迹特征并予以总结。
3. 写出实验报告。

四、实验器材

立体显微镜、各种弹壳。

五、实验步骤

将弹壳置于立体显微镜下，仔细观察痕迹特征，并根据以下所列内容进行比较。

（一）配用 51 式 7.62mm 手枪弹的国产枪支射击弹壳痕迹比较

配用 51 式 7.62mm 手枪弹的国产枪支有 51 式手枪、54 式手枪、80 式手枪，还有 50 式冲锋枪、54 式冲锋枪、64 式微声冲锋枪、79 式冲锋枪和 85 式冲锋枪。现将常见手枪射击弹壳上痕迹的不同分别列图比较。

	51 式手枪	54 式手枪	80 式手枪
击针头	痕迹相对较深，约 0.5mm ~ 0.7mm，出现舌痕，舌痕较大	痕迹相对较浅，约 0.4mm ~ 0.5mm，出现舌痕，舌痕较浅	针端稍平，无舌痕出现
弹底窝	多为较粗的弧形纹	多为较细的左倾或右倾的直线痕	加工痕不明显
拉壳钩	位于 3 时位，宽度 3.5mm，平口	同左	位于 12 时位，宽度在 3mm ~ 4mm 之间，钩口形状为月牙形
抛壳挺	位于 8 时位，形状为三角形，三角形完整反映出来的相对较少，棱边多出现磨损、断折	位于 8 时位，形状为三角形，三角形完整反映出来的相对较多，痕迹反映较为清晰	位于 6 时位，形状为矩形
抛壳口	多出现一个抛壳口痕迹，常位于距弹壳底边 10mm ~ 15mm 范围	出现一个抛壳口痕迹时，常位于距底边 8mm 处；经常出现两个抛壳口痕迹，一处位于 8mm，一处位于 15mm ~ 19mm	多出现一个平直线或斜线的抛壳口痕
膛内壁	无加工痕	无加工痕	在口部、壳体前部会出现 6 条膛内壁加工痕

（二）配用 64 式 7.62mm 手枪弹的国产枪支射击弹壳痕迹比较

配用 64 式 7.62mm 手枪弹的国产枪支主要有：64 式手枪、77 式手枪、52 公安式手枪以及 67 式微声手枪。现将常见的 64、77 以及 52 公安式枪支射击弹壳上的痕迹列表如下：

	64 式手枪	77 式手枪	52 公安式手枪
指示杆痕	指示杆痕迹位于 12 时位，直径约 6mm，相对较深	无指示杆痕迹	指示杆痕迹位于 12 时位，直径约 8mm，相对较浅
膛内壁痕	4 条右旋的短螺旋槽痕迹	弹体中部与弹壳底座平行的凸起环带	无膛内壁痕迹
推弹突笋痕	呈角点状，分布在底火外围两侧，两个为一对儿，有时出现一对，有时出现两对儿	无推弹突笋痕	无推弹突笋痕
弹底窝痕	呈细线同心圆反映	反映不明显，有时出现凸轮痕迹	反映不明显，有时会出现同心圆纹
拉壳钩痕	位于 2～3 时位，宽度约 5mm～5.5mm	位于 3 时位，宽度约 3.5mm	位于 3 时位，宽度约 3mm
抛壳挺痕	位于近 9 时位，呈方口形	位于 7～8 时位，呈三角形	位于近 9 时位，呈方口形
弹匣口痕	弹壳体部留下抛壳过程中形成的形似小旗帜的弹匣口痕	同左	较少出现小旗痕迹

实验五　枪支等金属客体上被破坏字迹的显现

一、实验目的
了解金属客体上被破坏字迹的显现方法，掌握具体的操作方法。

二、实验内容
对不同金属客体上被破坏部位进行处理，显现原有字迹。

三、实验要求
1. 掌握显现不同金属客体被破坏字迹的配方。
2. 掌握不同情况下显现操作方法。
3. 针对显现过程及显现效果进行总结并写出实验报告。

四、实验器材
冲压有字迹的各种金属板。

五、实验步骤
（一）配制各种显现液
1. 钢及钢合金的显现液。

甲液：按顺序，乙醇 20ml，冰醋酸 10ml，硝酸 10ml。

乙液：50g 的三氯化铁溶于 50ml 蒸馏水中（纯净水）。

2．铝及铝合金的显现液。

甲液：蒸馏水 40ml，硫酸 10ml，三氯化铁 5g。

乙液：适时用浓硝酸点滴。

3．铜及铜合金的显现液。

甲液：蒸馏水 20ml，盐酸 10ml，三氯化铁 l0g。

乙液：浓硝酸适时点滴。

4．锌及锌合金的显现液。

甲液：蒸馏水 20ml，盐酸 10ml，三氯化铁 10g。

乙液：用硝酸点滴。

丙液：36％的醋盐点滴。

（二）操作步骤

1．清洁号码的表面（油迹、污垢），若有油漆，用烯料或弱酸去除。

2．抛光。首先用粗砂布（100 目以下）打磨金属表面，去除金属表面的毛刺和油漆残渣。然后选用细砂布（300～400 目）对金属表面进行抛光，尽量使金属表面光滑，否则化学试剂就不能均匀地侵蚀金属材料。操作中，要特别注意砂纸打磨的轻重程度，要视磨损程度仔细操作，即打磨不能太深也不能太浅，打磨太深，伤及原号的基体层，原符号、字迹将彻底被破坏；打磨太浅，达不到显现复原的目的。所以，要边观察、边打磨显现。使用砂纸要粗细兼用，先用粗砂纸表体打磨，再用细砂纸细细打磨，多用细砂纸而少用粗砂纸。

3．用吸管或棉签将显现液或显现胶均匀涂抹在金属表面，腐蚀显示时间大约需要 3～4 分钟左右，期间要注意观察，显现试剂会变颜色，如果显现时间较长，应及时更换新鲜显现试剂。

4．显现出原号码后，要及时拍照固定，为增加原号码反差，可适当涂抹增色试剂，以获得更佳的效果。

六、注意事项

1．显现所用试剂必须新鲜，同时要保证试剂的浓度。

2．打磨金属客体表面时，切忌用锋利的工具刮铲。

3．显现前要了解金属客体的成分，注意根据不同的金属成分选择适当的试剂。

第三章　文　件　检　验

第一节　笔　迹　检　验

实验一　笔迹特征标示

一、实验目的

1. 深入了解笔迹特征（包括概貌特征和细节特征）及其所包含的内容。
2. 熟悉笔迹的特征标示符号，掌握笔迹特征标示的方法与要求。
3. 学会制作规范的笔迹特征比对表。

二、实验原理

由于个人先天素质的差异，外界环境影响的差别，以及社会规范对书写习惯个性化发展约束的不完全性，导致了书写习惯的特殊性，即不同人具有不同的书写习惯，使得人与人之间笔迹"莫不相异"。从而，笔迹特征综合反映了个人书写习惯的特殊性。因此，我们能够认识并区分不同书写人的笔迹。

为了方便鉴定和相互之间交流工作经验，老一代笔迹专家、学者对笔迹特征的标示作了大致的规范，并且在实践中形成了相对固定的若干种特征标示符号。因而比对表的制作及笔迹特征标示作为文件检验人员必备的一项基本技能，需要反复训练培养。

三、实验器材

检材1份、样本1套、笔迹特征比对表3~5张、HB铅笔1支、红蓝铅笔1支（或者红、蓝圆珠笔各一支）、橡皮1块、直尺、铅笔刀、放大镜（或显微镜）。

四、实验步骤

（一）认真细致地阅读检材，分析、了解检材的形成条件及原因

（二）在吃透检材的基础上，按照从概貌到局部，从大体到细节，由文字及其他的顺序，层层深入地寻找发现检材的如下几个方面的特征

1. 概貌特征。
2. 局部安排特征。
3. 字的基本写法特征。
4. 单字结构特征。
5. 错字、别字特征。
6. 运笔特征。
7. 笔顺特征。
8. 标点及其他符号特征。
9. 笔痕特征。

10．书面语言特征等。

（三）制作特征比对表

通常在特征比对表的左侧为"检材字迹"，右侧为"嫌疑人的样本字迹"。用铅笔将第（二）步中从检材上发现的特征字迹描绘到比对表的左侧，从样本中选择与检材特征相同的字或相同偏旁部首的字，描绘在比对表的相应位置上。若在样本中发现价值较高的特征字迹时，亦要将其描绘到比对表上，然后再从检材中寻找。如此循环往复多次，才能使笔迹特征在"质"和"量"上符合鉴定要求。"质"即特征要明显、价值高，要有可比性；"量"即要能充分反映特征的稳定性，能够充分反映书写人的书写习惯

（四）按照要求用规范的特征标示符号在比对表上标示

对于符合点，检材和样本都用红色笔标示；对于差异点，检材上用红色笔标示，样本上用蓝色笔标示

（五）用简练的语言客观地评价检材与样本之间特征的符合点和差异点的性质

对差异点要作出合理的解释

五、实验注意事项

1．笔迹特征的选择应该从结构正常、运笔自然、笔画较多的单字入手，从反复出现、前后一致的特征字入手。

注意错字、别字、特殊笔顺、特殊搭配比例和连笔等特征。注意从细节上选取特征，兼顾文字以外的其他特征，如标点符号、添插符号、修改符号等。

2．特征字迹描绘之前应该先对该字迹有一个整体的把握，把笔迹特征认识清楚，要吃透检材，也就是说要把检材中的每一个字的形成都要弄清楚，不要急于描字，描绘特征字迹要客观、准确，力求形神兼顾。

3．特征字迹的编排要科学。

相同字应该尽量全面选择并靠近排列。有相同偏旁部首的不同字也应该尽量相邻排列。对字形、字体、字的大小、文字布局、标点符号等特征也要分别加以形象描绘。对于内容反动的言论、标语等类字迹一定要打乱顺序排列。

4．标示特征符号要规范、醒目，简明扼要，不得与检材、样本字迹笔画相互交叉或重叠（见表3－1－1）。

表3－1－1　笔迹特征标示符号

符号名称	符号形态	标示特征	示例
双箭头	⟶	起笔、收笔动作	
单箭头	⟶	笔画搭配位置、运笔方向、转折和连笔	
顺序号	1　2　3　4 ①　②　③　④	笔顺	
括号	（　　）	各类写法、错字、别字	

续表

符号名称	符号形态	标示特征	示例
实线条	————	搭配、比例、字间组合	将 况
虚线条	··········	文字布局	

实验二　正常笔迹的检验

一、实验目的

1. 了解笔迹检验的一般程序，掌握笔迹检验的步骤和方法。

2. 进一步熟悉笔迹特征标示符号及特征标示方法，加深对笔迹特征的理解。

3. 学习对笔迹特征异同点的分析判断。

二、实验原理

笔迹所具备的三个基本特性使得笔迹检验成为可能。即笔迹的反映性是笔迹检验的物质基础；笔迹的自身同一性是笔迹检验的基本条件；笔迹的总体特殊性是笔迹检验的鉴别根据。

三、实验器材

检材 1 份、样本 1 份、放大镜（或显微镜）、HB 铅笔 1 支、橡皮 1 块、特征比对表若干份等。

四、实验步骤

（一）受理鉴定

1. 查验委托单位介绍信、送检人的工作证，看是否符合送检的形式要件。

2. 了解案情，问清送检人鉴定要求，初步查看检材和样本的条件，看是否符合送检的内容要件。

（1）针对送检人提出的鉴定要求，可以鉴定的，应直接受理；

（2）如送检人提出的鉴定要求，目前还不能鉴定或即使鉴定了也未必对其有用，这时与送检人协商是否变更鉴定要求后再受理；

（3）针对送检人提出的鉴定要求，目前还未能鉴定的，向送检人说明原因，不予受理，送检材料退回送检人。

3. 对于第 2 条（1）、（2）两种情况可让送检人填写受理鉴定登记表。

4. 详细了解案情：

（1）案件发生的时间、地点，当事人，现场的基本情况；

（2）与当事人有利害关系的人及原因；

（3）现场勘查的笔录、询问笔录、讯问笔录；

（4）是否做过其他方面的鉴定，结论如何等。

5．分析样本。

笔迹检验的样本是案件嫌疑人的亲笔字迹。检验前须核对：

（1）样本是否确实是嫌疑人亲笔所写；

（2）嫌疑人的自然状况，包括生理、心理以及文化程度、书写水平等；

（3）了解笔迹样本形成的条件，比如书写姿势、书写工具、衬垫物等方面的情况，以便对检验中出现的差异点作出科学、合理的解释；

（4）样本的来源，比如案前样本的书写时间；实验样本的书写条件，与检材是否相同或相近的纸张、书写工具；取样人取样时是听写还是抄写，是否对嫌疑人作了某些暗示等。

（二）分析检材

1．首先应该弄清楚检材内容与案件的关系，寻找检材上的突出特点及异常迹象。

2．判断笔迹是否正常。要注意区分自然因素引起的笔迹变化特点与故意伪装引起的笔迹变化特点，准确识别因书写条件变化笔迹检材上形成的异常迹象。

（三）选择特征

按照从概貌到局部，从大体到细节，由文字及其他的顺序，主要着眼于如下几方面的特征：

1．对于相同字或相同偏旁，寻找其重复出现的特征。

2．结构正常、运笔自然的字迹。

3．快速书写的结构复杂、笔画较多的字迹。

4．特点突出、写法特殊的字迹。

5．文字以外的其他特征。

6．特殊情况下，可以选择一些有疑问的特征，在同样本的比较中加以合理利用。

（四）制作特征比对表并记录特征

用铅笔将检材上的特征字迹如实描绘在比对表的左侧，并用红色笔标出具体的特征。将样本中的特征字迹描绘在比对表上相应检材字迹的右侧，并标示特征（标示时注意红、蓝颜色的选择），同时注意特征字迹的更新（补充及其淘汰）。

（五）比较笔迹的异同

1．笔迹概貌的比较。主要对检材、样本的书写水平、字形、字体，字的倾斜方向、角度，文字布局及字的写法等进行比较，找出符合点及其差异点。

2．进行单字的具体特征比较。检验人员必须注意的是在比较中发现的符合点与差异点是否客观，是否因为制作比对表时描摹走样形成了难以解释的差异点或符合点。

（六）综合评断

1．判断符合点是书写习惯特殊性表现还是共同性表现，是否社会规范要求表现，是否某地区、某行业的习惯写法，是否在某一年龄段的人中普遍存在，从而确定其价值高低。

2．判断差异点是否是特殊环境、特殊心理状态下形成的。尤其当检材与样本书写水平接近，既有一定符合又有一定差异，或者样本书写水平高于检材，而特征上既有明显符合又有明显差异时应该谨慎对待，慎重分析差异点的成因和性质。

3．判断符合点与差异点谁是矛盾的主要方面时，不仅要考虑数量上谁占优势，还要看质量上谁更可靠。

五、实验注意事项

1．具体办案实践中，检材情况是复杂的，可能是一个嫌疑人多次书写形成，也可能是几个人合作书写形成；可能是一次套摹形成，也可能是部分临摹，部分套摹，甚至部分记忆摹仿形成，检验人员应该充分发挥自己的想象力，尽量穷尽其可能性。

2．检验中，样本与检材同样重要，样本的真实性直接影响到鉴定结论的准确性。所以检验前对样本的核对关系到鉴定的成败，必须对样本的收集情况予以充分的关注。

3．特征异同点的比较要客观、全面，防止机械比对。特征符合很好，个别差异点又难以解释的情况下要注意在样本不充分条件下对"书写习惯多样性"度的把握。

（四）检验中既要充分了解案情，又不能依赖案情，防止先入为主。

实验三　笔迹鉴定书的制作

一、实验目的

1．掌握笔迹鉴定书的编制方法及其基本格式。

2．学会制作规范的笔迹鉴定书。

二、实验原理

经过检验作出鉴定结论之后，要根据委托单位的要求，出具笔迹鉴定书。鉴定书是表达鉴定结论的书面形式。根据我国刑事诉讼法、民事诉讼法和行政诉讼法等有关法律、法规的规定，鉴定结论是诉讼的证据之一，因而，鉴定书的制作要符合基本要求和基本格式。

（一）编写笔迹鉴定书的基本要求

1．编写鉴定书，要坚持实事求是的原则。即要客观反映检验的基本过程和鉴定结论的根据。

2．鉴定书的文字部分要简练，用词准确，概念要清楚，要有严格的逻辑性。

3．鉴定书应附有照片，用以真实、形象地固定鉴定书的笔迹物证，反映鉴定结论的根据。特别是准备提交法庭作为证据的鉴定书均应附照片说明（复核鉴定书除外）。

（二）笔迹鉴定书的基本格式

一份正式的笔迹鉴定书的基本格式，应由文字和照片两部分组成。文字部分可以详细记录检验的基本程序和方法，阐明作出鉴定结论的主要依据；照片部分则以形象、具体地再现文字部分所描述的内容，加强鉴定结论的说服力。

1．文字部分。

（1）标题。鉴定书的开头应有标题，即"×××公安局笔迹鉴定书"。标题的右下方要有鉴定书的编号。

（2）正文。这部分是笔迹鉴定书文字部分的主体，包括以下四个方面：

①绪论（或称引言）。

在鉴定书的开头，要写明受理日期，委托单位和送检人；简要案情，检材名称和数量；嫌疑人姓名、样本的数量和种类；鉴定要求。

②检验。

概述检材字迹用什么书写工具写在何种承受物上，有的还要写明它的位置高低，物证的大小尺寸和字迹所处的状态；笔迹有无伪装和变化，变化的程度；检验中选用了哪些笔迹特征，经同嫌疑人的笔迹样本进行比对，发现了哪些主要的符合点或差异点。

③论证。

检验中所发现的符合点与差异点的成因及其性质。论述符合点的总和是否能说明书写习惯的同一。论述差异点的总和是否能说明书写习惯的不同。

④结论。

根据检验结果和论证的理由，针对鉴定要求，简明写出鉴定结论。即送检的×××案件中的文件物证笔迹是（或不是）×××亲笔所写；送检的×××笔迹与×××笔迹是（或不是）同一人的笔迹。

（3）落款。在鉴定结论的右下方，要有鉴定人签名（或加盖印章），并注明技术职称，写明鉴定日期，最后加盖"×××公安局鉴定专用章"。

2. 照片部分。

主要是为了反映和固定笔迹物证及嫌疑人笔迹样本材料的原貌，形象、具体地说明鉴定结论的根据，补充文字难以表达的内容，使鉴定结论更有说服力。该部分包括以下内容：

（1）检材的全貌照片。并加文字说明，它是什么物证的全貌照片，如"敲诈信全貌照片"，"×××遗书的全貌照片"等。

（2）嫌疑人的笔迹样本照片。并加文字说明，如"×××的笔迹样本照片"。

（3）主要笔迹特征比对照片，检材的笔迹特征照片贴在比对表的左侧，样本上相应笔迹特征照片贴在比对表的右侧。每个特征要用标示符号标示清楚，即符合点用红色笔标示，差异点用蓝色笔标示。认定同一结论的特征照片主要是反映符合点，否定同一结论的特征照片主要是反映差异点。主要笔迹特征照片反映的特征字应与文字描述部分列举的根据相对应。

鉴定书应加封皮装订成册，编好页码。一般是一式两份，一份交委托单位，另一份存档备查。也可以根据实际需要增加份数。

三、实验器材

HB铅笔1支、放大镜（或显微镜）、特征比对表、检材和样本原件及其复印件（或照片）、直尺、红蓝铅笔（或圆珠笔）1支、橡皮1块。

四、实验步骤

1. 对给定的有关笔迹的案件进行笔迹特征比对。

2. 制作特征比对表。

3. 编制鉴定书文字部分。用准确、科学、精练、逻辑严密的语言结合案件相关情况，编写一份鉴定书，内容涵盖实验原理中所述的部分。

4. 照片部分。在鉴定书的适当部位粘贴检材全貌照片、嫌疑人样本照片和特征比对照片，照片（实验中可以用复印件代替）下应有简单文字说明，并附上特征比对表。

5. 在笔迹鉴定书正文后边应附上检材、样本（若样本数量较多可附部分样本，样本中应包含特征比对表上所载内容）复印件。

五、实验注意事项

1. 编写鉴定书要坚持科学、全面、客观的原则。

2. 鉴定书的文字部分要简练易懂，用词准确，概念清楚，讲究严密的逻辑性。

3. 鉴定结果的表述，要以检验结果为客观依据，要同检验要求相呼应。

4. 鉴定书的文字部分表述准确，包括：受理时间、委托单位、送检人、简要案情、送检材料（规格大小和页数）、鉴定要求、检验过程、鉴定结论、意见、鉴定人及其职称、制作日期等要素。

5. 制作鉴定书时，不但要确定事实，而且还要解释事实，不但要解答送检人员提出的问题，有时也要说明送检人员未曾提出的问题，使侦查、检察和审判人员能够一目了然，便于非专业人员阅读理解。

实验四　书写速度变化笔迹的检验

一、实验目的

1．了解书写速度的改变对书写习惯反映的影响。

2．学习强行改变书写速度所形成的字迹的检验方法。

3．正确运用书写速度变化的一般规律和强行加快或减慢书写速度时笔迹的特征变化规律进行综合评断，作出正确的鉴定结论。

二、实验原理

书写速度是笔迹变化最普遍、最基本的因素。每个人都可以根据需要在一定程度上改变自己的书写速度。个人心理、生理条件的变化也不同程度地影响着一个人的书写速度。一方面，由于书写习惯的自主性和能动性，包括改变书写速度在内的任何伪装行为都不能完全摆脱个人的书写动力定型；另一方面，马克思主义哲学关于物质反映性原理告诉我们，事物的任何变化都会留下其固有的痕迹，甚至思维的变化也会在头脑中留下"记忆"。这些痕迹是可以通过科学的认识活动予以感知的。因此，一份笔迹是否是常速形成，变速书写的笔迹是否某嫌疑人所为等问题都如正常笔迹一样是可以作出准确的识别的。

故意改变书写速度包括强行加快书写速度和故意放慢书写速度两种。强行加快书写速度，通常会出现连、省、简、应等特征，即连笔增多，笔画省略，字形简化，运笔变形，照应加强等。其特点突出表现在意在笔后，运动失调。表现在字迹笔画紊乱，结构松散，连笔的方式异常，书写节奏丧失，环绕多余等等。

故意放慢书写速度，表现出笔迹熟练程度降低，运笔不流利，笔画呆滞，不正常的停笔、连笔现象与书写水平不相称等。

三、实验仪器

强行加快书写速度的检材1份，故意放慢书写速度的检材1份，正常笔迹样本若干，放大镜（或显微镜），HB铅笔1支，橡皮1块，红、蓝笔1支，特征比对表若干。

四、实验步骤

1．认真分析检材，谨慎判断检材笔迹是否有反常迹象，判断其是否常速书写形成。

2．根据分析选择检材笔迹特征，寻找检材中的特征字。

3．分析嫌疑人样本，判断其书写速度是否同检材接近。并据此进一步筛选第2步所选择的特征字，增加样本中特征突出的字迹。

4．将第2、3步工作反映在特征比对表上。

5．反复核实特征，确定其异同点。

6．综合评断符合点和差异点的价值，作出鉴定结论。

五、实验注意事项

1．分析检材要注意确定、区分快慢字的性质。确定该字迹是正常书写还是心情紧张状态下书写的，抑或是故意伪装形成的。

2．在特征字以及特征笔画的选择上，要注意快中选慢、慢中选快的技巧。

3．检验中，要注意选用不受书写速度影响的特征。比如，单字写法特征、错别字特征、标点符号特征、笔顺特征、搭配比例特征等等。

4．强行连笔书写中出现的多笔少画、错字、别字等现象要辩证地对待，充分注意笔在意先、忙中出错、动作混乱等因素的影响。

5．注意显微镜的使用，操作中动作要轻，不要过快，以免损坏仪器。

实验五　左、右手笔迹比较

一、实验目的

1．了解左手伪装笔迹与右手笔迹的区别及其变化原因。掌握其共同点表现、不同点表现。

2．掌握左手伪装笔迹的特点及其基本变化规律。

3．学会左手伪装笔迹的识别及其检验方法。

二、实验原理

1．左手伪装笔迹的可识别性。

左手伪装笔迹是书写人把书写器官由右手改为左手，妄图掩盖其真实笔迹。正常情况下，人们都习惯用右手书写，并经过反复练习达到熟练。一旦将书写器官变为左手，因其生理结构、运动功能与书写规则相矛盾，大脑活动与左手书写的不协调性，以及左手的动觉系统与眼睛的视觉功能不匹配性，导致左手书写字迹必然出现独特的与右手相区别的特征，并能为人们所识别。

2．左手伪装字迹同一认定的可能性。

人们的活动时刻受到意识的支配。在大脑和中枢神经的控制下，书写运动是通过肩、臂、肘、手等肌体器官按照固有的规则完成的。大脑分为左、右两个半球，其不同区域具有不同的分工。左、右手的运动分别受到它们的支配。同时，大脑又是一个包含神经纤维束等成分在内的一个巨大的有机系统。根据系统理论，大脑半球的任何一部分活动都可以而且必然及时地传递到另一个半球，使得两个半球在功能上各有所长又互为补充，互相制约，互相代偿。大脑发挥着整体协同的系统效应。一只手在练习书写时，另一只手也潜移默化地受到练习，大脑左半球语言中枢的效应也相应地迁移到了右半球支配的左手活动中枢，从而使得左手虽未经过书写练习却能在一定程度上完成书写任务。这就是所谓的"技能迁移"。"迁移"后的技能不同程度地反映着书写人固有的书写习惯。从而，我们可以通过对左手伪装笔迹变化的基本规律的把握来进行与右手笔迹相似的同一认定。

三、实验仪器

左手笔迹检材1份、右手笔迹样本1份、HB铅笔1支、橡皮1块、放大镜（或显微镜）、特征比对表若干份。

四、实验步骤

1．阅读、分析检材，判断检材是右手正常笔迹还是左手伪装笔迹。

2．从正常笔迹的角度将检材中可能进行同一认定的特征找出来，描绘在比对表上。

3．全面寻找与第2步所列特征字相对应的样本字迹，并描绘在比对表的相应位置上。

4．仔细研究所列特征字迹的符合点和差异点，并分别用红、蓝色铅笔予以标示。

5．在被告知检材为左手字迹的情况下，重新审视第4步找到的异同点。结合本实验原理及左手字迹特征的相关资料，用心领会左手字迹的特点和基本变化规律，分析常规笔迹检验中所运用的特征在左手伪装笔迹中价值的变化，体会检材和样本本质上的符合。

6．总结出自己对左手字迹的认识，然后交流，形成对左手字迹的全面认识。

7．独立完成一个左手字迹的案例。

五、实验注意事项

1. 判明伪装方式是得出正确结论的前提。左手伪装笔迹也不例外。注意区分左手笔迹与高位执笔、口叼笔等方式书写的笔迹。

2. 左手伪装笔迹变化的大小与作案人书写水平的高低密切相关。

实验六　摹仿笔迹的检验

一、实验目的

1. 了解摹仿笔迹的手段，掌握不同摹仿手段形成的笔迹的特点。

2. 学习摹仿笔迹的识别方法。

3. 掌握摹仿笔迹特征变化的特点和规律，学习摹仿笔迹的检验方法。

二、实验原理

摹仿是书写人为了达到某一目的而仿照他人的笔迹书写形成的笔迹。通常，由于被摹仿人与摹仿人之间的特殊关系，摹仿人往往持有（或有机会接触）被摹仿人的笔迹，为其日后的摹仿创造了条件。而由于摹仿人受到知识、经验及书写习惯的局限，不可能完全掌握被摹仿人习惯和技能。尤其在笔力的轻重、笔画的气势、行笔的节奏等方面，摹仿后的效果将会大打折扣。

从摹仿者方面讲，人的书写习惯一旦形成，就具有相当可靠的稳定性和特殊性。稳定性来自长期的书写实践；特殊性来自个体在生理、心理、天赋、书写条件等的差异。这种个体不同于他人的、稳定特殊的书写习惯形成后，企图在短时间内通过视觉观察、识别、记忆最终达到仿写并以假乱真程度，在理论上和实践上都是无法实现的。不论多么巧妙的摹仿方式，都会不同程度地暴露摹仿人自己的笔迹特点。这就是我们识别、检验摹仿笔迹的客观依据。

三、实验仪器

检材1份、样本1份、放大镜（或显微镜）、HB铅笔1支、特征比对表若干份、刻度尺等。

四、实验步骤

（一）了解、分析案情，寻找嫌疑人口供或当事人陈述中的破绽

（二）观察、研究检材，确定其是否有摹仿迹象

1. 要重视对基本笔迹特征的利用。

一般说来，摹仿笔迹在字的形态、倾斜角度、基本写法、基本搭配关系上易于相似。但这并不是说基本笔迹特征没有利用价值。首先需要耐心从宏观上去观察，整体上去把握。

2. 充分利用典型的摹仿笔迹特征。

摹仿笔迹在字的基本写法、搭配、明显笔顺等方面容易做到相似。但摹仿他人笔迹则难以做到这点。尤其是在边看边描及不正常的负性心理状态下，笔力时轻时重，书写速度与连笔形态，笔画走向矛盾，出现形快实慢、运笔生涩的现象，甚至出现停顿、抖动、另起笔、修饰重描等等。

3. 寻找细小笔画反映的特征。

摹仿检材字数少，基本特征利用率低，要重视寻找、利用细小的笔画特征。如注意观察小点、小横、小竖、小撇等笔画形态，起收笔特征等。

4. 查验摹仿笔迹及其单字间的呼应关系，体会其"意连"精神。汉字书法讲究形神兼备。摹仿笔迹常常形连意断。

五、实验注意事项

（一）摹仿笔迹检验最重要的就是发现摹仿，除了从检材本身发现摹仿以外，还要通过

了解案件和嫌疑人具体情况，从中发现摹仿

实践证明，笔迹检验必须结合案情分析，而了解分析案情又不能代替笔迹检验。只有坚持"结合"而不"代替"的辩证思想，才能搞好此类案件的检验。

（二）实际工作中，在确定了笔迹的摹仿事实之后，接下来通常还要做摹仿人的鉴定

1．充分运用文字细节特征鉴别摹仿人。

摹仿案件中细小笔画的搭配比例和运笔趋势，收笔的细小动作及其笔画间的照应关系不容易引起摹仿人的注意，也往往会在这些方面暴露出其本人的书写习惯。

2．利用摹仿人用以套摹或练习摹仿的笔迹特征证明其摹仿行为。

第二节　印刷文件、污损文件检验

实验一　印刷版型和打印文件的种类鉴别

一、实验目的

1．掌握印刷品印刷版型的种类及印件特点。

2．掌握各种打印机打印文件的特点。

3．掌握复印机复印文件的特点。

4．真伪货币的鉴别。

二、实验器材

体视显微镜、各种版型印刷文件、各种打印机及打印的文件、复印机及复印文件、纸币、紫外灯、假币鉴别仪。

三、实验步骤

（一）观察各种版型印刷文件的特点

1．显微镜下观察印文、纸币号码等凸版印件的特点。

2．显微镜下观察报纸、书刊、纸币底纹等平版印件的特点。

3．显微镜下观察人民币纸币上盲文点、行名、花边、人像等凹版印件的特点。

4．显微镜下观察孔版油印文件的印件特点。

（二）观察各种打印文件的特点

1．显微镜下观察针式打印机打印文件的特点。

2．显微镜下观察喷墨打印机打印文件的特点。

3．显微镜下观察激光打印机打印文件的特点。

4．显微镜下观察热敏传真机打印文件的特点。

（三）观察复印文件的印件特点

（四）用假币鉴别仪观察纸币上的防伪特征

1．观察纸币纸张上的防伪特征。

2．观察纸币上油墨的防伪特征。

3．观察纸币上制版印刷方面的防伪特征。

四、注意事项

1．观察时要爱护各类文件不要在文件上标注记号。

2．观察时要将各类文件印刷特点及时记录在实验表格中。

实验二　印章印文与签字先后顺序的检验

一、实验目的

1．学习掌握使用断层镜检法判断印章印文与签字先后顺序。

2．用显微镜直接观察总结先盖印文后写字的检材的特点。

3．用显微镜直接观察总结先写字后盖印文的检材的特点。

二、实验原理

人们使用钢笔、圆珠笔进行书写活动时，钢笔、圆珠笔作用于纸张表面，会在纸张表面形成一层薄膜。如果在纸上先盖上印章印文，印泥或印油就会渗透到纸张中，在纸面形成一层保护膜，这时再写字，墨水、圆珠笔油形成的薄膜便会覆盖在这层保护膜上，这样纸张上便形成了三层相互覆盖重叠的薄膜：下层是纸张纤维；中间一层是印油或印泥；上层是墨水或圆珠笔油。相反，如果在纸上先写字，再盖印章印文，那么，形成的三层薄膜的先后顺序就变为：下层是纸张纤维；中间一层是墨水或圆珠笔油；上层是印油或印泥。利用这个原理，在实际的检验工作中，我们可以使用立体显微镜来检验印章印文和笔道交叉点的横断面，通过判断三层薄膜的先后顺序来认定检材是先写字后盖印章印文还是先盖印章印文后写字。这一工作对鉴定、识别伪造公文、证件、票据等案件具有十分重要的意义。

三、实验用品

体视显微镜、载玻片、双面胶带、手术刀、镊子、印章印文、各种纸张、各种书写工具。

四、实验步骤

（一）肉眼观察法

拿到检材后，首先要放在光线好的地方，用肉眼仔细观察，判断印章印文色料是印泥还是印油，签字使用的是钢笔还是圆珠笔。再仔细观察印章印文和签字的交叉处是否有断笔和断印文的现象。

若在检材正反面都能看到笔画通过印文戳迹而中断的现象，即可以认定是先盖的印章印文，后写的字。若观察到断印章印文现象，可以认定是先写圆珠笔字，后盖印油印文。

（二）表面镜检法

1．在体视显微镜下进行表面观察，印文与字迹的交叉处是否有断笔、笔道边缘不整齐以及印章印文色料随笔画走向移动等现象。

根据观察到的现象对检材的总体特征形成一个初步的判断并将结果填入表中。

2．用手术刀在字与印文的交叉点处，轻轻刮取一点点下来，放在洁净、雪白的湿棉团上，然后在体视显微镜下观察，若是红色则可初定是后盖章，若是书写材料的颜色则可以初定是后写的字。

（三）断层镜检法

1．将双面胶纸贴于载玻片上备用。

2．选点。

在检材上选择三个以上印文和签字笔道的交叉点，选择的交叉点最好要清晰完整、无破损。

3．切点。

将选好的点从纸的背面切开，因为这样可以避免印油、印泥或墨水份沾染到纸张纤维的断层上，有利于保持断层面的干净、整齐。切时一定要准、切直，这一刀切开，可形成两个断层面，观察时就是观察这两个断层面。

4．制作样本。

将切下的检材用镊子夹起粘在贴有双面胶纸的载玻片上，粘时要让断层面向上。然后，将制好的样本放在体视显微镜下观察并将观察结果填入下表。

5．观察断层后将检材复原。

将观察结果填入下表：

种类		先盖印文后签字	先签字后盖印文
墨水字	印泥		
墨水字	印油		
圆珠笔字	印泥		
圆珠笔字	印油		

实验三 被掩盖字迹的显出方法

一、实验目的

1．掌握被掩盖字迹的显出方法——压印法。

2．掌握掩盖字迹的种类。

二、实验原理

压印法的基本原理是：利用溶剂对不同染料的溶解能力的差异，选择合适的溶剂配比，将被掩盖字迹部分溶解压印在滤纸上，达到显出字迹的目的。本法适用于几十种书写材料掩盖字迹的显现，如各色墨水字被墨汁或碳素墨水的掩盖；各色圆珠笔字被墨汁或碳素墨水掩盖；各色圆珠笔字迹被各色相应的墨水掩盖；各色钢笔墨水字迹被相应各色圆珠笔掩盖等。

三、实验用品

T－30 小型压力器；小毛笔两支；红、蓝、黑圆珠笔各一支；红、蓝黑、纯蓝、碳素墨水各一瓶；书写纸、滤纸、垫纸、垫板、白瓷盘、867 显字剂。

四、实验药品

乙醇、醋酸、N，N－二甲基甲酰胺、蒸馏水。

五、实验范围

掩盖字大致可分为以下四类：

1．碳素墨水掩盖各色墨水字。

2．墨汁掩盖各色墨水字。

3．碳素墨水掩盖各色圆珠笔字。

4．墨汁掩盖各色圆珠笔字。

以上四类掩盖形式只需配制甲、乙两种药液即可达到显出的目的。具体来说可用甲液显现第 1、2 类掩盖，用乙液显现第 3、4 类掩盖。

六、实验步骤

1．制备实验样品。

用蓝黑墨水（或纯蓝、红、各色圆珠笔均可）在张纸上书写一段话，字迹干后用墨汁或碳素墨水将部分字迹涂抹掩盖，直到字迹看不见为止。

本实验要求每位同学做两种掩盖。

2．药液配制。

甲、乙药液体积比配方如下：

甲液：　　乙醇：水：醋酸（30%）＝5:5:1

乙液：　　乙醇：水：二甲基甲酰胺：醋酸＝5:5:2:1

3．操作方法。

首先用墨汁掩盖各色墨水字迹制作检材。然后取出适量甲液，将甲液倒入白瓷盘中，以能浸透滤纸为准，将两张滤纸放在白瓷盘中，浸 1~2 分钟，然后将浸甲液滤纸上多余的甲液吸干，滤纸上的药液以滤纸半干半湿为准，然后将被掩盖物夹在这两张滤纸中间，上下再各放一些纸，再放上垫板，送入压力器中，用扳手旋紧升降螺杆，压印 10~15 分钟后取出，即可显出被掩盖的字迹。码放方法如下：

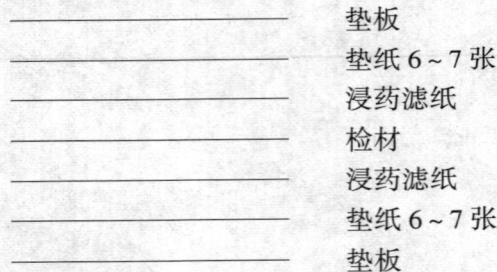

垫板
垫纸 6~7 张
浸药滤纸
检材
浸药滤纸
垫纸 6~7 张
垫板

（四）记录并总结分析实验结果。

实验四　被消退字迹的检验及显出方法

一、实验目的

1．掌握蓝黑、纯蓝墨水字迹的消退方法及检验方法。

2．掌握 9412 显字剂涂显法和气熏显现法。

3．掌握硫氰酸气体的制备方法。

二、实验原理

1．消退原理。

利用漂白粉等消退剂的氧化作用、利用高锰酸钾－草酸等氧化还原作用进行退色。当这些强氧化剂、还原剂作用于墨水字迹上时，墨水字迹的蓝色即刻消失。这是因为这些试剂可以氧化夺取墨水中染料分子中的电子，由此改变了染料分子的结构，结构一旦遭到破坏，蓝染料的蓝颜色也随之退去。

2．显出原理。

在氧化、氧化－还原性的消退剂消字过程中，墨水中的铁离子发生了一系列的价态变化，变化情况是：在墨水瓶中是二价铁离子——书写在纸上部分被空气氧化成为三价铁离子——在消退时经高锰酸钾、漂白粉等氧化性消退剂的消退作用，铁离子被彻底氧化变为三价铁离子——经草酸等还原又变为二价铁离子。正是根据这种变化机理，选择了显字灵敏的硫氰酸气熏法和新的 9412 显字剂。

三、实验用品

蓝黑墨水、高锰酸钾、草酸、漂白粉、过氧化氢、Vc、硫酸氢钾、硫氰酸钾、9412 显字剂、84 消毒液、酒精灯、小烧杯、棉签、毛笔、滤纸等。

四、实验步骤

（一）配制消退剂

1．漂白粉悬浊液或 84 消毒液。

2．双氧水。

3．高锰酸钾溶液。

4．草酸水溶液。

5．Vc 水溶液。

（二）消退字迹操作

消退时使用棉签或小毛笔作为工具，蘸取消退剂，轻轻按压在要消退的字迹上，在被消退字迹的纸张下面放一张滤纸以防止洇渗。消退剂要少蘸，防止将不该消退的字消退掉。

（三）检验及显出操作

1．首先用长、短波紫外灯及显微镜检验可疑被消退文件，确定消退部位。

2．用棉签蘸 9412 显字剂涂于被消退的地方，原字迹可立刻显现出来。

3．硫氰酸气体的制备及气重显现法。

在小烧杯中分别加入硫氰酸钾和硫酸氢钾固体各 0.5 克，加入 3～4 滴水，用酒精灯（或打火机）加热不到一分钟，硫氰酸气体即产生。

待硫氰酸气体产生后，立即将有被消退字迹的文件置于烧杯上方熏显，几秒钟内即显出红色字迹。显出的字迹放置 2～3 天，颜色会退去，但再次重复熏显，仍可显出清晰的字迹，不破坏原件。这是由于铁离子与硫氰酸气体的反应是一个可逆反应。显出的红色字迹若想保存，也可以在显出的字迹上面涂上一层胶，这样便可以长期保存。其反应方程式为：

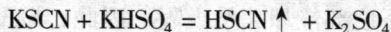

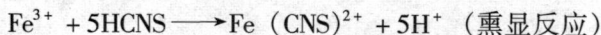

$$KSCN + KHSO_4 = HSCN \uparrow + K_2SO_4$$

$$Fe^{3+} + 5HCNS \longrightarrow Fe(CNS)^{2+} + 5H^+ \quad （熏显反应）$$

实验五 纸张上压痕字迹的显出方法

一、实验目的

1．掌握静电压痕显现仪的使用方法。

2．掌握纸张上压痕字迹的显出方法。

二、实验原理

静电压痕显现仪是显现纸张上微弱的压痕文字的一种专门仪器。其工作原理是：将有压痕字迹的纸张作为电介质被手持高压电晕充电杆充电后，压痕字迹处电压低带正电荷，无压痕的部位电压高带负电。纸张表面的电位起伏使覆盖在压痕纸张上的绝缘聚酯薄膜的电位也发生相应变化，显现出不同的电位差分布，形成一个稳定的电位图像。此电位图像就是压痕文字的潜像。当带负电荷的黑色显影墨粉喷到聚酯薄膜上时，被无压痕部位的负电荷所排斥，而被带正电荷的压痕部位吸附。这样纸张上的压痕处和非压痕处接受的墨粉量不同就形成了反差，使聚酯薄膜上压痕的潜在图像清晰地显示出来。静电压痕显示仪可以显现较微弱的压痕文字，而且不破坏文件，特别是在较大面积的压痕文字显现时，效果较好。另外，此仪器还可应用于掩盖字迹的显出，特别是对硬笔书写的字迹而被毛笔等软笔色料掩盖的字迹的显出，而且不受同种掩盖和异种掩盖的影响。

三、实验仪器及用品

静电压痕显现仪、加湿箱、书写纸、书写工具。

四、实验步骤

1. 制作检材。

用圆珠笔或钢笔、签字笔、铅笔等书写工具，在一打纸上写上一些文字，然后取出第5张做实验。若字迹压痕重也可以取出第9张或更下面的纸做压痕字迹显出实验；若字迹压痕轻则反之。

2. 加湿。

将上面制作的检材，放在加湿箱内加湿10min～20min，使文件具有一定湿度，以增强导电性；北方冬季干燥可多加湿一会。夏季和南方潮湿可减少加湿时间或不加湿（据报道环境空气相对湿度低于30%的干燥环境对压痕不能显出，低于50%的湿度下显出效果很差。在60%～80%湿度下效果最好。湿度过高效果又逐渐变差）。

3. 抽真空。

将待检验文件放在静电压痕仪的微孔金属台上，开动真空泵抽气，上面覆盖无色透明的聚酯薄膜，使纸张与薄膜紧贴在一起并吸附在金属台上。

4. 高压电晕。

用手持电晕充电杆（杆内装有直径为0.1mm钨丝，通电后可达4500V～5000V高压，产生离子放电），在距聚酯薄膜2cm～3cm处，往返缓慢移动1～2次，进行充电。此时文件作为电介质被充电后，有压痕部位电压低，无压痕部位电压高，纸张表面电位的起伏使感应聚酯膜形成一个稳定的电压图像。

（五）喷墨粉显影

将黑色墨粉通过喷嘴喷在聚酯薄膜上。墨粉从喷嘴喷出时，粉末由于相互撞击已带上负电荷，在无压痕部位吸附墨粉少，而压痕部位却大量吸附。因此，聚酯薄膜上压痕的潜在图像就清晰地显现出来。

（六）固定

可以用照相的方法拍照固定，也可以用透明胶纸粘贴固定。

五、实验注意事项

1. 将纸张放入加湿箱中加湿时，不能让纸张沾上水。

2. 静电压痕显示仪显出的字迹，可以是白底黑字也可以是黑底白字，这是靠静电压痕显示仪中的正负电极来控制。

3. 用高压电晕充电时，要注意安全，应在实验教师的指导下操作。

实验六　烧毁文件的整复方法

一、实验目的

1. 了解燃烧程度与温度变化的关系。

2．掌握烧毁文件的提取与整复的方法。

3．了解烧毁文件字迹的辨读方法。

二、实验内容

1．了解不同文字色料的文件燃烧后的情况。

2．掌握烧毁文件的提取方法。

3．掌握烧毁文件的整复方法。

三、实验材料

电炉、小喷雾器、各种纸张、各种书写色料、玻璃板、塑料板、毛笔、10%的甘油水溶液（或喷发胶）、胶纸、水盆。

四、实验步骤

1．自制烧毁文件。

用不同的书写色料写在不同的纸上，分别在不同温度的电炉上燃烧。仔细观察不同纸张及不同字迹色料的燃烧变化情况。

2．提取。

用塑料垫板或玻璃板或硬纸板放在纸灰附近，一手轻轻煽动，使产生微弱气流将纸灰移到塑料板上。

3．软化摊平。

将塑料板一端先放入盛好清水的盆中，再慢慢移动将纸灰全部浸润，借助水的张力使纸灰自然摊平。或用水蒸气气熏法使烧毁文件变软，但需时间较长，不宜学生实验。或用喷雾法软化摊平，用喷雾器向置于板上的烧毁文件喷甘油水溶液或喷发胶或水软化，再用毛笔摊平。

4．用侧光、红外光等不同的光源照射烧毁的文件，观察上面的字迹情况。

五、实验注意事项

1．注意观察纸张焦化、炭化、灰化与温度的关系。

2．注意观察文件燃烧后易整复的纸张是哪一类。

3．喷雾软化时不能直接对纸灰喷雾，以免将纸灰吹散而损坏。

第三节　书写材料、文件制成时间的检验

实验一　显微镜法检验纸张纤维形态

一、实验目的

1．掌握显微镜的基本构造及使用方法。

2．掌握纸张纤维的分离操作。

3．了解各种不同类型纸张纤维的形态特点。

二、实验原理

纸张是植物纤维材料经过加工处理后紧密交织在一起的纤维薄层。由于使用的植物纤维材料原料不同，所以各种不同纸张其纤维形态也各不相同。

三、实验用品

生物显微镜、载玻片、大头针、滤纸条、碘氯化锌染色试剂、蒸馏水、各种纸张样品。

四、溶液配制

染色剂—碘－氯化锌的配制：溶解 20g 无水氯化锌于 10ml 蒸馏水中，另用 5ml 蒸馏水溶解 2.1g 碘化钾和 0.1g 碘，待两溶液都充分溶解后，将碘化钾溶液徐徐加入氯化锌溶液中混合均匀，再移入具有磨口瓶塞的试剂瓶中，加入 1～2 粒碘片，放置暗处。待溶液完全澄清后，将清液倒入具有瓶塞的棕色试剂瓶中，放置暗处备用。

五、实验步骤

1．制片。

取 0.4cm² 被检验纸张的检材加一滴水湿润，再用手指将纸样轻轻搓成小球放在载玻片上，并用大头针将纸张纤维拨散（分散得越细越好）但位置要相对集中一点。加一滴碘—氯化锌染色试剂，观察颜色变化并取一块洁净的盖玻片先倾斜一端徐徐压下，注意把气泡赶净，然后用滤纸条吸干盖玻片周围药液。如盖玻片下压了大量小气泡要重新制片。

2．检验纤维形态。

将制好的样片装在载物台上并加以固定，然后打开人工光源调整显微镜焦距进行观察。调焦时为避免物镜碰挤样片把物镜损坏，可把物镜调至最靠近样片的位置，然后增加焦距至准焦。在操作中切忌硬搬猛拧，以免造成仪器损坏。

3．观察记录。

通过显微镜仔细观察各种纸浆的颜色、不同的纤维特征，根据观察的结果绘制特征纤维示意图。

六、注意事项

1．制纸张纤维样本时内部不可夹杂气泡。

2．不要把人工光源的亮度开得过大。

3．不可用手指或其他物品擦摸目镜、物镜的镜头部分。

4．显微镜严禁自行拆卸。

实验二　用薄层层析法分析墨水的成分、鉴定墨水的产地

一、实验目的

1．学习使用薄层层析法（TLC）检验墨水成分。

2．掌握 TLC 中的取样、点样、展开等操作技术。

3．分离墨水成分，确定墨水的种类和产地。

二、实验原理

薄层层析法是指把吸附剂或载体均匀地铺在玻璃板上形成薄层，把欲分析的样品点在薄层合适的位置上，然后用合适的溶剂展开而达到分离、鉴定的目的。利用薄层层析法，我们可以将实验中待检验的墨水在层析板上展开，然后根据展开后各点的颜色、Rf 值等来判断墨水是否为同一种类。

各组分的性质不同，在层析板上移动情况不同，即 Rf 值（比移值）不同，以此进行定性鉴定。组分移动越快，Rf 值越大。

计算公式：

$$Rf = \frac{原点到斑点中心的距离}{原点到溶剂前沿的距离}$$

三、实验用品

薄层板、毛细管、烘箱、干燥器、小烧杯、各种墨水字迹、正丁醇、醋酸、蒸馏水、层

析缸、吹风机、紫外灯、尺子、大头针等。

四、实验步骤

（一）准备工作

1．薄层板的活化。

将层析板放入110℃的烘箱中烘干活化半小时。然后停止烘箱加热，层析板稍凉后取出，放入干燥器中备用。

2．确定薄层板的点样位置。

在层析板的下沿1cm处用大头针轻点4个点，各点间隔相等，边缘两点离板沿1cm。上沿线的位置要求是：距点样线为一个整数值如8cm。划线时注意不要弄脏薄层板。

3．配制展开剂。

将正丁醇、乙醇、水以9:1:1的体积比混匀，装入磨口玻璃瓶中备用。

（二）样品提取

将写有墨水字迹的纸剪下其中1～2个字，放入小烧杯中。滴入几滴3%醋酸溶液，将墨水提取下来。（染料墨水用乙醇提取）

（三）点样

将毛细管放入样品溶液中，吸取提取下来的墨水液，点在准备好的薄层板点样位置上，并同时用吹风机吹干（或自然干燥），反复多次。点完一个样品，再换位置点第二个样品，直到需鉴定墨水样点完为止。要求点的点大小一致，颜色深浅一样。实验用墨水样品为：

1．天津鸵鸟牌蓝黑墨水。

2．美国派克牌蓝黑墨水。

3．未知样。

4．广州青年牌蓝黑墨水。

（四）展开

取干燥的层析缸，加入展开剂，盖好盖子，并轻轻晃动数次，以使层析缸中的展开剂处于饱和状态。然后将点好样的层析板放入已加展开剂的层析缸中，点样的一端在下面，但不能浸入展开剂中，盖好盖子，展开剂即沿着薄层板由下向上展开。边展开边注意观察，记下各点在展开中的颜色变化。当展开剂走到层析板上沿线的位置时，展开即完成。

（五）观察

记录展开结果，取出薄层板立即在白光下仔细观察，记下每种墨水共有多少展开点以及各展开点的颜色、形状及位置，再在紫外灯、蓝光灯下看荧光点并记下荧光的颜色及荧光点的位置。等薄层板干后，再认真观察一次。

（六）计算各点的 R_f 值

五、实验注意事项

1．点样时不能在薄层板上造成凹穴，这样在展开时溶剂上升必须绕着凹穴上升，而上升的速度在中心轴处较其相邻处慢，使分离点出现三角区带，影响分离效果。

2．点样浓度不易过浓和过稀。

过浓时，有相当部分的样品没经过层析作用而随溶剂流动，产生物质自由扩散，造成分离不清，常拖尾。浓度过稀时，则往往会形成空心斑点，形态不规整或不能检出。

3．薄层板上的原点不得浸入展开剂中，展开时，层析缸要密闭。

实验三　相对书写时间的检验

一、实验目的

1．基本掌握草酸溶解法判断书写时间的操作。

2．了解硫酸盐扩散法判断书写时间的操作。

3．基本掌握有机溶剂溶解量法判断书写时间的操作。

二、实验器材

比对显微镜、双波长飞点扫描分析仪、秒表、滴管、棉棒、微量进样器、$100\mu l$ 试剂瓶、草酸、柠檬酸、氯苯、乙醇、薄层板、定量毛细管、微量取样器、蒸馏水、蓝黑墨水和圆珠笔字迹（相差半年以上的检材和样本）。

三、实验步骤

（一）草酸溶解法判断蓝黑墨水字迹的相对书写时间

1．用细滴管吸取 5%的草酸与 5%柠檬酸的等量混合水溶液。

2．在显微镜下对准被检验的蓝黑墨水字迹的笔画（检材）滴上一滴，同时用秒表或手表计时。

3．在显微镜下对准被检验的蓝黑墨水字迹的笔画（样本）滴上一滴，同时用秒表或手表计时。

4．比较检材和样本的蓝黑墨水字迹笔画的溶解速度，书写时间越长的笔画，出现溶解现象所需时间越长，越不容易退色。

（二）硫酸盐扩散程度测定法判断蓝黑墨水字迹的相对书写时间

1．选择检材与样本同样浓淡、边缘清晰的直笔画，然后在笔画两侧用铅笔画出同轴测量线，但测量线不能接触笔画。

2．用读数显微镜的测量线与画出的铅笔测量线重合，计测原笔画宽度。

3．用棉棒蘸取 5%硝酸铅水溶液，涂于被检验笔画上，用于沉淀硫酸根。

4．用棉棒蘸取 4%高锰酸钾、0.5%硝酸溶液和 5%硝酸铅溶液的混合溶液（混合体积比为 2∶1∶1）——氧化褪色，同时抑制硫酸铅的溶解。

5．用棉棒蘸取 4%盐酸肼水溶液，还原消除高锰酸钾和反应产物的颜色，同时清洗一次空白部位的残存硝酸铅。

6．用棉棒蘸取 20%的硫酸钠水溶液，用来清洗残余药液，改善显出的图像背景，同时抑制硫酸铅的溶解。

7．用棉棒蘸取 4%的硫化钠水溶液，把硫酸铅图像转化成可见的黑褐色硫化铅图像。

8．待显出图像干后，用读数显微镜分别测量硫酸扩散笔画的宽度，计算该宽度与原笔画宽度之差即为硫酸扩散宽度。

检验时应多选几个笔画同时进行检验，取平均值，再根据检材与对照样本硫酸扩散程度的相互关系，即可判断蓝黑墨水的相对书写时间。

（三）有机溶剂溶解量的测定判定圆珠笔油字迹的相对书写时间

1．取样。

用 9 号针头分别取下检材和样本材料上 10 个圆珠笔油墨的小圆片，置于 $100\mu l$ 玻璃小样品瓶内。

2．溶解。

用 100µl 微量进样器，分别取 10µl 氯苯，同时注入各样品瓶内，振动、溶解。

3．点样。

用 2µl 定量点管，同时取出溶解液，分别点在薄层色谱板，各样品点要排成一条直线，间距 5 ~ 10mm。

4．干燥。

点完样薄层板自然干燥，或置于恒温 50℃的烘箱内干燥 10min。

5．测量。

把干燥后的薄层板放在双波长飞点扫描分析仪中，选择 580nm 米波长的光对各样品点逐点扫描，测出各样品点相应的吸收峰。

6．电脑自动测算。

测算出各吸收峰的峰高或峰面积。吸收峰越大，证明圆珠笔油墨被溶解得越多，书写时间越短。吸收峰高或峰面积值越小，则书写时间越长。

第四节 视听资料检验

实验一 声纹特征分析

一、实验目的

1．了解声纹同一认定的基本原理。

2．了解声纹的形象比对和定量分析方法，可对语音声纹图谱作简单的分析。

二、实验基本原理

语音即人说话、言语时发出的声音，语音是携带言语信息的声波。从言语产生的生理机制上说，语音是由肺、气管、支气管组成的呼吸系统提供气流和动力；气流冲击声带使其振动，产生声波；声带产生的声源波通过由喉腔、咽腔、口腔（有时还有鼻腔）组成的声道，在声道中发生共鸣作用，最后经唇辐射传到口外。形成不同响度、声调和音色的各种各样的音节、词语和语句，成为人们进行情感和思想交流的工具。从言语产生的生理机制上说，人与人呼吸器官生理结构、声带的生理结构（几何形状、张力、周围肌群）、声道生理结构（长度、截面积、形状）及其状态不可能全都是一样的。而且，言语的形成是一个复杂的心理、生理过程。每个人从"咿呀学话"开始，经过千百次"听－想－说"的学习、训练，形成符合当地语音和言语规范的说话方式。言语的这种与个人的听觉、神经、大脑系统相关的抽象思维、条件反射（第二信号系统）模式，形成以后是难以改变的。包括说话时发音传声器官及其相应肌群的配合关系形成的生理动力定型，形成以后，特别成年以后是不易改变的。正因为每个人的声道结构和发音习惯具有特定性，才决定了每个人所发语音的声纹具有特定性。

我们利用录音设备将语音信号转化成电信号输入计算机，通过相关的软件进行处理，即可得出不同形式的声纹图谱。利用仪器对它们进行观察、分析，找出其特征，分析相同个体发相同语音和不同语音的声纹图谱，以及不同个体发相同语音的声纹图谱，找出声纹同一认定的依据。

三、实验内容和要求

1．认识并分析时域波形图、语音谱图（宽带语图、窄带语图）、能量曲线、过零率曲线等语音图谱的意义及相应图谱的特征。

2．进行实际录音操作，观察、分析不同个体相同语音声纹图谱的异同。

3．比较同一个体声母不同、韵母相同语音声纹图谱的异同。

四、实验器材

VS－99 声纹处理系统（含录音话筒、音箱）；EPSON　STYLUS　COLOR480 打印机。

五、实验步骤

（一）进入声纹处理系统

打开计算机，用鼠标左键双击"声纹仪"，即进入声纹处理系统。可用鼠标左键单击"打开"键打开已存盘的语音文件；也可以单击"新建"键建立新文件，单击"录音"键可开始录音，需要停止时单击"停止"键，此时屏幕上即显示出所录声音文件的时域波形。

（二）熟悉软件工具的操作方法

与 WINDOWS 提供的功能相同部分此处不再赘述。软件提供的可直接显示的功能键有以下几种：

1．录音及播放。

有录音、暂停、停止、播放和循环播放五个功能键。可通过这些功能键进行录音、播放等操作。

2．声纹图谱转换。

有时域波形、宽带语图、窄带语图、宽带语图重叠共振峰、窄带语图重叠共振峰、基音曲线、能量曲线、过零率曲线、基音/能量/过零率重叠、短时功率谱（FFT）、线性预测谱（PLC）、FFT 重叠 PLC 谱、长时平均 FFT、长时平均 PLC、倒频谱等功能键。利用这些功能键可以方便地进行图谱之间的转换。

3．声纹图谱处理。

显示整个文件、放大选中部分、横向疏松显示、横向密集显示、纵向疏松显示、纵向密集显示，能将文件进行纵向和横向的扩展显示。

4．层叠和平铺功能。

可以多窗口层叠，也可以多窗口平铺显示于同一屏幕上，以便于观察比较。

（三）进行录音和观察分析操作

1．录音。

打开机器，准备好话筒，进入 VS99 声纹分析系统，单击"新建"键，即处于可录音状态，单击"录音"，录音开始，需要暂停或停止时单击"暂停"或"停止"键。此时屏幕上显示声音文件的时域波形图。如需要对某一部分进行分析，可将文件保存后对文件进行编辑，作出所需部分的声纹图谱。

2．编辑。

将不需要的部分选中，然后单击剪切即可，最好把编辑好的文件进行保存，以供随时提取使用并防止文件丢失。

3．作图、观察与分析。

将已经过编辑的声音文件作图，只需点击相应声纹图的功能键，系统自动显示出相应种类的声纹图谱。应注意观察以下几种常见的声纹图谱：

（1）时域波形图。是语音的幅度随时间的变化图，横坐标表示时间，纵坐标表示幅度（与声音的强弱相对应）。注意观察幅度的绝对大小和随时间的相对变化，还可利用时间扩展和幅度扩展进行观察。

（2）宽带语图。又叫宽带三维语图，是利用带宽较宽的滤波器分析得出的结果。横坐标表示时间，纵坐标表示频率，灰度表示振幅大小。应注意观察共振峰的总体分布、共振峰频率大小、共振峰起端和末端频率大小、共振峰形态和走向、共振峰相对强度等特征。观察时可利用十字光标辅助进行分析，有助于判断共振峰的各特征频率；使用宽带语图重叠共振峰图谱时有利于共振峰的中心所在位置。也可以利用时间扩展和幅度扩展进行观察。

（3）窄带语图。又叫窄带三维语图，是利用带宽较小的滤波器分析得出的结果。横坐标表示时间，纵坐标表示频率，灰度表示振幅大小。应注意观察如下谐波线特征：韵头和韵尾走向特征、总体凹向及弯曲程度特征、调形线斜度特征、基音频率等特征。观察时可利用十字光标进行辅助分析，有助于判断谐波线与水平线的夹角。为便于观察，可利用时间扩展和幅度扩展功能对文件进行处理。

（4）基音、能量、过零率曲线。基音曲线横坐标为时间，纵坐标为基音频率，表示基音频率随时间的变化情况。基音频率是各共振峰频率的最大公约数，同一个体发相同音节的基音频率具有一定的稳定性。可在同一屏幕上比较不同语音文件的基音频率的异同。能量曲线表示语音能量随时间的变化，横坐标为时间，纵坐标为能量大小（强度），应注意观察同一语音文件不同音节间能量的相对强度。过零率是单位时间内语音振动通过零值的次数，横坐标表示时间，纵坐标表示次数，应注意观察分析清音、浊音与过零率间的对应关系，一般来说，清音的过零率高，浊音的过零率低。

（5）短时功率与长时平均功率图谱。短时功率谱是取较短时间（如20ms）内声音的频率与强度间关系的统计结果，FFT与PLC的计算方法不同，曲线的表达形态也不相同。横坐标表示频率，纵坐标表示强度，图谱形态与所取声音所在时刻有密切关系，时刻不同往往有很大差异，所以短时功率谱在声纹鉴定中通常仅供参考。长时平均功率图谱与短时功率图的区别仅仅是作为统计材料的声音时间长度不同，长时平均功率提取语音的时间长度应在30秒左右较为合适。同一个体的长时平均功率图谱也具有较强的稳定性，在声纹鉴定中的利用价值也较大。注意观察同一个体不同语言语音文件的长时平均功率图谱的异同。

在实验中可以分别录制同一人说不同句子、不同的人说相同的句子制成语音文件，经过编辑提取相同的字或词（音节）进行分析、观察。还可以比较同一人、不同人说韵母相同、声母不同字、词（音节）之间声纹图谱的异同。如有必要，可将声纹图谱打印出来，根据自己所作的记录，做一简单的评判。

（四）结束实验，退出系统，关闭计算机

六、注意事项

1. 实验重点是观察分析宽带语图与窄带语图的特征。

2. 要爱惜实验仪器，严格按教师的指导进行操作。

七、作业

录制"公安射击大赛现在开幕"语音文件，制作宽带语图和窄带语图，测量e、I、a、u四个韵母的共振峰频率，分析其特征。

实验二 人像组合系统的操作

一、实验目的

1. 了解人像组合系统的操作方法。
2. 进行人像组合的具体操作。

二、实验内容和要求

1. 了解人像组合的原理和一般方法。
2. 通过操作熟悉人像组合软件的功能和操作方法。
3. 利用人的描述特征组合出相应的人像。

三、实验器材

同创 Aiddy 8440A 计算机，EPSONLQ1600KIII 打印机，TH 人像组合系统 3.1 版。

四、实验基本原理

人的长相千差万别，但面部形态的基本组成元素却是相同的。影响一个人面部形态的因素大体上有以下几种：脸型，发型，眼睛、鼻子、嘴巴、胡须、眉毛等的形态结构和相互间的关系。另外还有痣、斑痕、疤等。如果把面部形态的基本组成元素采集起来并加以分类，存贮于计算机中，使用时再把相应的组成元素置于合适的位置进行组合，并加以适应调整，就可以得到一个全新的组合人像，根据需要就可以打印、发送。

五、实验步骤

（一）熟悉人像组合操作系统的功能

1. 进入系统。

首先打开计算机，用鼠标左键双击桌面上的人像组合图标，或用鼠标右键双击桌面上的人像组合图标，再用鼠标左键单击"打开"，即可进入人像组合系统。

2. 熟悉功能键。

进入系统后，在框图的最上方有一排功能键：文件、编辑、查看、组像、选项、工具、帮助。

（1）文件。点击文件键可出现如下下拉菜单：新建、打开、保存、保存为、采集图像为脸形、插入图像为脸形、插入图像打补丁、保存补丁图像、打印、打印设置、打印预览、版面设置、视频输出。其中，采集图像为脸形可用于脸形图像的采集；插入图像为脸形用于插入不同的脸形；插入图像打补丁可用于在已有图像上添加补丁，以增加新的特征，视频输出可用于图像资料的视频信号输出。

（2）编辑。点击编辑键可出现如下下拉菜单：取消、恢复、注释文字。取消、恢复用于对图像修改、添加等的取消和恢复；注释文字则可用于添加对图像文件的注释说明。

（3）查看。查看菜单中的固定工具条、底部状态条、浮动工具条、修改属性框分别用于显示或隐藏固定工具、底部状态、浮动工具和修改属性框。部件一览可用来查看已用于组合人像的各部件类型。

利用浮动工具框中的箭头可以使选定部分横向、纵向移动位置，也可以使选定部分的相对位置横向、纵向拉开或收缩，还可以使选定部分顺时针或反时针旋转一定角度。另外，还可以调节选中部分的亮度、对比度，以使所选部分的色调、亮度与其他部分相吻合。

（4）组像。组像的一级菜单有新增、选中、更换、删除、转换，新增、选中、更换、删除的二级菜单则都有脸型、发型、眉毛、眼睛、鼻子、胡须、嘴巴，转换则适用于组像与修改功能之间的转换。

系统默认"新增"的二级菜单为脸型，也可以通过转换变成其他内容，未进行"新增"操作的组像部件，系统自动默认为不得进行选中、更换、删除操作。

（5）选项。选项只有一个二级菜单，即粘贴方式，粘贴方式项下有三种方式：快粘、慢粘、喷粘，三种方式每次粘贴的黑度逐渐变小。

（6）工具。工具项下只有查询一个子目，可用于查询已输入人像资料库的人像或其他项目查询。

（二）人像组合操作

1．选择脸型。

进入系统后，点击组像键，选中新增，此时只有脸型处于可使用状态。脸型有多种可供选择，有长方、四方、圆形、瓜籽、菱形、狭长、方菱、扁平、椭圆等几种，每一种又有很多备选照片供选用。若本页无合适脸型，可单击"下一页"或"上一页"来更换照片，选中脸型后，点击确认键即可。此时浮动工具框显示处于修改状态，可利用修改工具对局部区域进行位置移动和旋转，调节所选区域的亮度和对比度，可以调节选定区域同比地上下左右拉开或收缩，也可以使选定区域左右位置对调，还可以添加或擦除一定的颜色。如想更换脸型，选中更换条，点击脸型键，其余操作同上。

2．选择眼睛。

脸型选定后，需要进行浮动工具条上显示的修改和组像之间的转换，以选定其他项目。单击"组像"二级菜单中的"转换"，即完成了修改与组像间的转换。再单击组像键，选择二级菜单"新增"项下的"眼睛"单击，即可进入眼睛数据库。选定特定的眼睛后单击确定键，原有脸型上的眼睛即被所选的眼睛所代替。然后，再对眼睛进行适当的调整，如改变两眼间的距离、两眼连线与脸型纵轴间的角度、眼睛所在的位置、颜色的深浅等，以使添加的眼睛与脸型相配合。

3．选择其他项目。

脸型和眼睛选定之后，可依选择眼睛同样的方法选择其他的组像要素，如眉毛、嘴巴、鼻子、胡须等。

4．总体调整。

基本组像要素都已经选定之后，需要对组合人像进行整体调整。如果认为对组合人像中的某个组像要素不太符合要求，可以对其进行更换。更换操作时，先单击"组像"，选择二级菜单中的"更换"条，再单击需要更换的要素名称，其余操作与2相同。如果认为某一区域不太真实，可利用浮动工具框和修改属性框对其进行调整。当浮动工具框处于修改状态时，可利用"块操作"方式进行修改，按住鼠标左键拖动即可选定需要调整的区域；当浮动工具框转换为组像状态时，单击各组像要素所在的位置，即可选定组像要素操作块。

系统提供了灰度粘贴和灰度擦除功能，可利用该功能调整组合人像色调的灰度及明暗对比，使得画面逼真。利用该功能还可以添加痣、疤等其他特征。

（三）保存和打印

完成人像组合操作之后，可得出一幅"拼接"的照片，即组合人像。如果对组合效果满意，可以将其保存起来并打印。

（四）退出系统并关机

打印结束后，如果不再继续进行组像操作，应当退出系统，关闭计算机，结束实验。

六、注意事项

1. 人像组合原理虽然简单，但操作需要有很大的耐心，且需要对软件功能非常熟悉。

2. 人像组合软件的数据库中不可能包含所有的人像构成要素类型，应在现有条件下充分利用软件提供的修改功能，以弥补数据的不足。

第四章　刑　事　化　验

第一节　毒　物　检　验

实验一　常见毒物的薄层层析（TLC）分析

一、实验目的

1．了解 TLC 技术对常见毒物进行定性和半定量的分析方法。

2．掌握薄层分析方法的一般操作技术。

3．掌握巴比妥、吩噻嗪、安定的薄层层析检验方法。

二、实验内容

1．巴比妥 TLC 分析（酸性药物）。

2．吩噻嗪 TLC 分析（碱性药物）。

3．安定 TLC 分析（碱性安眠药）。

三、实验要求

1．认真阅读实验教材，预习实验内容，明确实验目的和要求。

2．记录实验中出现的各种现象，写好实验报告和操作经验。

四、实验器材及试剂

（一）实验器材

硅胶 GF_{254} 薄层板、毛细管、直尺、层析缸、长短波紫外灯（366/254）、喷雾器、量筒、烧杯、试管、电吹风机。

（二）化学试剂

1．溶剂：

正丁醇、环己烷、二氧六环、苯、乙醚、丙酮、浓氨水、二乙胺。

2．展开剂（体积比 V/V）：

（1）环己烷/丙酮 = 4/1。

（2）正丁醇/浓氨水/水 = 100/33/66。

（3）苯/丙酮/二乙胺 = 7/2/1。

（4）环己烷/二乙胺/苯 = 75/20/15。

（5）环己烷/二乙胺 = 9/1。

3．显色剂：

（1）1%硝酸银水溶液。

（2）硫酸汞—二苯偶氮碳酰肼试剂。

硫酸汞液：5g 氧化汞溶于 200ml 硫酸中；

0.2%二苯偶氮碳酰肼醇液：0.2g 二苯偶氮碳酰肼溶于 100ml 乙醇中。

（3）碘化铋钾显色剂。A 液：8.5g 次硝酸铋溶于 100ml 冰醋酸中，再加水至 400ml。B 液：40%碘化钾水溶液。

临用前，取 A、B 液各 5ml，加冰醋酸 20ml、水 60ml，摇匀即可。

（4）硫酸/水 = 2/3。

（三）药品

1．巴比妥类混合标样。

2．吩噻嗪类混合标样。

3．苯二氮䓬类混合标样。

4．巴比妥、苯巴比妥、速可眠、氯丙嗪、异丙嗪、安定、舒乐安定、利眠宁等标准样品。

五、实验步骤

（一）点样

1．在已活化好的薄层板上做好点样记号（距薄层板下端边缘 1.0cm 左右）。

2．用毛细管吸取少量标准样品和检材样品溶液，轻轻点到薄层板的点样记号处。

（二）展开

1．自然挥干或用吹风机吹干点样薄层板。将挥干后的薄层板放入展开剂已饱和的展开缸中展开。

2．当溶剂前沿上升至薄层板的前沿标记时，取出薄层板；自然挥干或用吹风机吹干点样薄层板。

（三）观察斑点

1．在自然光下观察展开后的斑点情况。

2．在长波或短波紫外灯下观察展开后的斑点情况。

3．标记好斑点的荧光颜色、形状及位置。

（四）显色

薄层板分别用 1%硝酸银水溶液、硫酸汞—二苯偶氮碳酰肼试剂、硫酸（2:3）、碘化铋钾显色剂、碘铂酸钾显色剂喷雾显色，观察斑点颜色。

1．1%硝酸银。

展开挥干后的薄层板，用 1%硝酸银显色剂显色后，巴比妥药物呈白色斑点。再放在直射日光下照射片刻，背景呈棕褐色，反差加强，斑点更清晰。

2．硫酸汞—二苯偶氮碳酰肼试剂。

先喷硫酸汞液，其作用与硝酸亚汞同，巴比妥药物呈白色斑点，稍干后，再喷 0.2%二苯偶氮碳酰肼醇液。开始时，背景出现蓝紫色，片刻后，背景紫色消褪，巴比妥药物出现蓝紫色斑点。

3．硫酸（2:3）。

吩噻嗪类显红色，其他不显色。

4．碘化铋钾显色剂。

展开挥干后的薄层板，喷该显色剂后，吩噻嗪药物呈橙色。若斑点颜色因放置而消褪，再喷显色剂，则斑点重现。

（五）计算 R_f 值

（六）检验结论

依据斑点颜色和 R_f 值的比对做出检验结论，写出实验报告。

六、实验注意事项

1．点板时，斑点不要距薄层板的底边太近，一般距底边 1.0cm 以上。否则，展开过程中易出现边缘效应。

2．配制 2/3 硫酸水溶液时，要将硫酸倒入水中，不能将水倒入硫酸中。否则，配制过程易发生喷溅伤人事故。

实验二　有机磷农药动物实验

一、实验目的

1．通过家兔的有机磷农药中毒，了解动物的部分染毒方式。

2．通过解剖家兔，了解中毒检材的采取方法。

3．掌握有机磷农药中毒症状。

二、实验内容

1．家兔灌服有机磷农药中毒症状观察。

2．家兔注射有机磷农药中毒症状观察。

3．解剖中毒家兔并提取相关检材。

三、实验要求

1．认真阅读教材，预习实验内容，明确实验目的和要求，了解实验基本原理。

2．详细记录实验中出现的各种现象，写好实验报告。

四、实验材料

健康家兔、有机磷农药（E－1605）、手术刀、剪刀、镊子、医用手套、注射器、台秤、搪瓷盘、烧杯。

五、实验步骤

（一）家兔准备

编号、秤重、观察外观情况、瞳孔大小。

（二）不同方式中毒实验

1．灌胃。

在家兔口中的开口器小圆孔上插入导管，沿咽后壁进入食道。导管的另一端置于一盛水的烧杯中，如不发生气泡，即认为导管在食道中。然后用注射器吸取 0.5～1ml 的 E－1605，自导管注入食道，再注入 5ml 水冲洗。观察中毒症状、中毒时间及死亡时间。

2．注射。

用注射器吸取 1ml E－1605 后直接通过家兔耳静脉注入体内，观察中毒症状、中毒时间及死亡时间。

（三）解剖家兔、采取检材

将中毒死亡的家兔沿腹沟解剖，并观察各脏器变化。采取血、尿、胃、胃内容、肺、肝及肾，分别置于不同容器中，标明脏器名称、采取检材的时间和地点、班组，以备送检。

六、实验注意事项

1．实验过程中人体不应接触有机磷农药，如不慎接触，应立即用肥皂水清洗。

2．沾染有机磷农药的器械、用具不准乱放。须用肥皂水或碱水浸泡分解农药。

3．解剖后的家兔不能乱扔，应挖深坑埋掉或送专门单位统一处理。

4．实验结束后将实验室、场地收拾好，把手洗净。

实验三　动物有机磷农药的定性分析实验

一、实验目的

1．通过实验了解生物检材中有机磷农药的提取、净化方法。

2．了解有机磷农药的薄层层析和气相色谱等定性分析方法。

二、实验内容

1．实验二家兔有机磷农药中毒解剖检材的提取、净化与浓缩。

2．TLC 分析。

中毒家兔脏器中有机磷农药、空白添加有机磷农药试样、空白脏器，三个样品同时经过提取、净化及浓缩至一定体积后，用薄层分析法进行展开及显色，与标准农药比较以获得相同的 R_f 值作为定性分析的依据。

3．GC/NPD 和 GC/FPD 分析。

用 TLC 分析时提取、净化及浓缩至一定体积的样品，用火焰光度或氮磷检测器进行检测，以 RT（绝对保留时间）或 RRT（相对保留时间）作定性分析的依据。

三、实验要求

1．认真阅读教材，预习实验内容，明确实验目的和要求，了解实验基本原理。

2．记录实验中出现的各种现象，写好实验报告。

3．每组写出简要的实验报告，附上图谱、表格。

四、实验器材、药品及化学试剂

（一）器材

硅胶 GF_{254}、薄层板、毛细管、直尺、层析缸、长短波紫外灯、喷雾器、量筒、烧杯、试管、电吹风、电动震荡器、K．D 浓缩器、微量注射器、玻璃净化柱（也可用 50ml 分液漏斗代替）。

（二）化学试剂

1．环己烷、丙酮、二氯甲烷、氯仿。

2．二氯醌氯亚胺试剂：取 0.5g 的 2，6—二氯醌氯亚胺溶解于 100ml 乙醇中。

3．溴。

4．溴酚蓝试剂：取 0.1g 溴酚蓝溶解于 10ml 丙酮中，再用 1%硝酸银丙酮水溶液稀释至 100ml。

5．5%醋酸液。

6．1%间苯二酚无水乙醇液。

7．5%氢氧化钠无水乙醇液。

8．无水硫酸钠。

9．中性层析氧化铝。

（三）药品

1．单一有机磷农药标准使用液。

2．混合有机磷农药标准使用液。

3．检材样品：胃内容、尿、肝、血、胃组织。

五、实验步骤及结果

（一）检材的提取与净化

1．提取。

（1）取血液 5ml，胃内容物、绞碎肝脏各 5g 分别于蒸发皿中，加无水硫酸钠研磨成干砂状。转入 100ml 分液漏斗中，加二氯甲烷（或氯仿）50、30ml，震荡提取 2 次，各 15min，静置分层后，依次分出上清液备用。

（2）取尿液 10ml ~ 20ml 置于分液漏斗中，加二氯甲烷（或氯仿）50ml、30ml，震荡提取 2 次，各 15min，静置分层后，依次分出上清液备用。

（3）阳性对照及阴性对照样的制备及提取：取（1）、（2）对应的空白样品两份，一份精确加入单一或混合的标准农药各 20μg ~ 100μg，作阳性对照。提取方法同（1）、（2）。

2．净化。

（1）装柱。取长约 30cm，内径约 1.5cm 玻璃层析柱（也可用 50ml 分液漏斗代替），于底层松松塞上少许脱脂棉，依次加入无水硫酸钠 2g ~ 3g、中性层析氧化铝 5g（净化肝脏及胃等内脏组织需加 10g）。如含有色素再加 0.5g 活性炭，顶端加 5g ~ 10g 无水硫酸钠。

（2）净化。二氯甲烷（或氯仿）20ml 淋洗装好的柱子，淋洗液弃去（注意淋洗时勿使柱中无水硫酸钠表层干涸），然后将上述备用提取液依次倒入各自的层析柱中，用层析柱活塞控制流速，以一滴接一滴流出为宜，用三角瓶收集净化液，待第一次提取液将流完前，再倒入第二次提取液，待提取液流完后再用 10ml 提取溶剂洗脱一次。

检材如为新鲜血液，因其中杂质较少，提取液可用滤纸过滤，不必过层析柱。

如检材油脂较多时，需先将提取液浓缩至 2ml ~ 5ml，倒入柱顶，再用 50ml 溶剂洗脱，或加大层析氧化铝用量。

（3）浓缩。将三角瓶中收集的净化液，移入 K．D 浓缩器中，根据浓度大小可浓缩至 0.2ml ~ 0.5ml，留做分析用。

（二）TLC 分析

1．样品。

上述提取净化过的阴性对照样、阳性对照样和中毒动物各体液或脏器提取液。

2．点样。

各种农药标准品点样 3 ~ 5μg，检材提取浓缩液适量点样。

3．展开。

展开剂可用己烷（或环己烷）：丙酮 = 4∶1 或氯仿∶丙酮 = 9∶1。

4．显色。

对含有硫磷酸酯农药的检测，可选用二氯醌氯亚胺/溴显色剂或溴酚蓝/醋酸显色剂显色。将展开后的薄层板晾干，喷二氯醌氯亚胺试剂至板均匀（高效板可用浸渍法显色），稍干，置溴蒸气缸中熏 2s ~ 5s，如有含硫磷酸酯农药存在，出现橙红至黄色斑点；或喷溴酚蓝至板上出现均匀蓝色，在 60℃烘箱中加热 5 至 10min，再喷 5% 醋酸溶液至背景呈浅黄色，农药斑点为蓝色。

对含有敌敌畏、敌百虫等农药，可将 1% 间苯二酚乙醇液和 5% 氢氧化钠乙醇液等量配制，喷板，对薄层板稍加热后，敌敌畏、敌百虫显红色斑点，背景浅绿色或无色，其他含硫有机磷农药不显色。

阳性对照样品　添加农药 200μg 于空白检材中，经提取、净化浓缩至 0.5ml，点样 10μl，同时点空白检材提取液及 10μl 阴性对照样。如阳性对照样品出现已知农药斑点而阴性对照样品无干扰，说明农药回收较好。如不出现农药斑点，说明农药回收率较低。

（三）GC/NPD 或 GC/FPD 分析

1．分析条件。

色谱柱：玻璃柱 3mm×2m，固定相为 1.5％ OV–17 和 5％ DC–200 混合液，担体为 Gas chrom Q 80～100 目。

检测器：火焰光度检测器（或氮磷检测器）。

柱温：210℃

汽化室温：240℃

检测器温：280℃

载气：N_2 2.4kg（78ml/min）

氢气：H_2 1.1kg（62ml/min）

　　　氢气 20.12kg（40ml/min）；空气 10.35kg（150ml/min）

2．检测。

（1）进样。将各种检材提取浓缩液、阳性对照样及阴性对照样 1μl～2μl 注入上述条件色谱中，每个样品进样 2～3 次，并注射各单一农药标准品溶液。

（2）记录。分别记录各样品的保留时间（RT）值，填入 GC 定性分析结果表中。

（四）实验结果

根据单一标准样品、混合标准样品及检材的保留时间，分析判断检材中有机磷农药种类。

第二节　毒　品　检　验

实验一　毒品的现场快速检验

一、实验目的

1．了解鸦片类毒品、安非他明类兴奋剂、大麻类毒品、可卡因、麦角酸二乙酰胺等毒品的现场快速检验方法。

2．掌握鸦片、吗啡、海洛因、甲基安非他明的马改氏快速检验方法。

3．掌握可卡因类毒品的硫氰酸钴快速检验方法。

4．掌握大麻类毒品的快兰 B 快速检验方法。

二、实验内容

1．鸦片类毒品的现场快速检验。

2．大麻类毒品的现场快速检验。

3．可卡因的现场快速检验。

4．苯丙胺类兴奋剂的现场快速检验。

5．麦角酸二乙酰胺（LSD）的现场快速检验。

三、实验要求

1．认真阅读实验教材，预习有关实验内容，明确实验目的和要求，了解实验的基本原理。

2．详细记录出现的各种实验现象及实验数据，做好实验报告。

四、实验器材、药品及化学试剂

（一）实验器材

点滴板、滴管、玻璃试管、玻棒、药勺、量筒。

（二）化学试剂

1．马改氏（Marquis）试剂（试剂 A）：A_1：8~10 滴甲醛溶液加到 10ml 冰醋酸中；A_2：浓硫酸（比重 1.84）。

2．改良马改氏试剂：0.5ml 40％甲醛加到 3ml 浓硫酸中。

3．麦克（Meck、亚硒酸）试剂（试剂 B）：B_1：0.25g 亚硒酸溶于 25ml 冰醋酸中；B_2：浓硫酸。

4．浓硝酸。

5．Simon's 试剂（试剂 G）：G_1：2g 碳酸钠溶于 100ml 水中；G_2：1％硝普钠（亚硝基铁氰化钠）水溶液；G_3：50％乙醛乙醇溶液。

6．快兰 B 试剂（试剂Ⅰ）：I_1：按 2.5：100 的比例小心将快兰 B 混合于无水硫酸钠中；I_2：氯仿；I_3：0.1N 氢氧化钠水溶液。

7．Duquenois~Levine 试剂（试剂 J）：J_1：0.4g 香草醛（3—甲氧基—4—羟基苯甲醛）溶于 20ml 95％乙醇中，然后加 0.5ml 乙醛；J_2：浓盐酸；J_3：氯仿。

8．Ehrlich 试剂（试剂 O）：1g 对二甲胺基苯甲醛溶于 100ml 甲醇中，然后加 10ml 浓磷酸（比重 1.75）混合。

9．硫氰酸钴（Scott）试剂（试剂 P）：P_1：16％盐酸水溶液；P_2：2.5g 硫氰酸钴溶于 100ml 水中。

10．改良硫氰酸钴试剂（试剂 R）：R_1：1g 硫氰酸钴溶于 50ml 10％醋酸中，然后加 96％的甘油 50ml 稀释；R_2：浓盐酸；R_3：氯仿。

11．苯甲酸甲酯试剂（试剂 S）：1g 氢氧化钠或氢氧化钾溶于 20ml 无水甲醇中。

（二）实验样品

生鸦片、吗啡、海洛因、大麻树脂、安非他明、甲基安非他明（冰毒）、可卡因、麦角酸二乙酰胺等固体样品。

五、实验步骤及实验结果

（一）鸦片类毒品的现场快速检验

1．马改氏实验。

实验步骤：取少量样品于点滴板小孔中，加 2 滴水，用玻璃棒或刮勺将样品匀开。加 1 滴试剂 A_1，再加 3 滴试剂 A_2，观察并记录反应颜色。

实验结果：若有紫色出现，可能有鸦片、吗啡、海洛因、可待因存在；若有鲜黄色出现，可能有那可汀存在。

2．改良马改氏实验。

实验步骤：取少量样品于点滴板小孔中，加入 3 滴改良马改氏试剂，观察并记录反应颜色。

实验结果：鸦片、吗啡、海洛因、可待因存在呈紫色。那可汀为黄色，罂粟碱无色。

3．麦克（亚硒酸）实验。

实验步骤：取少量样品于点滴板小孔中，加 1 滴试剂 B_1，再加 3 滴试剂 B_2，观察并记录反应颜色。

实验结果：若出现蓝绿色，可能有吗啡、海洛因、可待因存在。鸦片无反应。

4．硝酸实验。

实验步骤：取少量样品于点滴板小孔上，加 2～3 滴浓硝酸试剂。

实验结果：由黄色缓慢变为浅绿色，表示有海洛因存在；由橙色很快变成橘红色，再缓慢变为黄色，表示可能有吗啡存在。该实验是吗啡、海洛因的区别实验，主要用于吗啡、海洛因的种类鉴别。可以单独使用，但最好在马改氏实验为阳性结果后再作区别鉴定用。

（二）苯丙胺类兴奋剂的现场快速检验

1．马改氏实验。

实验步骤：取少量样品（粉末状样品 1mg～2mg，液体状样品 1～2 滴）于点滴板小孔中，逐滴加入改良马改氏试剂 2～3 滴（不要超过 3 滴），观察并记录反应颜色。

实验结果：若出现橘红色，表示可能有安非他明、甲基安非他明存在；若出现蓝紫色，表示可能有 MDMA 存在。

2．乙醛～亚硝基铁氰化钠（Simon's）反应。

实验步骤：取少量样品于点滴板小孔中，依次加入试剂 G_1、G_2、G_3 各 1～2 滴，观察并记录反应颜色。

实验结果：若有甲基安非他明或 MDMA 存在，则出现深蓝色，安非他明和其他含伯胺的毒品则慢慢出现粉红色再变为樱桃红。该反应可用于区别伯胺和仲胺。

（三）大麻类毒品的现场快速检验

1．快兰 B 实验。

实验步骤：取少量样品置于试管中，加少量试剂 I_1，加 25 滴试剂 I_2 并振摇 1min，加 25 滴试剂 I_3 并振摇 2min，观察并记录反应颜色。

实验结果：下层（氯仿）出现紫红色表示可能含有大麻类毒品。

2．香草醛盐酸（Duquenois – Levine）实验。

实验步骤：取少量样品置于试管中，加 2ml（约 50 滴）试剂 J_1 并振摇 1 分钟，加 2ml 试剂 J_2 并振摇数秒钟，放置。若 2min～3min 内出现颜色，加 2ml 试剂 J_3 并缓缓摇动试管，静置分层，观察并记录反应颜色。

实验结果：上层为蓝色，下层（氯仿）中出现紫色表示可能有大麻类毒品存在。

（四）可卡因的现场快速检验

1．硫氰酸钴实验。

实验步骤：取少量样品置于试管中，加 2 滴试剂 P_1，振摇 10s，再加入 1 滴试剂 P_2，振摇 10s，观察并记录反应颜色。

实验结果：若有蓝色细颗粒出现，表示样品中有可卡因及可卡因类毒品存在。

2．改良硫氰酸钴实验（特效反应）。

实验步骤及结果：取少量样品于试管中，加 5 滴试剂 R_1 并振摇 10s，如有可卡因存在会立即出现蓝色。如无蓝色，再增加一倍样品并振摇，如仍无蓝色出现，说明样品中无可卡因存在。如在第二步中出现蓝色，再加 1 滴试剂 R_2，并振摇数秒钟，如有可卡因存在，溶液将变成粉红色（蓝色消褪为试剂色）。如颜色变化不完全，再加 1 滴试剂 R_2（不能多加）。如果蓝色不褪为粉红色，说明样品中无可卡因存在。如果在第三步中，颜色完全变为粉红色，加 5~10 滴试剂 R_3，振摇数秒钟，静置。如下层氯仿又出现蓝色，说明样品有可卡因存在的可能。

该实验可区分可卡因和它的相关物爱岗宁、甲基爱岗宁、苯甲酰爱岗宁。后三种相关物在加试剂 R_1 后不出现蓝色，加试剂 R_2、R_3 后仍无颜色变化。

3. 苯甲酸甲酯实验（气味实验）。

实验步骤：取少量样品于试管中，加入约 10 滴试剂 S，将样品完全浸湿后，振摇 10s，待醇液挥发后，在距离试管 15cm~20cm 处闻其气味。

实验结果：若实验所得的气味（鱼腥味）与苯甲酸甲酯样品相同，则样品中可能含有可卡因。

（五）麦角酸二乙酰胺的现场快速检验

实验步骤及结果：取少量样品于反应板小孔中，加 2 滴试剂 O。几分钟内出现紫色表示样品可能含有麦角酸二乙酰胺。

六、注意事项

（一）鸦片类毒品的现场快速检验

1. 用马改氏试剂检验鸦片时，若鸦片的棕色掩盖了紫红色的出现，可适当减少样品用量，再重复进行实验。

2. 用马改氏试剂检验罂粟碱时，可能显现蓝色或紫色，说明样品中杂质含量较多。

3. 鸦片类毒品的亚硒酸、硝酸实验，其他物质有干扰，得到类似或其他颜色，可能含有其他控制药物。

（二）苯丙胺类兴奋剂的现场快速检验

苯丙胺类兴奋剂的马改氏、乙醛－亚硝基铁氰化钠实验不是苯丙胺类兴奋剂的专一反应，其他物质也可能呈阳性反应。

（三）大麻类毒品的现场快速检验

1. 大麻类毒品的快兰 B、香草醛实验，是否有大麻存在，与上层颜色无关，只有少数植物样品具有相同的反应。

2. 试剂 J 必须存放在阴凉处，如果试剂变成深黄色，则不能使用，应重新配制。

（四）可卡因类毒品的现场快速检验

1. 用硫氰酸钴法检验可卡因类毒品时，安眠酮、海洛因、苯环己哌啶及某些非控制药物会出现相似颜色。

2. 用改良硫氰酸钴试剂检验可卡因类毒品时，只有少量非控制药物出现相似颜色反应。在第二步中，安眠酮、苯环己哌啶、海洛因、地布卡因等会出现与可卡因相同的蓝色反应。

该实验的关键是加试剂 R_2 还原反应这一步，试剂 R_2 的量要严格控制。如果试剂 R_2 加多了，溶液呈蓝色而不是粉红色，并且在加入氯仿后，蓝色不能转移到氯仿层中。如果在步骤一中，可卡因的用量较多，则需要加入 2 滴盐酸，但不能再多。试剂 R_1、R_3 用量要求不严格。

本实验能检出含量为 1% 的可卡因。

3．用苯甲酸甲酯检验可卡因类毒品时，仅有极少数非控制药物会出现相同的气味，闻味时应注意安全，最好距试管口 10cm～20cm 以上，闻的时间也不宜太长。实验时所有样品必须不含水份。

该实验灵敏度大于现有的其他方法，如硫氰酸钴实验法。

（五）麦角酸二乙酰胺的现场快速检验

其他控制及非控制药物在此实验中能得到相同的颜色，需用其他方法作进一步确证实验。对疑用麦角酸二乙酰胺浸渍过的纸，可撕一小块，置反应板上进行实验。

实验二　易制毒化学品的现场快速检验

一、实验目的

了解常见易制毒化学品的现场快速检验方法如：麻黄碱、伪麻黄碱、醋酸酐、胡椒醛、黄樟脑、丙酮、1—苯基—2—丙酮（P—2—P）、邻氨基苯甲酸、麦角酸、麦角新碱、麦角胺和高锰酸钾等。

二、实验内容

常见易制毒化学品的化学法检验。

三、实验要求

1．认真阅读实验教材，预习有关实验内容，明确实验目的和要求，了解实验的基本原理。

2．按操作规程及实验步骤进行实验，并详细记录出现的各种实验现象及实验数据，做好实验报告。

四、实验器材、药品及化学试剂

（一）实验器材

点滴板、滴管、玻璃试管、玻棒、药勺、量筒、定性滤纸、水浴锅、沸石、离心管、离心机、表面皿、石蕊试纸、棕色试剂瓶、易制毒化学品现场快速检验箱。

（二）化学试剂

1．Chen—Kao 试剂（试剂 T）：T_1：1%醋酸；T_2：1g 硫酸铜溶于 100ml 水中。

2．Ehrlich 试剂（试剂 O）：1g 对二甲胺基苯甲醛溶于 100ml 甲醇中，然后加 10ml 浓磷酸（比重 1.75）混合。

3．巴费（Barfoed）试剂：16.6g 结晶醋酸铜溶于 254ml 水中，加入 2.4ml 冰醋酸。

4．2，4—二硝基苯肼。

5．30%高氯酸、浓硝酸、浓硫酸、1N 盐酸、冰醋酸。

6．结晶醋酸铜。

7．甲醇、氯仿、80%乙醇。

8．邻硝基苯甲醛。

9．四氯化碳和 2%溴—四氯化碳溶液。

10．2.5%硫氰酸钴。

11．1%二硝基苯甲醇。

12．乙醛及硝普钠混合液（10%乙醛及 1%硝普钠水溶液等量混合）。

13．2%碳酸钠水溶液、5N 氢氧化钠、15%氢氧化钠。

14．过氧化氢。

15. 0.1%四苯硼钠溶液。

16. 10%三氯化铁。

17. 胲。

（三）实验样品

麻黄碱、伪麻黄碱、麦角新碱、麦角胺、醋酸酐、胡椒醛、丙酮、黄樟脑、异黄樟脑、1—苯基—2—丙酮（P—2—P）、邻氨基苯甲酸、高锰酸钾标准样品。

五、实验步骤及结果

（一）常见易制毒化学品的化学法检验

1. 胡椒醛、丙酮、黄樟脑和异黄樟脑的现场快速检验。

（1）胡椒醛、丙酮的 2，4—二硝基苯肼试验。

A. 在 50ml130%高氯酸（由商品 60%高氯酸加一倍水）中，溶解 1.2g2，4—二硝基苯肼，配成后将溶液储于棕色滴瓶中。

B. 取 5ml2，4—二硝基苯肼试剂于一中型试管中，再将 40mg～50mg 样品溶于 0.5ml 甲醇溶液中，然后加入试管。

C. 塞好试管，极力振荡。

D. 若没有沉淀生成，将混合物加热至沸 30s，再摇荡。

若有黄、橙或红色沉淀生成，则可能含有胡椒醛或丙酮。

（2）胡椒醛的铜离子还原试验（巴费试剂法）。

将 2ml 巴费试剂加入一小型试管中，加入 20mg～25mg 样品，将试管置于沸水浴中加热 3min，然后取出试管，使之冷却。若出现红色沉淀，则可能含有胡椒醛。

（3）丙酮的 penzoldt 氏试验。

取邻硝基苯甲醛加热制成饱和水溶液约 2ml～3ml，加入 0.5ml 丙酮样品，再加入少量氢氧化钠溶液。初显弱黄色，10min～15min 后有靛蓝色沉淀生成，用氯仿振摇，氯仿层呈蓝色，则可能含有丙酮。

（4）黄樟脑、异黄樟脑的溴—四氯化碳溶液试验。

在 1ml～2ml 四氯化碳中滴入 2～4 滴样品溶液，再在上述溶液中滴入 2～4 滴 2%溴—四氯化碳溶液。溴棕色仅能保持 1min，之后便褪去，则可能含有黄樟脑或异黄樟脑。

2. 麻黄碱、伪麻黄碱现场快速检验。

取少量样品于点滴板上，先加 2 滴试剂 T_1，再加 2 滴试剂 T_2，若出现紫色，则可能含有麻黄碱或伪麻黄碱。

3. 醋酸酐现场快速检验。

A. 取 100mg（或 4～5 滴）样品于一中型试管中，加入 1ml1N 盐酸胲溶液，然后加入足够量的 5N 氢氧化钾于 80%乙醇溶液，使混合物对石蕊试纸呈碱性反应。

B. 将混合物加热至沸，冷却。

C. 以稀盐酸将所得反应混合物酸化，然后逐滴入 10%三氯化铁溶液。若出现紫红色，则可能含有醋酸酐。

4. 麦角酸、麦角新碱和麦角胺的现场快速检验。

取少量样品于点滴板中，加 2 滴试剂 O，若出现紫色，则可能含有麦角酸、麦角新碱或麦角胺。

5. 1—苯基—2—丙酮（P—2—P）的现场快速检验。

方法 1：取少量样品于点滴板中，加 2 滴 2.5%硫氰酸钴水溶液，若出现蓝色环的粉红色溶液，则可能含有 P—2—P。

方法 2：取少量样品于点滴板中，加 2 滴马改氏试剂（甲醛——浓硫酸），若出现橙黄色则可能含有 P—2—P。

方法 3：取少量样品于点滴板中，加 2 滴 1%二硝基苯甲醇，混匀后再加 2 滴 15%的氢氧化钠水溶液，若出现紫色则可能含有 P—2—P。

6．邻氨基苯甲酸的现场快速检验。

取少量样品于点滴板中，加 2 滴乙醛及硝普钠混合液（10%乙醛及 1%硝普钠水溶液等量混合），再加 2 滴 2%碳酸钠水溶液，若颜色从黄色变为黄绿色则可能含有邻氨基苯甲酸。

7．高锰酸钾的现场快速检验。

取少量样品于点滴板小孔中，加水溶解，再加稀硫酸使溶液呈酸性，加过氧化氢溶液，溶液由紫红色消褪变成无色，再加 0.1%四苯硼钠溶液与醋酸，若出现白色沉淀，则可能含有高锰酸钾。

（二）易制毒化学品现场检验箱检验易制毒化学品

试验对象、方法及结果详见使用说明书。

六、注意事项

（一）常见易制毒化学品的化学法检验

1．胡椒醛、丙酮、黄樟脑和异黄樟脑的现场快速检验。

除去丙酮的 penzoldt 氏试验外，其余三个试验皆不是特定试验：2，4—二硝基苯肼试验对醛、酮、缩醛及某些醇类都能显阳性结果，铜离子被还原试验对醛类都呈阳性结果，溴的四氯化碳溶液对绝大多数含有碳—碳双键或叁键的化合物都呈阳性反应。

2．麻黄碱、伪麻黄碱现场快速检验。

该显色反应不是专一反应，其他物质也可能呈阳性反应。

3．醋酸酐的现场快速检验。

在醋酸酐的酰胲铁试验中，通常加入 1～2 滴三氯化铁水溶液就会出现酰胲铁盐的颜色，然而，在某些情况下加入的量需要多一些，直到加入的量已超过 1ML 尚不显色时方可算阴性结果。该反应也不属特定反应，酯、酰卤、酰胺和腈在适当的溶剂中都能与胲发生该反应。

（二）易制毒化学品检验箱检验易制毒化学品

本箱是提供执法人员现场快速检验非法贩运中常见易制毒化学品的检验装置，其阴性结果可以排除易制毒化学品的存在，但其阳性结果需送有关实验室做进一步的确证分析。为得到可靠的检验结果，应注意以下事项：

1．箱内配置的器材（点滴板、滴管等）使用后立即清洗并干燥。

2．不允许将试剂瓶滴嘴接触到任何可疑物质，避免试剂污染引起假阳性结果。

3．本箱中的试剂 A2 为腐蚀性强酸，因此应注意避免将试剂 A2 接触到身体的任何部位。

如果溅到皮肤或衣物上，请立即用清水冲洗，使用箱中提供的中和剂中和，并进行治疗；酸液如溅出，在溅出部位用酸中和剂中和，并用水冲洗。

4．本箱包含一些挥发性和易燃性试剂，因此使用本箱时严禁吸烟。

5．使用后立即盖紧试剂瓶瓶盖。

6．应避免将试剂长时间置放在阳光下或温度较高的地方。

实验三　常见体内毒品的现场快速检验

一、实验目的

1．了解体内毒品检验结果对侦查人员识别吸毒者，判定嫌疑人的吸毒历史，进一步获得毒品案件有关线索的重要意义。

2．掌握胶体金法检测试剂盒对尿样中鸦片类毒品、苯丙胺类兴奋剂的检验方法。

3．了解 GC—MS 对嫌疑毛发的检验方法。

二、实验内容

1．胶体金法检测试剂盒检验尿样中鸦片类和苯丙胺类毒品。

2．气—质联用法（GC—MS）检验嫌疑毛发。

三、实验要求

1．认真阅读实验教材，预习有关实验内容，明确实验目的和要求，了解实验的基本原理。

2．必须按操作规程及实验步骤进行实验，并详细记录出现的各种实验现象及实验数据，做好实验报告。

四、实验器材、药品和化学试剂

（一）实验器材

甲基安非他明胶体金法检测试剂盒、尿液中吗啡金标筛选试剂盒、GC—MS 仪、水浴锅、一次性洁净纸杯、萃取分液漏斗。

（二）样品

1．吗啡、甲基安非他明标准样品。

2．空白尿样，被测试尿样（空白尿样中分别加入微量吗啡、甲基安非他明）。

3．吸毒者毛发。

（三）化学试剂

1．三氯甲烷、异丙醇、正乙烷。

2．氢氧化钠。

3．盐酸。

4．双三甲基硅烷基三氟乙酰胺。

五、实验步骤和结果

（一）胶体金法检测试剂盒检验尿样中鸦片类和苯丙胺类毒品

1．胶体金法检测试剂盒（MET）检验尿样中甲基安非他明。

（1）空白尿样检测。从原包装铝箔袋中取出试剂盒，将试剂盒置于干净平坦的台面上，用塑料吸管垂直滴加 3 滴无空气泡的空白尿样于试剂盒（S）孔内，观察 C 检测区。3min～5min 后，C 检测区出现两条紫红色条带，无论颜色深浅，均为阴性结果。10min 后结果判定无效。

（2）甲基安非他明尿样检测。从原包装铝箔袋中取出一块试剂盒，置于干净平坦的台面上，滴入 3 滴甲基安非他明尿样于试剂（S）孔内，观察 C 检测区。3min～5min 后，C 检测区出现一条紫红色条带，无论颜色深浅，均为阳性结果。10min 后结果判定无效。

（3）结果判定（如图 4－2－1 所示）。阳性（＋）：仅质控区（C）出现一条紫红色条带，在测试区（T）内无紫红色条带出现。阳性结果表明甲基安非他明在阈值 1000ng/ml 以上。阴性（—）：两条紫红色条带出现，一条位于测试区（T）内，另一条位于质控区（C）。阴性结果表明甲基安非他明在阈值 1000ng/ml 以下。无效：质控区（C）未出现紫红色条带，表明不正确的操作过程或试剂盒已变质损坏，应重新测试。如果问题仍然存在，应立即停止使用此批号产品，并与当地供应商联系。

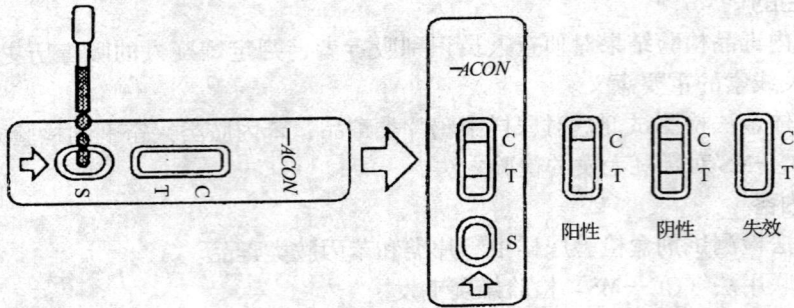

图 4-2-1

特异性：甲基安非他明在浓度高于或等于 1000ng/ml 时显示阳性反应。下列药品在浓度为 100μg/ml 时不引起交叉反应：

蒂巴因、二氢埃托菲、罂粟、那可汀、哌替啶、芬太尼、美沙酮、曲马多、右丙氧芬、纳洛酮、丁丙诺菲、烯丙吗啡、可乐宁、洛非西丁、东莨菪碱、益安口服液、正通宁片、康复新胶囊、扑热息痛、阿斯匹林、布洛芬、阿米替林、丙米嗪、氯丙嗪、异丙嗪、水合氯醛、安定、三唑仑、阿普唑仑、苯巴比妥、速可眠、异巴比妥、可卡因、海洛因、可待因、大麻、安非他明、咖啡因、奥复沙星、氟哌酸、黄连素、乳糖、普鲁卡因、利多卡因、麻黄碱、苯丙醇胺、非那西丁、去痛片、二氢可待因、单乙酰吗啡。

2. 金标筛选试剂盒检验尿样中吗啡。

操作方法及结果同"胶体金法检测试剂盒（MET）检验尿样中甲基安非他明"。

特异性：下列药物，在所列浓度以上时结果为阳性：

药物	浓度（ng/ml）
可待因	300
二氢可待因酮	500
二氢吗啡酮	600
杜冷丁	80000
Levophanol	5000
吗啡	300
吗啡葡萄糖醛酸甙	500
纳络芬	1000
去甲可待因	60000
纳络酮	100000
羟二氢可待因酮	20000
吗啡酮	60000
普鲁卡因	100000
蒂巴因	5000

（二）气—质联用法（GC—MS）检验嫌疑毛发

定量称取嫌疑毛发，在三氯甲烷中 37℃下去污 15min，取出挥干。加氢氧化钠溶液，在 100℃条件下溶解 5min，用盐酸中和、离心，用氯仿—异丙醇—正己烷(50:17:33)混合溶剂 pH 为 9.2 条件下萃取,再用双三甲基硅烷基三氟乙酰胺和1%的 TMC 进行 S 衍化,最后用 GC—MS 测定。

六、注意事项

（一）胶体金法检测试剂盒检验尿样中鸦片类毒品和苯丙胺类兴奋剂

1. 该试剂盒仅提供了一种初步的分析结果,必须使用第二种分析方法以确定结果。气相色谱和质谱（GC—MS）是目前较好的确认分析方法。

2. 该试剂盒仅是一种定性筛选鉴定,不能确定甲基安非他明在尿样中的含量。

3. 由于在技术和操作上可能出现的失误,同时也由于标本中存在干扰物质,试剂结果有可能错误,请查阅在特异性中列出的能引起阳性结果的物质。

4. 尿样必须收集在洁净、干燥不含任何防腐剂的容器内。

尿样若呈可见的混浊状,需先离心、过滤或待其沉淀后取上部清液检测。若不能及时送检,尿样标本在2℃～8℃冷藏可保存48h。长期保存需冷冻于 – 20℃,忌反复冻融。

5. 使用前将试剂盒及尿样标本恢复至室温（20℃～30℃）。

6. 不洁净尿样,如含有漂白剂、明矾等,可能在正确的分析操作方法下产生错误结果。

7. 服用某些含有鸦片类抑制剂的药物后,在尿检时对吗啡会产生阳性结果。

8. 试剂盒在室温下一次性使用。

打开包装后,请勿将试剂盒置于空气中过久,以免受潮。

9. 样品中有机溶剂浓度不得超过 5%（V/V）。

10. 试剂盒对吗啡的灵敏度为 300ng/ml,甲基安非他明为 1000ng/ml（美国国家药物滥用研究院标准）。服用鸦片、海洛因、吗啡及甲基安非他明后48h 内可从尿液中检出。

（二）气—质联用法（GC—MS）检验嫌疑毛发

称取的嫌疑毛发量视仪器检测灵敏度而定。

实验四 薄层层析法检验鸦片类毒品

一、实验目的

1. 了解薄层层析法的分离原理、操作方法。

2. 了解鸦片类毒品常见有效成分。

3. 掌握鸦片类毒品的薄层层析检验方法。

二、实验要求

1. 认真阅读实验教材,预习有关实验内容,明确实验目的和要求,了解实验的基本原理。

2. 必须按操作规程及实验步骤进行实验,并详细记录出现的各种实验现象及实验数据,做好实验报告。

三、实验器材、药品及化学试剂

（一）实验器材

层析缸、玻璃毛细管、量筒、具塞试管、紫外灯、高效硅胶 GF$_{254}$薄层板、点样器、离心机、振荡器、喷雾器。

（二）实验样品

1. 吗啡、可待因、罂粟碱、蒂巴因、海洛因样品。

2. 粗制吗啡及鸦片。

（三）化学试剂

1. 展开剂。

系统 A　苯:环己烷:二乙胺 = 40:40:10

系统 B　苯:乙酸乙酯:二乙胺 = 45:45:10

2. 显色剂。

碘化铋钾试剂（次硝酸铋 200mg + 碘化钾 5g + 碘 2g + 浓盐酸 1ml + 冰醋酸 1ml，混匀后加水至 250ml，再混匀）。

3. 1M 碳酸氢钠、1M 碳酸钠和醋酸。

4. 甲醇、乙醇、异丙醇、氯仿。

四、实验步骤

（一）样品制备

1. 标准溶液。

用甲醇或乙醇配制每毫升含吗啡 5mg，可待因、蒂巴因、罂粟碱、海洛因各 1mg，那可汀 5mg 的单一标准溶液和混合标准溶液。

2. 缓冲溶液。

用 1M 的碳酸钠和 1M 的碳酸氢钠调至 pH 值为 8.7 + 0.2。

3. 检材溶液。

分别取 0.1g 检材于 10ml 具塞试管中，用 5ml 5% 醋酸溶液浸泡振提至少 1 小时。离心后取上清液于另一具塞试管中，用缓冲溶液 7.5ml 调至 pH 为 8.5 + 0.2，然后用氯仿:异丙醇混合剂（3:1）1ml 提取，离心后直接取底层有机溶剂进行分析。

（二）点样

取一块高效硅胶 GF₂₅₄ 薄层板，在距薄层板底部 1cm 距两边 1.5cm 的位置(原点)，用毛细管分别点吗啡、可待因、罂粟碱、蒂巴因、海洛因、那可汀单一标准溶液和混合标准溶液各 5ul 左右。

（三）展开

分别用系统 A、系统 B 展开剂 20ml 展开，展至距前沿 1cm 左右处取出薄层板，并及时做好记号（溶剂前沿）。

（四）显色

将薄层板挥干，先在紫外灯下观察斑点位置及颜色，然后用碘化铋钾显色剂显色（尽量将胺赶尽，必要时用吹风机吹，否则灵敏度低），观察斑点颜色。

（五）计算比移值（R_f）

观察各斑点位置及颜色，计算各斑点的比移值，判断各检材中含有何成分。

五、实验结果

样品名称 ＼ 展开剂	展开剂 A				展开剂 B			
	单一标准	混合标准	检材一	检材二	单一标准	混合标准	检材一	检材二
吗　啡								
可待因								
蒂巴因								
罂粟碱								
那可汀								
海洛因								

六、注意事项

1. 点样时要注意均匀，位置要准确，不能太高、太低或太靠边。
2. 展开时展开剂必须混合均匀，且展开过程中层析缸均应盖上盖子。
3. 显色时可用喷雾器显色，也可把薄层板浸入显色剂中蘸一下即可。
4. 用碘化铋钾显色，鸦片中各成分均为橙色或棕色斑点。

第三节 微量物证检验

实验一 偏振光显微镜检验纤维种属

一、实验目的

1. 了解偏振光显微镜的原理、操作方法及应用。
2. 掌握偏振光显微镜检验纤维种属的方法。

二、实验内容

1. 偏振光显微镜检验棉纤维。
2. 偏振光显微镜检验毛纤维。
3. 偏振光显微镜检验麻纤维。
4. 偏振光显微镜检验人造纤维。
5. 偏振光显微镜检验合成纤维。

三、实验要求

1. 实验前，学生须认真阅读实验教材，预习实验内容，明确实验目的和要求，了解实验的基本原理、内容和方法，安排好当天的实验计划。
2. 实验中，必须按操作规程及步骤进行实验，并详细记录出现的各种实验现象及实验数据，做好实验报告。

四、实验器材、药品及化学试剂

偏振光显微镜、甘油或阿拉伯树胶二甲苯液、载玻片、盖玻片、各种纤维标本（棉纤维、毛纤维、麻纤维、人造纤维及合成纤维）少许。

五、实验步骤及结果

（一）制作纤维标本片

取已脱脂或脱色减薄的动物纤维或已脱胶分离过的植物纤维少许，置于预先滴有一滴甘油的载玻片上，盖上盖玻片，勿使空气泡存在。

（二）偏振光显微镜检验纤维种属

将制作好的标本片分别置于偏振光显微镜载物台上，调整目镜、物镜及放大倍数至图像清晰为止，观察纤维标本在偏振光显微镜下的表面形态及颜色。

（三）实验结果

1. 棉纤维。

在显微镜下，棉纤维纵向呈扁平状，有扭曲。成熟的棉纤维，沿纤维长度方向，每厘米有 39~65 个扭曲。在扭曲位置上，纤维素层改变了生长方向，称为逆转区。它在正交偏振光下，有明显的颜色改变的痕迹。棉纤维的成熟程度不同，偏光干涉图形也不同。当纤维放在45°位置处，一般成熟的纤维呈橙色和蓝色，以黄色为主，色泽较暗，不成熟的棉纤维，偏光干涉颜色是天蓝、深蓝、紫蓝和紫色等，无明显的干涉条纹。

2．毛纤维。

(1) 羊毛。羊毛的双折射率不大，无干涉条纹，在正交偏光下呈灰白干涉色。

(2) 兔毛。兔毛在正交偏光下，因双折射小，所以呈灰白色或蓝色，具有独特的小窗格形髓质。

(3) 桑蚕丝。在显微镜下，桑蚕丝呈棒状，表面光滑、充实，有明亮的光泽。在纤维中心处有一长暗沟，是两单丝之间的分界线。外皮上隔不远处有一加肥的地方。桑蚕丝在正交视场下，有鲜艳的干涉色，一般是黄绿、粉红、暗紫色等。单丝无明显的干涉条纹，只有干涉色。柞蚕丝比桑蚕丝粗，在显微镜下呈扁平状，上边有极细的纵条纹，内部有很多小气孔，它的偏光干涉色主要是暗棕色。

3．麻纤维。

在显微镜下，麻纤维有许多细条纹，纤维粗硬。在暗视场中，呈五颜六色的干涉条纹。大多数的麻纤维都有横节，并且横节的数量和形状随麻的种类不同而不同，苎麻横节最多。

4．人造纤维。

(1) 粘胶纤维。在显微镜下，粘胶纤维表面具有纵向条纹，直径比较均匀。其横截面大部分为不规则的锯齿形。偏光干涉色较暗，有暗棕、深蓝色等。

(2) 铜氨纤维。在显微镜下，铜氨纤维呈弯曲的光滑状，在正交偏光下呈淡黄色，无明显的干涉条纹。

(3) 醋酸纤维。在显微镜下，醋酸纤维呈半透明状，其干涉色是较暗的白色，且无明显干涉条纹。

5．合成纤维。

(1) 涤纶（聚酯纤维）。在显微镜下，涤纶直径均匀（除异形纤维和弹力纤维之外），纤维质地丰满。涤纶纤维的双折射率在所有纤维种类里是最大的。在正交偏振光下，沿纤维纵向有鲜艳的干涉条纹。条纹间距最小，干涉条纹最多。一般因入射光相对截面是对称的，所以其干涉本系统的颜色分布也是对称的。中间是一单色的亮条纹，两边对称地分布有粉色、绿色、黄色等条纹。若入射光相对于截面不对称时，其干涉条纹也是不对称分布的。

(2) 锦纶（聚酰胺纤维）。在显微镜下，锦纶光滑丰满，在正交偏振光下，有十分鲜艳的干涉条纹。一般的干涉条纹都是对称分布的。中间为一单色，两边对称地分布有粉红、浅绿、大红、黄、天蓝色等条纹。

(3) 腈纶（聚丙烯腈）。腈纶是以丙烯腈聚合成的聚丙腈为原料而纺出的纤维，它的性质很像羊毛，所以俗称合成羊毛。腈纶的双折射率非常小，几乎近于0，一般在正交偏光下呈现暗白色，并且很暗。所以必须加上一级红补色片来进行检验，这时可观察到明显的干涉色，当纤维与补色片的慢轴方向平行时呈黄色，垂直时呈蓝色。

(4) 氯纶（聚氯乙烯）。在显微镜下，氯纶双折射很弱，所以也必须加上一级红补色片来进行观察。当纤维与补色片的慢轴方向平行时，纤维呈青绿色，当垂直时呈枯黄色或黄色。

（5）维纶（聚乙烯缩醛）。在显微镜下，维纶纤维呈扁平状，中央有假髓质腔。其偏光干涉条纹为平行的直线纹，中央呈蓝色，两边对称地分布有棕色条纹（或它们补色）。

（6）丙纶（聚丙烯）。丙纶比重为 0.91，是现在纤维材料中比重最小的纤维。在显微镜下，纤维光滑丰满。但丙纶纤维染色很困难，目前多半用于原液染色。这些染料的双折射很复杂，往往使丙纶的干涉条纹变得不规则，出现"鱼眼"。

实验二　炸药的现场快速检验

一、实验目的

1．了解常见炸药的化学、薄层层析检验方法。
2．了解炸药现场快速检验箱的分析原理、操作方法和运用。
3．掌握氯酸钾、硝铵、黑火药、有机炸药的化学方法及薄层层析检验方法。
4．掌握 ZH—Ⅲ 型炸药分析箱的使用方法。

二、实验内容

1．氯酸钾、硝铵、黑火药、有机炸药的化学显色试验。
2．氯酸钾、硝铵、黑火药、有机炸药薄层层析法试验。

三、实验要求

1．认真阅读实验教材，预习有关实验内容，明确实验目的和要求，了解实验的基本原理、内容和方法，安排好当天的实验计划。
2．实验中，必须按操作规程及实验步骤进行实验，并详细记录出现的各种实验现象及实验数据，做好实验报告。

四、实验器材、药品及化学试剂

（一）实验器材及化学试剂

ZH—Ⅲ 型炸药分析箱，箱内器材及化学试剂如下：

短波紫外线灯、玻璃层析槽、点滴板、层析板、刷子、毛细管、标样瓶、制样瓶、显色剂、提取剂、展开剂、喷显剂瓶、滤纸、30m 卷尺、取样铲、工具盒、记录用自动铅笔、小剪刀、镊子、圆珠笔、钢板尺、电镀刮铲、带勺取样铲、塑料滴管、砂轮。

（二）药品

氯酸钾、硝铵、黑火药、有机炸药标准品。

五、实验步骤及结果

（一）预试验

将微量炸药或可疑物质放在箱内专用滤纸上，先滴 1~2 滴提取剂 1，再用喷显剂 1 喷显，如果有硝基类炸药，纸上显现棕色或橙红色；然后再用喷显剂 2 喷显，如果有硝酸酯类和硝铵类炸药，纸上显桃红色或砖红色。然后进一步作化学显色和薄层色谱分析确定炸药种类。

（二）样品的制备

将微量炸药或可疑物质放在制样瓶中，用几滴提取剂 1 浸泡 1min~2min，将清液转移到另一制样瓶中，留作检验有机炸药使用。此溶液为检液 1。

剩余的残渣再用几滴提取剂 2 浸泡 1min~2min，取清液留作检验无机炸药使用。此溶液为检液 2。

（三）化学显色试验

1. 氯酸钾炸药的鉴定。

在白色点滴板上，先加几毫克显色剂 1，再加一滴乙醇溶液，然后再加一滴显色剂 2，使之充分混合后，再加一滴检液 2，如果有氯酸钾存在溶液呈现红紫色。

2. 硝铵炸药的鉴定。

硝铵炸药的主要成分为硝酸铵，分别鉴定硝酸铵中的硝酸根离子和铵离子，确定是否是硝铵炸药。（如确定为硝铵炸药后应进一步检验 TNT 或 RDX，确定是否是硝铵混合炸药）

（1）硝铵炸药中铵离子的检验。在白色点滴板上先加 1~2 滴检液 2，再加 1~2 滴显色剂 3，如果有铵离子存在，溶液出现黄色沉淀。

（2）硝铵炸药中硝酸根离子的检验。在白色点滴板上先加 1~2 滴检液 2，再加 1~2 滴显色剂 4，如果有硝酸根存在，溶液呈现蓝色。

3. 黑火药的检验。

黑火药的主要成分为硝酸钾和硫磺，鉴定硝酸钾中的钾离子、硝酸根离子和硫磺的分解产物，确定黑火药的存在。

（1）黑火药中钾离子的鉴定。在白色点滴板上先加一小粒显色剂 5，加一滴提取剂 2 使之溶解，再加 1~2 滴检液 2，如果有钾离子存在溶液出现黄色沉淀。

（2）黑火药中硝酸根离子的检验。同硝铵炸药中硝酸根离子的检验。

（3）黑火药中硫磺分解产物的检验。在白色点滴板上加一滴显色剂 6，然后逐滴加入检液 2，如果有硫化物存在，显色剂颜色逐渐或迅速褪去。

4. 有机炸药显色。

（1）TNT、DNT、特屈儿的鉴定。在白色点滴板上加 1~2 滴检液 1，再加 1~2 滴显色剂 7，如果有工业 TNT，溶液呈现血红色；如果有 2、4、5—TNT，溶液呈现深蓝色；如果有 DNT，溶液呈现红紫色；如果有特屈儿，溶液呈现砖红色。

（2）黑索金、太安的鉴定。在白色点滴板上加 1~2 滴检液 1，再加 1~2 滴显色剂 4，如果有太安，溶液呈现深蓝色；如果有黑索金，溶液 1~2min 后出现蓝色。

（四）薄层色谱法

本箱采用针剂包装展开剂，可在 15min 内完成展开，展开后的斑点用短波紫外线灯检出。

1. 实验条件：

层析板　　　　　　　　硅胶 GF_{254}（5cm×9cm）

层析槽　　　　　　　　竖式玻璃槽

提取剂　　　　　　　　提取剂 1

　　　　　　　　　　　提取剂 2

展开剂　　　　　　　　展开剂 1

检出　　　　　　　　　短波紫外线灯

2. 实验方法。

点样：先在离层析板底边 1.5cm 处轻画一条直线（起始线），从起始线向上 7cm 处再画一条直线（前沿线）。将检材用提取剂 1 提取后用毛细管在吹风或自然干燥下，点在起始线上，比对炸药样品点在两边位置上，点样后在短波紫外线下观察点样的深度和荧光颜色。

展开：预先在层析槽内加入一瓶展开剂，将点好样品的层析板斜置于层析槽内，盖上盖后展开。当展开剂的前沿与所画的前沿线重合时，将板取出晾干。

检出：展开后的板在白光和短波紫外线下观察，比对斑点位置，计算比移值。

六、注意事项

本炸药检测箱专门用于爆炸现场炸药残留物的分析和机场、海关、港口、车站等处可疑炸药物质的检验。

本箱配备的器材能够进行样品收集、显色试验和薄层色谱分析，具有操作简便、迅速、灵敏度高、选择性能较强和一箱多用的特点，适合公安、铁道、海关等部门现场检验和实验室分析用。使用时请注意下列事项：

1. 标准样品瓶中所装炸药样品，可根据当地情况，自行放置。

2. 显色剂 3 和显色剂 6 易挥发，造成污染，用后请将瓶口用蜡封好，最好现用现装，用后清洗。

3. 做化学显色试验时，请做空白试验。

4. 喷显剂 1 使用前，先将塑料包内的固体粉末全部投入到喷显 1 瓶，盖紧盖后摇匀待溶解（约半小时），方能使用。

5. 配制前的试剂能保存两年以上，配制后的试剂只能保存半年。

6. 喷显剂 1、喷显剂 2 均有腐蚀性，切勿喷向眼睛和皮肤。

7. 太安类炸药显色反应较慢，喷后稍等 1min 后观察。

实验三　化学方法检验油脂

一、实验目的

1. 了解常见植物油脂、动物油脂及矿物油脂的化学检验方法。

2. 掌握豆油、花生油、桐油、猪油和矿物油的化学检验方法。

二、实验内容

（一）植物油脂的化学检验

1. 豆油的化学检验。

2. 花生油的化学检验。

3. 桐油的化学检验。

（二）动物油脂（猪油）的化学检验

（三）矿物油（汽油、煤油、柴油）的化学检验

三、实验要求

1. 实验前，学生须认真阅读实验教材，预习有关实验内容，明确实验目的和要求，了解实验的基本原理、内容和方法，安排好当天的实验计划。

2. 实验中，必须按操作规程及实验步骤进行实验，并详细记录出现的各种实验现象及实验数据，做好实验报告。

四、实验器材、药品及化学试剂

1. 实验器材。

试管、水浴锅、熔点计。

2. 化学试剂。

2%硝酸铀溶液、氯仿、食盐溶液、2%硫酸钾溶液、羟胺溶液（5g 盐酸羟胺溶于 100ml 水中）、10%氢氧化钠溶液、1%三氯化铁溶液、1.5N 醇性氢氧化钾溶液、70%酒精、碘的氯仿饱和溶液、10%三氯化锑氯仿溶液、10%盐酸醇性溶液、乙醚、1%苦味酸苯溶液、1N 氢氧化钠溶液、浓盐酸（比重 1.19）、氯仿醇液（氯仿与无水乙醇等量相混）。

3．药品。

豆油、花生油、桐油、猪油、汽油、煤油、柴油等标准样品。

五、实验步骤及结果

（一）植物油脂的化学检验

1．豆油的化学检验。

（1）硝酸铀试验。将豆油的氯仿溶液与同体积的 2%硝酸铀溶液一起振摇，呈现柠檬黄色，在 120℃热食盐溶液中浸泡 2min，渐变绿色，煮沸 20min 后，呈石榴红色。玉米油和芝麻油加热后呈橙黄色；橄榄油呈微绿色，煮沸后呈黄色。

（2）硫酸钾试验。将豆油的氯仿溶液与同体积的 2%硫酸钾溶液一起振摇，则呈黄色，亚麻油、花生油、玉米油呈白色。

2．花生油的化学检验。

（1）羟胺试验。取 1 滴花生油的乙醚溶液，加 1 滴羟胺溶液和 1 滴 10%氢氧化钠溶液，微热至发咝咝声，然后用盐酸的酒精溶液酸化，加入 1 滴 1%三氯化铁溶液，则呈现棕红色。

（2）浑浊试验。A．取花生油 1ml，加 1.5N 醇性氢氧化钾溶液 5ml，置水浴上迴流加热 5min。B．加 70%酒精 50ml，再加浓盐酸 0.5ml，如发生沉淀，加热使其溶解。C．徐徐放冷，每分钟降温 1℃，并随时以温度计搅拌，温度在 9℃以前应有浑浊出现，否则无花生油。

3．桐油的化学检验。

（1）碘试验。取桐油 1ml～2ml，溶于 5ml 氯仿中，然后加碘的氯仿饱和溶液，立刻凝结成胶状。

（2）三氯化锑试验。取数滴桐油，溶于氯仿中，加入 10%三氯化锑氯仿溶液，振摇，然后放入 40℃的水浴中加热 10min，则呈现红色。

（二）动物油脂——猪油的化学检验

1．羟胺试验。

取猪油 1 滴，乙醚溶解，加 1 滴羟胺溶液与 10%氢氧化钠溶液，微热，然后用 10%盐酸的醇性溶液进行酸化，加 1 滴 1%三氯化铁溶液，则呈棕色。

2．熔点测定。

取猪油 1g 以乙醚溶解，在 20℃～25℃静置 24h，结晶析出，倾去乙醚液，结晶用乙醚洗两次，晾干，测定熔点，当结晶体刚变为透明时的温度即为熔点。

（三）矿物油的化学检验

1．苦味酸试验。

将 1～2 滴矿物油滴入试管中，加入 1ml1%苦味酸苯溶液，则呈红色。

2．乳化反应。

A．将油与同体积的 1N 氢氧化钠溶液混合，用力振摇后，微热，过滤，收集滤液。

B．加 3～4 滴浓盐酸，静置 3min～4min，如含杂质较多的矿物油，则出现浑浊，并逐渐加深，干净的矿物油无此反应。

3．溶解试验。

向检油中加入同体积的氯仿醇溶液，振摇，如未溶解，再加同体积的氯仿醇液，直至溶解为止。记下所用量，与比对样品所用量是否相等，而加以判断。

第五章　法医物证检验

第一节　血液和血痕的检验

实验一　血液的血型检验

一、实验目的

检测血液的 ABO 血型，熟练掌握检验步骤及检验方法。

二、实验内容

直接凝集法。

三、实验要求

掌握血液直接凝集的方法，能够准确的判断被测血液的 ABO 血型。

四、实验器材

凹玻板一块，毛细吸管三支，抗 A、抗 B 血清，2%待检红细胞悬液。

五、实验步骤

1. 取凹玻板一块。
2. 在上下两凹分别滴加抗 A 及抗 B 血清各一滴。
3. 在上下两凹再分别加入 2%的待检红细胞悬液各一滴。
4. 摇动混匀并观察凝集。

结果判定见表 5-1-1。

表 5-1-1　用已知抗 A、抗 B 血清测被检红细胞 ABO 型

抗 A 血清 + 待检红细胞	抗 B 血清 + 待检红细胞	被检者血型
–	–	O 型
+	–	A 型
–	+	B 型
+	+	AB 型

六、实验注意事项

1. 抗 A、抗 B 血清及待检红细胞悬液应分别用不同的毛细吸管，不能混用。
2. 观测结果时应轻轻摇动凹玻板，以防假凝集。

实验二　血痕预试验

一、实验目的
检材是否是血痕。

二、实验内容
1. 联苯胺试验。
2. 四甲基联苯胺试验。
3. 氨基比林试验。
4. 鲁米诺试验。

三、实验要求
严格按照实验步骤进行，掌握血痕预试验的各种方法。

四、实验器材
白瓷凹板、滤纸、喷雾器、各种试剂等。

五、血痕预试验分述
（一）联苯胺试验

1. 试剂。
（1）冰醋酸。
（2）联苯胺无水乙醇饱和液。
（3）3%过氧化氢。

2. 实验步骤。
（1）取检材少许，置于干净滤纸上。也可用滤纸折成角在检材上擦拭备用。
（2）依次加入冰醋酸、联苯胺无水乙醇饱和液各1滴。
（3）过3s~5s后再加3%过氧化氢一滴。
立即出现翠蓝色为阳性反应。

（二）四甲基联苯胺试验

1. 试剂。
（1）冰醋酸。
（2）四甲基联苯胺盐酸盐23mg，无水乙醇5ml，混合后再加几滴醋酸。
（3）3%过氧化氢。

2. 实验步骤。
同联苯胺试验。出现天蓝色为阳性反应。

（三）氨基比林试验

1. 试剂。
甲液：氨基比林无水乙醇饱和液；乙液：36%醋酸；丙液：3%~10%过氧化氢。

2. 实验步骤。
（1）取检材少许置白瓷凹板上。
（2）加甲液2~3滴。
（3）加乙液1~2滴。
（4）加丙液1~2滴；观察5s左右，呈淡紫色为弱阳性，紫蓝色为阳性，深紫蓝色为强阳性。

（四）鲁米诺试验

1．试剂。

甲液：鲁米诺 0.1g，无水碳酸钠 5g，30％的过氧化氢 15ml，蒸馏水 100ml，混合溶解。

乙液：鲁米诺 0.1g，0.5％的过氧化氢溶液 100ml，混合溶解。

两种试剂效果相同，为了防止鲁米诺试剂自然发光，可用 0.05％比例加入咪唑—4—碳酸。或以 0.2％比例加入尿酸。

2．实验步骤。

（1）试剂装入玻璃喷雾瓶内。

（2）在暗室内对检材喷射，如果是血痕则发强荧光。

六、实验注意事项

（一）联苯胺试验

1．该试验对稀释 20～50 万倍血液、稀释 5～10 万倍血痕呈阳性反应。

2．该试验对含有过氧化物酶样作用的物质：如氯化铁、硫酸铜、高锰酸钾、铁、铜、锌等锈斑、碘盐类、甲醛、果汁、植物汁，以及唾液等人体分泌物也呈阳性反应。

3．被污染的无血检材，与试剂作用后 2min－3min 也可出现阳性反应。

（二）四甲基联苯胺试验

1．该试验在血液稀释 15～20 万倍可呈阳性反应。

2．一些氧化剂能使试剂氧化呈现蓝色，但不影响血痕试验。

3．血痕必须在过氧化氢存在下才可呈蓝色。

（三）氨基比林试验

1．灵敏度为 5 万倍。

2．二氯化铁、三氯化铁、银杏汁等也可呈阳性反应。

（四）鲁米诺试验

1．鲁米诺对多种化学药品、矿物类、油类也发荧光。

2．对蔬菜、果汁、树叶、树皮也有荧光。

3．附着在硫酸、氯化铁、氯化亚铁、硫酸亚铁、雪花、石膏、硬砂岩上的血痕喷射鲁米诺试剂时荧光反应被抑制。

4．鲁米诺喷雾 3 次的血痕对检验 MN 血型有影响，喷 6 次以上对检验 ABO 血型有影响。

实验三　血痕的确证试验

一、实验目的

检材是否是血痕。

二、实验内容

1．氯化血红素结晶试验。

2．血色原结晶试验。

三、实验要求

掌握血痕确证试验的方法，能够准确判断检材是不是血痕。

四、实验器材

生物显微镜、载玻片、盖玻片、各种试剂、酒精灯、剥离针。

五、实验步骤

（一）氯化血红素结晶试验

1．试剂。

（1）10％氯化钠溶液 2ml。

（2）冰醋酸 10ml。

（3）无水乙醇 10ml。将以上三种试剂混合装入瓶中。

2．步骤。

（1）取检材少许，置载玻片上细心分离纤维。

（2）加一滴试剂覆以盖玻片。

（3）在酒精灯上徐徐加热至出现 1～2 个气泡为止。冷却后用显微镜观察。出现褐色菱形或斜方形结晶则是血痕。

（二）血色原结晶试验

1．试剂。

（1）葡萄糖 3g。

（2）氢氧化钠 0.3g。

（3）吡啶 3ml。

（4）蒸馏水 13ml。以上试剂混合后，置于棕色瓶内第二天使用。若当天使用可适当加温。

2．步骤。

（1）取检材少许，置载玻片上。

（2）细心分离纤维后加试剂一滴，覆以盖玻片。

（3）进行显微镜检查。出现针状、菊花状等樱桃红色的血色原结晶则是血痕。

六、注意事项

1．氯化血红素结晶试验对陈旧血痕效果不佳，加温过高析不出结晶。

2．血色原结晶不明显，可用显微镜检验。

实验四 血痕种属实验

一、实验目的

确定检材血痕是人血还是动物血。

二、实验内容

血痕沉淀反应试验。

三、实验要求

掌握血痕沉淀反应操作步骤，能够准确地确定检材是不是人血。

四、实验器材

试管、抗人血红蛋白（或抗人血清蛋白）血清、离心机。

五、实验步骤

1．剪取 0.2cm～0.3cm 长的血痕纤维，滴加 2 滴生理盐水浸泡，如果血痕比较陈旧淡薄，则需要适当多取检材，先用蒸馏水浸泡，置蒸发皿干燥。再加 1～2 滴生理盐水，溶解，制成浸出液，然后离心。

2．取血痕浸出液与抗人血红蛋白（或抗人血清蛋白）血清沉淀素重叠。

3．取无血痕部位的空白检材，已知人血痕，已知动物血痕，生理盐水用同样的方法制备浸出液，同样方法进行沉淀试验。

取细小的沉淀反应试管 5 支，其各试管底部加抗人血红蛋白血清约 0.1ml，其上层为各种浸出液。

第 1 管，上层为已知人血痕浸出液。

第 2 管，上层为检材浸出液。

第 3 管，上层为空白检材浸出液。

第 4 管，上层为生理盐水。

第 5 管，上层为已知动物血痕浸出液。

在室温放置 15min～60min 后观察结果。第 1～2 管的抗血清和检材浸出液接触面形成白色沉淀环，说明检材是人血；第 3～5 管的抗血清和检材浸出液不出现白色沉淀环，说明检材不是人血痕。

六、注意事项

在实际办案中，往往血量很少，只要浸出液出现稻草黄色，或猛力振摇试管，使液体形成气泡。都表示蛋白浓度接近 1/1000，可做试验，如浸泡液中蛋白量低于 1/1000 时，也要做环状沉淀试验，因为沉淀素血清效价一般为 1000 倍以上，所以蛋白量低于 1/1000 的浸出量仍可出现阳性反应。如果浸出液蛋白浓度过高则需加生理盐水稀释至 1/1000。

实验五　血痕 ABO 血型检验（解离法）

一、实验目的

确定检材的 ABO 血型。

二、实验内容

用热解离法检验血痕的 ABO 血型。

三、实验要求

掌握热解离法，准确的判断被检血痕的血型。

四、实验器材及试剂

载玻片、盖玻片、保湿盒、负压吸引器、温箱、抗 A、抗 B 血清（效价 128～256 倍）、分离针、3%蛋清。

五、实验步骤

1．用生理盐水配制 3% 的鸡蛋清液，配制 0.2% 的 A 型和 B 型红细胞悬液。

2．在载玻片两端各画一直径 0.7cm 的圆圈，分别标明 α、β。

3．圈内滴 3% 的鸡蛋清 1 滴，立即吸干，仅留下一层较薄的蛋白液。

4．取血痕纤维 0.1cm 或刮取少许血痂粉末，置于蛋白液上，用针仔细分离。

5．待载玻片自然干燥后，各加一滴甲醇固定。

6．甲醇挥干后，α 端加抗 A 血清 1 滴，β 端加抗 B 血清 1 滴，立即放入保湿盒，连同保湿盒一起放入减压器内，室温下减压至 700mmHg，20min。

7．取出玻片，放在玻片架上，浸入盛满自来水的白瓷盘内，反复插洗 10～12 次。

8．用滤纸吸干玻片，分别加相应的 0.2% 指示红细胞 2 滴，盖上盖玻片，不必保湿，放入 56℃温箱的带盖瓷盘内解离 5min～7min。

9．取出玻片，置保温盒 10min～15min 后，显微镜下观察红细胞凝集情况。

10. 实验原理见图 5 – 1 – 1，结果判定见表 5 – 1 – 2。

| 血痕 | 抗体结合 | 洗涤 | 抗体解离 | 红细胞凝集 |

图 5 – 1 – 1 解离试验原理示意图

表 5 – 1 – 2 血痕热解离法结果判定

方 法	检 材				对照试验					
					无血检材基质				A 型人血	B 型人血
	1	2	3	4	1	2	3	4		
抗 A（α）血清 + A 型红细胞	+	-	+	-	-	-	-	-	+	-
抗 B（β）血清 + B 型红细胞	-	+	+	-	-	-	-	-		+
血型判定	A	B	AB	O	对照正确					

阴性反应，表示无细胞凝集；阳性反应，表示细胞凝集。

六、注意事项

1. 注意同时做已知 A、B、O 型血痕和无血检材进行对照，只有对照正确才能判定血型。

2. 本试验灵敏度较高，操作中应避免污染，检材量不要过多，尽量用针分离仔细。

第二节 精斑、唾液斑检验

实验一 精斑预试验

一、实验目的

检材有无可能是精斑。

二、实验内容

酸性磷酸酯酶改良法。

三、实验要求

熟悉酸性磷酸酯酶改良法的操作方法，准确判断试验结果。

四、实验器材

小试管、检材、各种试剂。

五、实验步骤

（一）试剂配制

1. 甲液（酸性基质）：

磷酸苯二钠　　　　0.2g

0.2N 醋酸　　　　　30ml

2. 乙液（显色剂）：

1N 氢氧化钠　　　　16.7ml

碳酸氢钠　　　　　1.4g

0.2N 醋酸钠	70ml	铁氰化钾	3.6g
4－氨基安替比林	0.6g	蒸馏水	83ml
氯仿	0.5ml		

（二）步骤

1. 取检材浸出液一滴，加入小试管中。

2. 加入甲液 2～3 滴，置室温 30s 左右。

3. 再加乙液 2～3 滴。立即出现玫瑰红色为阳性反应，不出现玫瑰红色为阴性反应。

六、注意事项

酸性磷酸酯酶试验灵敏度甚高，稀释 2 万倍的精液仍可出现阳性反应，所以必须要特别注意做空白检材对照。

实验二　精子检出法

一、实验目的

检材是不是精斑。

二、实验内容

精子检出法。

三、实验要求

灵活使用生物显微镜，观察精子染色后的大小、形状，能够迅速在镜下找到精子。

四、实验器材

载玻片、分离针、显微镜、各种试剂、离心机、试管。

五、实验步骤

一、藻红染色法

（一）试剂

藻红	0.5g
25％氨水	100ml

氯化汞固定液。70％氯化汞溶液 7 份与无水酒精 1 份混匀即可。

（二）步骤

1. 取检材适量，置载玻片上，以生理盐水浸软。

2. 细心分离布纤维，待自然干燥后，用氯化汞液固定 2～3min。

3. 再加藻红染色剂染色 3min～5min，自然干燥后，即可镜检，精子头部染成红色。显微镜下找到精子，则可确定为精斑。

二、酸性复红美兰（亚甲基蓝）染色法

（一）试剂

1％酸性复红水溶液	1ml
1％亚甲基蓝	1ml
1％盐酸	40ml

混合后，室温保存备用。

（二）步骤

1. 取可疑精斑检材适量于载玻片上，用酸性复红美兰染色液浸泡。

2. 小心剥离纤维，使其均匀分布。

3．镜下观察，精子头部染成红色．尾部染成蓝色。

镜下找到精子，即可确定为精斑。

三、瑞氏染色法

（一）试剂

  瑞士染色粉   0.1g

  甲醇   60ml

（二）步骤

1．取检材适量，加生理盐水浸泡并小心分离检材。

2．充分搅拌离心分离。

3．取检材浸出液的沉渣涂片。

4．自然干燥后，滴加瑞氏染色液 2～3 滴，染色 1min～2min 左右。

5．滴加蒸馏水，混匀后静置 4min～5min 水洗，待干后镜检。此时精子头部染成紫红色，尾部染成紫蓝色。

镜下找到精子，即定为精斑。

六、注意事项

1．精斑中精子尾部经常容易与头部断离，所以在检查时应操作仔细认真观察。

2．未检见精子，也不能否定为精斑，要用其它试验方法检查。

实验三　精斑的种属检验

一、实验目的

确定精斑是人的精斑。

二、实验内容

环状沉淀试验。

三、实验要求

掌握环状试验的方法，能够准确的判断结果。

四、实验器材

离心机、沉淀试管、抗人精液免疫血清。

五、实验步骤

1．将适量检材（0.5cm² ～ 1cm²）用少量（4～8 滴）生理盐水浸泡。

2．把浸泡液离心取上清液与抗人精液免疫血清作重层环状沉淀试验。

3．观察两液界面，15min～60min 内出现白色沉淀环者为阳性反应，不出现白色沉淀环者为阴性反应。

阳性反应可确定为精斑，阴性反应可否定为人精斑或者是精斑已被破坏。

六、注意事项

一定要取已知精斑、阴道分泌物和空白检材作对照试验。

实验四　精斑 ABO 血型检验（中和法）

一、实验目的

确定精斑的血型。

二、实验内容

用中和法检验精斑 ABO 血型。

三、实验要求

了解精斑 ABO 血型检验（中和法）的操作过程，学会判定血型。

四、实验器材

凹玻板、离心机、各种血清等。

五、实验步骤

（一）试剂

1. 8 倍的抗 A 血清，抗 B 血清，抗 H 血清。

2. 1% 的 A 型红细胞悬液，B 型红细胞悬液，O 型红细胞悬液。

（二）步骤

1. 将精斑纱布 1cm² 用生理盐水浸泡。

2. 离心后将上清液按 2~4 稀释法分三排稀释 4~6 级。

3. 分别用效价 8 倍的抗 A、抗 B、抗 H 血清向各级中加一滴。

4. 室温吸收 30min 后，分别加入 A、B、O 型 1% 红细胞悬浮液。

5. 15min~30min 内观察结果，未凝集的称之被中和，即阳性反应，判定所属血型。

结果判定：

1. 已知对照均准确时可以进行检材血型判定。

2. 抗血清被中和 1 级以上，被认为具有相对应的型物质。

3. 抗 A、抗 B 及抗 H 血清均未被中和，检材为非分泌型。

4. 混合斑（精液、阴道液或血液）中阴道分泌物量与抗体中和级数为平行关系。

5. 受害者为非分泌型，中和法检出的型物质为精斑型。

6. 混合斑中检出非受害人的型物质或明显超过受害人的型物质应来源于精斑。

7. 精斑较纯的检材，中和结果为精斑型。

8. 精斑条件好，检出的型物质低于受害者，精斑可能为非分泌型或弱分泌型。

9. 精斑混有较多的阴道分泌物，中和级数高于受害人分泌物时，可检出精斑型。如检出低于受害人分泌物级数时，可能为弱分泌型或非分泌型。

10. AB 型分泌型的受害人，混有阴道液时，判定其血型具有一定困难，可对相同型的检材进行高度稀释，测定中和级数，明显超出时可以判定该型。

六、注意事项

注意在做试验时，必须同时、同方法对已知检材和空白检材进行对照检验。只有已知对照检材都准确时才可以对检材进行血型判定。

实验五　精斑 ABO 血型检验（热解离法）

一、实验目的

确定精斑的血型。

二、实验内容

精斑 ABO 血型检验，吸附洗脱—热解离法。

三、实验要求

了解吸附洗脱—热解离法的操作过程，知道怎样判断精斑的血型。

四、实验器材

载玻片、冰箱、温箱、保湿盒、显微镜、各种试剂。

五、实验步骤（同血痕）

1. 取附有精液的斑痕 0.6cm 长的纤维一根，用 10% 福尔马林固定 5min，也可用甲醇充分固定。

2. 同时用玻璃棒将检材压扁，固定后取出检材，让其自然挥干。

3. 等分为两份，分别放入试管内，再分别加入 128 倍以上的抗 A、抗 B 血清 1～2 滴，置 4℃ 冰箱中 1h。

4. 取出精斑痕，吸干血清，用冷生理盐水分别洗涤 4～5 次。

5. 将纤维分别置放在载玻片两端，分别加相应的 0.1%A 型、B 型红细胞悬浮液各 1 滴。

6. 置 56℃ 温箱解离 10min，取出静置 10min 后，观察凝集反应。

7. 在低倍显微镜下观察凝集反应。

结果判定见表 5－2－1。

如果是 O 型，则需要按此方法重做一次，不同的是加抗 H 血清 + 0.1% 的 O 型红细胞悬液，如凝集，则可定 O 型血，如不凝集，则可定非分泌型。

表 5－2－1　精斑 ABO 血型判定

方　　法	检　　材				对照试验 无精斑检材基质				A 型 精斑	B 型 精斑
	1	2	3	4	1	2	3	4		
抗 A 血清 + A 型红细胞	+	−	+	−	−	−	−	−	+	−
抗 B 血清 + B 型红细胞	−	+	+	−	−	−	−	−	−	+
精斑血型判定	A 型　B 型　AB 型　O 型				对照正确					

六、注意事项

一定要注意同时取已知检材、空白检材同样操作，以做对照，只有在已知检材都准确时才可进行血型判定。

实验六　唾液斑 ABO 血型检验

一、实验目的

检验唾液斑的血型。

二、实验内容

唾液斑 ABO 血型中和试验。

三、实验要求

了解唾液斑 ABO 血型中和试验的操作过程，了解中和试验的血型判定方法。

四、实验器材

冰箱、离心机、保湿盒、凹玻板。

五、实验步骤

1. 取唾液斑 $1cm^2 \sim 1.5cm^2$，放入试管中。

2. 加入生理盐水，以湿润检材后可吸出 6 滴为宜。

3. 吸出浸泡液至另一试管中，沸水煮 10min，冷却离心。

4. 吸出上清液 6 滴分三排放入凹玻板中，倍数稀释，每排至 6 凹。

5. 第一排加入抗 A 血清，第二排加入抗 B 血清，第三排加入抗 H 血清，每凹一滴，血清效价均为 8 倍，室温作用 30min。

6. 第 1 排加 1%A 型红细胞悬液，第 2 排加 1%B 型红细胞悬液，第 3 排加 1%O 型红细胞悬液各一滴，轻轻摇动玻板后放室温保湿盒内。

7. 经过 15min 开始观察凝集情况至 30min 止，结果判定同精斑中和法。

六、注意事项

1. 唾液中有血型分解酶，新鲜唾液一般应煮沸 10min 以破坏此酶。

2. 作中和试验时抗血清一定要标准化，效价以 8 倍为好。

3. 常用中和试验，因为吸收试验是检材和抗血清接触，杂质、细菌会影响抗体，中和试验是用检材的生理盐水浸出液，可用沸水浴加热离心除去其它杂质的干扰。

第三节　DNA 分析

实验一　DNA 分析实验准备

一、实验目的

了解法医 DNA 检验的基本知识，为 DNA 实验扩增准备样品。

二、实验内容

准备 DNA 实验扩增样品。

三、实验要求

1. 了解 DNA 样品提取的要求。

2. 掌握 DNA 样品提取的方法与步骤。

四、实验器材与试剂

台式离心机、冷冻离心机、微量移液器、恒温水浴、剪刀、镊子、0.5ml 和 1.5ml 离心管、5%Chelex – 100 溶液、10mg/ml 蛋白酶 K 溶液、1M DTT 溶液。

五、实验步骤

（一）血液或血斑样品的处理

1. 取 6ul 血液或 $6mm^2$ 血斑样品加入 0.5ml 离心管中，再加入 $400\mu l$ 超纯水，轻轻混匀，在室温下浸泡 15min ~ 30min，浸泡过程中上下颠倒震荡 2 ~ 3 次。

2. 13000 转离心 2min ~ 3min，用移液器吸去上清液，若是血斑保留纱布或滤纸载体，最后管内仅剩下极少量液体。

3. 将 5%Chelex – 100 溶液摇匀，吸取 $100\mu l \sim 150\mu l$ 溶液加入到离心管中，56℃保温 30min。

4. 剧烈震荡 5s ~ 10s，再在 98℃以上（或沸水）中煮 8min。

5．剧烈震荡 5s~10s，13000 转离心 30s，取出备用。

（二）精液或精斑样品的处理

1．取 2μl 精液或剪碎的精斑加入到 1.5ml 离心管中，加入超纯水 1ml（精斑以浸没为准），室温浸泡 30min。

2．剧烈震荡 1min 后，若为精斑则小心挑去载体，13000 转离心 2min，去除上清液。

3．加入 100μl~150μl5％ Chelex－100 溶液，再加入 2μl 的 10mg/ml 蛋白酶 K 溶液和 7μl 的 1MDTT 溶液，混匀，以下保温步骤同血液处理。

（三）唾液或唾液斑样品处理

同血液样品处理步骤，只是在保温前加入 5％ Chelex－100 溶液时同时加入 2μl 的 10mg/ml 蛋白酶 K 溶液。

（四）毛发样品处理

剪取 2~6 根毛发的毛根部分 5mm~10mm，置于 0.5ml 离心管中加入 100μl~150μl5％ Chelex－100 溶液和 2μl 的 10mg/ml 蛋白酶 K 溶液，56℃保温过夜（至少 6h~8h），以后步骤同血液样品处理步骤 4、5。

（五）混合斑样品处理

1．剪碎适量的混合斑载体，加入超纯水适量（以刚好浸没为准），室温浸泡 30min，用牙签每隔 3min~5min 搅动一次使细胞脱离载体，挑去载体。

2．3000 转离心 1min，去除上清液，加入超纯水 200μl 和 2μl 的 10mg/ml 蛋白酶 K 溶液，混匀，56℃（37℃也可）保温 1h 以裂解上皮细胞。

3．3000 转离心 5min，去除上清液，沉淀物加入 1ml 超纯水洗涤，离心，去除上清液。

4．沉淀物再加入 1ml 超纯水洗涤，离心，去除上清液。

5．沉淀物加入 100~150ul5％ Chelex~100 溶液，再加入 2μl 的 10mg/ml 蛋白酶 K 溶液和 7μl 的 1MDTT 溶液，混匀，以下保温步骤同血液处理。

（六）其它各种人体组织细胞的处理

先用生理盐水清洗，再用超纯水浸泡，离心收集细胞团块，以下步骤同唾液处理步骤。

六、实验注意事项

1．实验时要注意戴手套。

2．实验中不能将检材混淆，注意标示清楚。

3．提取检材时要在检材提取区操作，不能将检材带到别处。

4．实验中保持安静，防止唾沫溅入检材中造成污染。

5．实验用试剂要按要求保存。

实验二   DNA 扩增与银染检测技术

一、实验目的

了解 DNA 扩增过程，掌握 DNA 扩增实验的基本步骤与要求。

二、实验内容

DNA 样品扩增、银染检测、谱带判读。

三、实验要求

掌握 DNA 实验步骤，了解 DNA 谱带判读和 DNA 结论的理解与解释。

四、实验器材与试剂

高压电源；梳子（鲨鱼齿）；长夹条（两条）；玻璃板，长短各一块；电泳仪；摇床；GenePrint STR Multiplex（Promega 公司）；CSF1PO - TPOX - TH01（CTT）；F13A01 - FESFPS - vWA（FFv）；D16S539 - D7S820 - D13S317（SilverⅢ）；Taq 聚合酶（μl）；尿素；40% Acr∶Bis（19∶1）；TEMED；10 × TBE buffer；10% 过硫酸铵溶液；硅化剂；粘胶剂；固定液和终止液；银染溶液；显色液。

五、实验方法与步骤

操 作 流 程 图

各种检材

↓

Chelex ~ 100 处理或酚 - 氯仿法提取

↓

DNA 模板

↓

STRs 位点的单一或复合扩增

↓

电泳分离扩增产物

↓

银染

↓

结果比对与记录

（一）扩增反应体系（25μl）

10 × buffer（μl）	2.5μl
Primers（μl）	2.5μl
H_2O（μl）	14μl
DNA 样品（μl）	5μl
Taq 聚合酶（μl）	1 单位

注意：Taq 聚合酶一般为 5μ/μl，使用时根据使用需要体积稀释 5 倍后每样品管内加入 1μl；扩增反应加入的顺序应是水、10 × buffer、引物、Taq 酶、模板 DNA；扩增加样品前可根据需要扩增的数量先混合好除 DNA 样品的其他试剂，分装在每个样品扩增管中，再加入 DNA 样品扩增。

（二）反应参数

CTT 系统：96℃ 2min；94℃ 1min、64℃ 1min、70℃ 1.5min，10 个循环；90℃ 1min、64℃ 1min、70℃ 1.5min，20 个循环，4℃ 保存。

FFv 和 SilverⅢ 系统：96℃ 2min；94℃ 1min、60℃ 1min、70℃ 1.5min，10 个循环；90℃ 1min、60℃ 1min、70℃ 1.5min，20 个循环；60℃ 30min；4℃ 保存。

（三）电泳操作方法及步骤

1. 凝胶制备前玻板的处理。

将长短两块玻璃板洗净，晾干，备用。

短玻板的处理：

取 2 微升粘胶剂溶于 1 毫升 95% 乙醇 0.5% 乙酸溶液中，用镜头纸均匀涂于玻板上，晾干备用。

长玻板的处理：

取 1 毫升硅化剂用镜头纸均匀涂于玻板上，5min ~ 10min 后用无水乙醇冲洗一下，晾干备用。

注意：两块玻璃板应分别放置以防交叉污染。

7M 尿素，0.5×TBE 的 0.4MM PAGE 变性胶制备（适用于 GIBCOBRL SA32 测序胶）：

组分	4%	6%
尿素	12.6g	12.6g
超纯水	16ml	14.5ml
10×TBE	1.5ml	1.5ml
40%丙烯酰胺溶液（19:1）	3ml	4.5ml
总体积	30ml	30ml

在尿素完全溶解过程中，将水平台放好并调水平，将长玻璃板水平放置在水平台上，硅化处理面向上，将夹条分别放置在玻璃板两边，对齐，将短玻璃板已处理面向下水平放置在大玻璃板上，对齐两边和一端，一边夹上一个夹子。尿素完全溶解后，加入 10% 过硫酸铵 120μl，TEMED20μl，混匀，用手边轻敲玻璃板边慢慢从缺口端灌胶，尽量使胶液以较齐整的前端向前移动，在移动比较缓慢的地方要多敲击几次，防止出现气泡，整个加胶过程中要保持缺口端一直有胶液，防止气泡从缺口端产生，待整个玻璃空隙内都有胶后，迅速加好鲨鱼齿梳子（鲨鱼齿端朝外）于缺口端，深度以梳子中间孔隙与短玻璃板保持平齐，用夹子夹住放梳子处的玻璃板，聚合 1h 以上备用。

2．将梳子小心拔出清洗，配制电泳液（0.5 倍 TBE 溶液），将作好的胶夹在电泳仪上，加入电泳液，用吸头吸电泳液吹打加样孔以除去尿素和凝胶碎片，将梳子的鲨鱼齿端插入胶中 1mm～2mm，预电泳至胶温度达 50℃左右（约 30min），同时取 4μlPCR 产物与 4μl2×上样缓冲液等体积混和，95（C 变性 2min，立即放入冰水浴，上样时每一个样品用扁枪头吸取 6μl 小心加入到鲨鱼齿孔中，每隔 4～5 个样品道需要加一个标准比对物 Ladder。

3．电泳。

32cm 的凝胶在 40W 恒功率电泳 80min 左右。

40cm 的凝胶在 60W 恒功率电泳 80min 左右。

在 4% 的变性胶中，溴酚蓝的移动位置相当于 40bp，二甲苯氰蓝的移动位置相当于 170bp。

在 6% 的变性胶中，溴酚蓝的移动位置相当于 25bp，二甲苯氰蓝的移动位置相当于 105bp。

（四）银染显色

1．试剂。

固定液和终止液。

银染溶液。

显色液。

2．小心将两块玻板剥离，长玻璃板洗涤干净，将粘有胶的短玻璃板放在瓷盘或其它容器中，按以下步骤操作。

步骤	使用溶液	时间
A. 固定	固定液	20min
B. 漂洗	超纯水	3×2min
C. 染色	染色液	30min
D. 漂洗	超纯水	10s~20s
E. 显色	显色液（10℃预冷）	2min~5min
F. 停显	固定液	5min
G. 漂洗	超纯水	2min

注：（1）A、C 步骤需在摇床上震荡。

（2）B、D、E 步骤用手摇晃容器即可；B 步骤指反复 3 次，每次 2min。

（3）显色时可先用一半显色液，待刚出现谱带时换显色液，以减少本底。

（4）固定时使用的固定液可在停显时重复使用，直接加入显色液中即可停显。

3. 晾干，与标准比对物 Ladder 比对，记录各扩增条带数据，详细标准比对物 Ladder 的记录数据参考试剂盒使用说明书，拍照存档。

小玻板于 10% NaOH 溶液中浸泡，待胶剥离后洗净，若需快速剥离可置摇床上震荡，干燥备用。结果显示见下图。

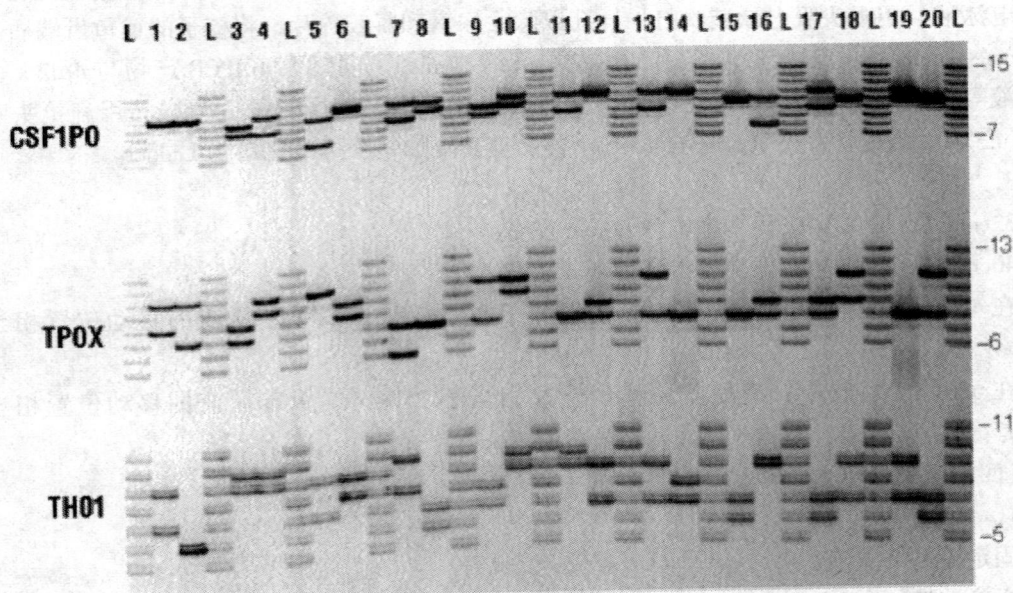

银染检测体系 CTT 的检测结果

六、实验注意事项

现　象	原　因	解决的办法
带很弱或无带	模板 DNA 不纯	采用纯化方法除去抑制物，提取 DNA 的过程中避免交叉污染，尽可能保持大分子量 DNA
	酶活力很弱	使用推荐的酶，检查管子上的生产日期
	扩增程序错误	选用每个位点的正确程序
	DNA 样品中盐浓度过高或 pH 值有误	DNA 样品的体积不能超过反应总体积的 1/5，高浓度的 K、Na、Mg 和错误的 pH 值影响 PCR 反应
	扩增仪或管子的问题	反应管大小与扩增仪加热板上的孔径不配套；反应管必须是经过硅化处理的
	引物浓度太低或引物降解	选择正确的引物浓度。引物合成后的稀释须用无核酸酶的无离子水，否则引物会降解
	加样前样品未变性	须保证加样前样品在 95℃变性 2min
	水的质量不好	须使用去离子水
带模糊	聚丙烯酰胺凝胶的质量不好	使用高质量的聚丙烯酰胺凝胶，储存的胶溶液应放置在棕色试剂瓶中
	电泳温度太高	温度控制在 40℃～60℃
	样品量太多	加样前减少样品量或将样品稀释
杂带	污染	通过经常换吸头或手套避免交叉污染
	STR 扩增本身的原因	
胶黄	胶在显色液中时间太长	时间不要超过 5min，一般 2min
背景太高	银染溶液未洗干净	加显色液前倒掉硝酸银时将其甩干，放入无离子水中使胶板的前面和背面洗干净

参 考 书 目

1. 朱宝礼：《刑事照相学教程》，警官教育出版社，1991 年版。

2. 周祥文：《刑事照相技术基础》，公安大学出版社，1990 年版。

3. 《KODAK·DC120 数码变焦相机操作资料手册》，美国柯达公司出品。

4. 申金、王胜利：《痕迹检验操作指导》，公安大学出版社。

5. 胡玉中：《痕迹实验指导教材》，公安大学出版社。

6. 刘少聪（内部资料）：《手印学》。

7. 吴旭芒、高以群：《足迹学》，1995 年版。

8. 刘长青（内部资料）：《工具痕迹学》。

9. 邹明理：《痕迹学》，法律出版社，1999 年版。

10. 李德中、李国安：《枪弹痕迹检验技术》，警官教育出版社，1995 年版。

11. 郭景元：《法医物证学》，公安大学出版社，1997 年版。

12. 二所编写组：《法医物证检验技术及应用》，人民法院出版社，1997 年版。

13. 夏锦尧：《毒物检验实验指导》，公安大学出版社，1994 年版。

14. 张晶：《毒物检验实验指导》，公安大学出版社，2000 年版。

15. 二所编译（内部资料）：《麻醉药品实验室使用手册》，1996 年版。

16. 毛焕庭、暴仁：《污损文件检验》，警官教育出版社，1997 年版。

17. 《文件检验建设 40 年论文集》，警官教育出版社，1996 年版。

18. 黄建同：《文件检验中心书写色料与显示技术》，警官教育出版社，1999 年版。